U0468726

欧亚经济联盟
贸易救济体系研究

Study on the Trade Remedy System of the Eurasian Economic Union

徐向梅◎著

时事出版社
北京

前　言

俄罗斯、白俄罗斯、哈萨克斯坦三国于2009年签署协议建立关税同盟，并于2015年1月1日正式启动欧亚经济联盟，用5年时间走完自贸区—关税同盟—经济联盟（关税同盟+货币联盟）的发展道路。此后，随着亚美尼亚和吉尔吉斯斯坦的加入，欧亚经济联盟成员进一步扩大。欧亚经济联盟在扩员的同时，逐步完成了联盟内部机构设置、合作机制、法律制度和贸易救济体系的建立与完善等工作，显示其蓬勃发展的良好态势和强大生命力。

中国国家主席习近平于2013年9月访问哈萨克斯坦期间，提出了建设"丝绸之路经济带"的伟大构想。2015年5月，中俄联合发表《中俄两国关于深化全面战略协作伙伴关系、倡导合作共赢的联合声明》和《关于"丝绸之路经济带"建设与欧亚经济联盟建设对接合作的联合声明》，提出尽快启动双方自贸区谈判。在新的时代条件下，大力推进"丝绸之路经济带"建设与欧亚经济联盟建设对接合作，成为我国加快经济发展、加强对外务实合作、带动欧亚经济一体化发展、维护地区和平与发展的重大战略举措。

随着欧亚地区经济的持续增长和地区经济一体化进程的推进，联盟成员国与经贸合作国之间的贸易纠纷与摩擦时有发生，联盟的贸易救济措施已在实践中多次运用。欧亚经济联盟内部主管贸易救济的机构主要是欧亚经济委员会和欧亚经济联盟法院。欧亚经济委员会下属的贸易委员会、竞争和反垄断调节委员会，负责贸易救济的调查和裁决；欧亚经济联盟法院负责贸易救济争端的审理。欧亚经济联盟的贸易救济措施不仅已经实际运用，而且对中国商品构成现实的威胁，成为阻碍中国商品进入欧亚经济联盟（甚至独联体）市场的最主要障碍之一，值得我国学术界、政府管理部门和企业等相关方面高度重视。

与此同时，由于欧亚经济联盟的成员国已向联盟让渡部分主权，成员国既有本国的自主规则，也须遵守欧亚经济联盟的统一规则。中国企业在与联盟成员国开展双边经济合作的同时，往往还涉及欧亚经济联盟这一多边机制。为保护本国市场和民族企业，成员国往往求助于联盟机制，一旦启动该机制贸易救济措施，影响范围将扩散到整个联盟区域，无疑会给中国企业带来更大损失。

根据欧亚经济联盟网站统计数据，截至2017年1月1日，欧亚经济联盟已经受理的贸易救济案共26项。其中，反倾销案18项，反补贴案1项，保障措施案6项；专门针对中国的案件共9项（全部是反倾销措施），专门针对乌克兰7项，针对印度1项，针对德国、意大利和土耳其1项，针对中国、中国台湾、中国香港、中国澳门、韩国、巴西、南非1项，针对所有国家5项（全部是保障措施）。被调查商品主要涉及钢材、管材、焊条、商务车、餐厨具、农业和工程机械、柠檬酸、化纤制品、金属制品、轮胎等。通过深入分析欧亚经济委员会发布的最终调查报告，欧亚经济联盟针对中国的贸易救济措施均为反倾销案（涉及带聚合物涂层的金属制品、滚式轴承、柠檬酸、不锈钢餐厨具、冷轧无缝不锈钢管、铸铁搪瓷浴具、商用车轮胎、履带式推土机、油气用无缝钢管等产品），制裁措施均是征收反倾销税。涉案商品总金额超过20亿美元，已超过欧美在世贸组织框架内对中国商品的反倾销制裁规模。

对上述案例的实证研究表明，中国企业往往由于不了解欧亚经济联盟贸易救济的规则和运行机制而未能规避风险，并且在受到联盟的贸易救济措施制裁时，多数情况下未能及时且有效应对，造成不应有的巨大经济损失。

当前，除部分俄罗斯学者外，国内外对欧亚经济联盟贸易救济措施的研究均比较薄弱。究其原因：一是欧亚经济联盟启动时间不长，对其研究有待深入。联盟于2015年1月1日才开始正式运作，运行机制以及成员国之间的磨合需要时间与过程，法律制定和司法实践需要有具体案例检验。二是欧亚经济联盟的大部分法律法规和内部文件均是俄文版本，尚未译成英文等其他文字，能够处理第一手材料的研究人员不多，尤其是法律界处理俄文材料的人更少。只有从法律文本入手，深入分析每个法律条款及司法文本，才能全面了解欧亚经济联盟的贸易救济措施的要义。三是有关欧亚经济联盟的研究大多从地缘战略影响、俄罗斯发展战略、对"一带一路"影响以及与"一带一路"对接等角度推进，很少围绕欧亚经济联盟法律文件本身开展研究。

全面开展欧亚经济联盟制度体系研究，是更好地促进"丝绸之路经济带"建设与欧亚经济联盟建设对接合作的客观需要和必然要求。欧亚经济联盟的贸易救济措施是欧亚经济联盟制度体系的重要组成部分。深入研究欧亚经济联盟的贸易救济体系，准确把握联盟制度规定，维护良好地缘政治环境，有效规避贸易风险，具有重要的理论价值和实践意义。

首先，在全球治理层面，认真总结中国处理与欧亚经济联盟贸易摩擦的经验教训，有助于积极探索构建维护国家利益、公平开放的全球贸易体系。由于欧亚经济联盟与其他由发达国家组成的一体化（如欧盟）运行机制存在较大差别，本研究致力探索中国科学处理与发展中国家区域一体化机制的矛盾与纠纷的做法，有效维护自身权益。

其次，在维护和推进"中俄全面战略协作伙伴新阶段"层面，中俄关系是中国抵御西方压力、维护和延长战略机遇期的重要依托，而俄罗斯又是欧亚经济联盟的主导国家，妥善解决中国与欧亚经济联盟的贸易纠纷，必将促进中俄两国加强互信，保持经贸合作稳定发展，实现欧亚地区经济的可持续增长。

第三，在维护中国国家和企业利益层面，贸易救济领域的合作可助力"丝绸之路经济带"与欧亚经济联盟的对接，推动"一带一路"战略走进欧亚大市场。"一带一路"战略是中国为推动全球经济发展、实现产能互补与战略对接提供的公共平台。当前，俄罗斯遭受西方制裁，希望借机发展民族企业，欧亚经济联盟的其他成员国则希望借助"入盟"从而扩大海外市场。与此同时，为更好地利用国内和国际资源与市场，中国企业"走出去"是大势所趋。我方应顺势而为，寻找区域经济一体化进程的契合点，为中国与欧亚经济联盟启动经贸合作谈判（包括自贸区谈判）提供前期准备。

本书从综述欧亚经济联盟的制度体系启篇，概述了欧亚经济联盟的发展历程、合作机制、机构设置，以及联盟法律体系和贸易救济体系的组成。重点详尽分析联盟的贸易救济体系：贸易救济的法律依据，贸易救济中的反补贴、反倾销和保障措施的具体规则与运用，贸易救济措施执行机构。在深入分析和解读联盟贸易救济措施的主要法律依据，即《针对第三国使用保障、反倾销和反补贴措施议定书》的基础上，本书以三个章节的篇幅阐释反补贴、反倾销和保障措施的界定；倾销幅度、补贴幅度的计算方法；以及根据联盟产业的状况判定是否采取贸易救济措施和采取何种措施（临时措施、价格承诺、最终措施等）。与此同时，本书对联盟的贸易救济体系与世贸组织的规则进行了分析对比。

为了让读者了解欧亚经济联盟贸易救济体系的具体实施方式，本书详细介绍了实施贸易救济措施的实际操作程序，包括：实施贸易救济措施中的启动申请、申请人资格、申请书结构、调查对象的确定、申请人须提交的相关证据、申请人提交的外贸统计数据的具体要求等，以及在贸易救济措施实施过程中，欧亚经济委员会在受理申请后进行调查并就调查结果通过决议，联盟法院负责受理贸易救济措施实施对象对欧亚经济委员会决议的异议诉讼、进行司法审查并作出裁决等工作程序，全面展现了联盟贸易救济的过程与方法。

在此基础上，本书坚持理论与实践相结合，就专门针对中国的9例反倾销案件进行研究，归纳欧亚经济联盟对中国商品反倾销调查的若干特点。

为使读者更准确解读联盟的贸易救济措施，本书附上具有重要参考价值的联盟贸易救济措施法律文件和具有代表性的针对中国企业的反倾销案例调查报告中文译文。这些既可为中国与欧亚经济联盟深入合作提供中文资料参考，亦可为企业提供商务咨询。

目　　录

第一章　欧亚经济联盟制度体系 ……………………………………… 001

第一节　从关税同盟到欧亚经济联盟 …………………………… 001
第二节　联盟合作机制 …………………………………………… 004
第三节　联盟机构设置 …………………………………………… 013
第四节　联盟法律体系 …………………………………………… 027
第五节　联盟贸易救济体系 ……………………………………… 032
第六节　与世贸组织的对接 ……………………………………… 034

第二章　反补贴措施 ……………………………………………………… 037

第一节　补贴的界定 ……………………………………………… 037
第二节　补贴额和补贴幅度的计算 ……………………………… 039
第三节　补贴与产业受损因果关系的证明 ……………………… 042
第四节　反补贴措施的内容 ……………………………………… 044

第三章　反倾销措施 ……………………………………………………… 048

第一节　反倾销的申请 …………………………………………… 048
第二节　倾销的界定 ……………………………………………… 050
第三节　倾销幅度的计算 ………………………………………… 051
第四节　倾销与产业受损因果关系的证明 ……………………… 058
第五节　反倾销措施的内容 ……………………………………… 061

第四章　保障措施 ………………………………………………………… 065

第一节　保障措施的界定 ………………………………………… 065

第二节	进口增长与产业受损因果关系的证明	066
第三节	保障措施的内容	067

第五章　贸易救济措施的运行程序 070
第一节	申请启动贸易救济措施	071
第二节	确定调查对象	078
第三节	提交产业受损证据	079
第四节	提交外贸统计数据	088
第五节	欧亚经济委员会的调查与决定	094
第六节	贸易救济措施的司法审查	101

第六章　针对中国的贸易救济措施 104
第一节	针对中国的9例反倾销案	104
第二节	欧亚经济联盟反倾销调查的特点	117

附件1　针对第三国实施保障、反倾销和反补贴
　　　　措施议定书 130

附件2　特别关税、反倾销税、反补贴税的计入和分配条例 181

附件3　针对中国生产的油气井钻探和开采用无缝钢管的反倾销
　　　　调查最终报告 185

附件4　针对来自中华人民共和国、中国台北、中华人民共和国
　　　　香港和澳门特别行政区的聚合物涂层金属轧材的
　　　　反倾销复审调查结果报告 282

后记 301

第一章 欧亚经济联盟制度体系

第一节 从关税同盟到欧亚经济联盟

1991年年底苏联解体，独联体成立。由于各成员国利益不同、各有诉求，独联体形成"议多行少"的局面。1993年3月，纳扎尔巴耶夫访俄，在莫斯科大学演讲时正式提出"欧亚联盟"思想，具体方案于1994年6月8日在哈、俄两国同时正式发表。主要内容是建议原苏联各加盟共和国以主权国家身份在后苏联空间加强各领域合作，实行一体化，其对象涉及所有已经独立的原苏联加盟共和国。

为提高合作效率，俄罗斯、白俄罗斯、哈萨克斯坦三国于1996年3月成立关税同盟，同年吉尔吉斯斯坦加入，1999年4月塔吉克斯坦加入。关税同盟成立的初衷，是希望在成员国内部统一贸易制度，取消进出口关税和数量限制，并对非成员国实施统一的关税和非关税措施。但事实上，关税同盟未能建立起统一的海关边境，也未能协调好成员国的"入世"立场。原因在于：关税同盟在形式上仅仅是一纸协议，并非国际组织，不具备国际行为主体的能力，难以对外协调和开展工作，对不履约行为缺乏制裁手段；另外，因各成员国的条约批准和生效机制不同，使得很多决议难以生效，即使生效，成员国也经常借各种理由而不予履行。

为进一步加强关税同盟成员国之间的合作，克服该机制的弊端，避免关税同盟滑落为"第二个独联体"，2000年10月10日，俄、白、哈、吉、塔五国总统在哈萨克斯坦首都阿斯塔纳举行会晤，决定将关税同盟提升为欧亚经济共同体，旨在建立统一经济空间，实现经济一体化。

早在2006年8月15~17日，欧亚经济共同体成员国元首索契峰会便讨论有关建立关税同盟和共同能源市场等问题。2009年11月27日，俄、白、哈三国元首在明斯克签署包括《关税同盟海关法典》在内的9个文件，决定从 2010 年 1 月 1 日起对外实行统一税率（部分商品有过渡期）；2010 年 7 月 1 日起取消俄与白俄间的关境；2011 年 7 月 1 日起取消俄哈间的关境。

关税同盟启动后，俄、白、哈三国开始探讨建立统一经济空间（关税同盟＋货币联盟）。三国总理于 2010 年 11 月 20 日在圣彼得堡和 12 月 9 日在莫斯科签署一系列文件，形成建立统一经济空间所需的法律基础。俄罗斯、白俄罗斯和哈萨克斯坦关税同盟最高机构会议于同年 12 月 9 日在莫斯科举行，三国元首发表联合声明，决定从 2012 年 1 月 1 日起启动俄、白、哈统一经济空间。

表1—1　统一经济空间的法律基础

板块	法律文件	通过日期
经济政策协调	1.《协调宏观经济政策协议》	2010.12.09
	2.《协调自然垄断主体行为统一原则与规定协议》	2010.12.09
	3.《统一竞争原则与规定协议》	2010.12.09
	4.《工业补贴规定协议》	2010.12.09
	5.《国家支持农业规定协议》	2010.12.09
	6.《国家采购协议》	2010.12.09
	7.《知识产权保护规定协议》	2010.12.09
服务自由流动	8.《统一经济空间成员国服务贸易与投资协议》	2010.12.09
劳动力自由流动	9.《抵制第三国非法劳动移民合作协议》	2010.11.19
	10.《劳动移民及其家属法律地位协议》	2010.11.19
资本自由流动	11.《保障资本自由流动创造建立金融市场条件协议》	2010.12.09
	12.《货币政策协调原则协议》	2010.12.09
能源与交通共同市场	13.《白俄罗斯、哈萨克斯坦及俄罗斯组建、管理、运行与发展共同石油市场与石油产品协议》	2010.12.09
	14.《保障在电力领域获得自然垄断服务协议》	2010.11.19
	15.《在天然气运输领域获得自然垄断服务规定协议》	2010.12.09
	16.《获得铁路运输服务协调协议》	2010.12.09
技术协调	17.《白俄罗斯、哈萨克斯坦及俄罗斯统一技术协调原则与规定协议》	2010.11.18
商品自由流动	18.关税同盟框架内所有法律文件	

在建设统一经济空间同时，俄、白、哈三国领导人便已开始筹划未来发展蓝图，即建立欧亚经济联盟。2011年10月3日，普京在俄罗斯《消息报》发表《欧亚新的一体化计划：未来诞生于今天》一文，提出建立"欧亚联盟"（Евразийский союз）设想，即参照欧盟模式，建立超国家机构，协调经济政策，发展区域经济一体化合作，但不是恢复苏联模式①。普京的倡议得到白俄罗斯总统卢卡申科和哈萨克斯坦总统纳扎尔巴耶夫的积极回应。当年10月25日，纳扎尔巴耶夫在《消息报》发表《欧亚联盟：从理念走向未来》，详细阐述他对欧亚联盟的看法和想法。2011年11月18日，俄、白、哈三国元首在莫斯科签署协议，同意在2015年1月1日前草签欧亚经济联盟协议。

2014年5月29日，俄、白、哈三国总统在哈首都阿斯塔纳签署《欧亚经济联盟条约》，涉及能源、交通、工业、农业、关税、贸易、税收、政府采购、自由贸易商品清单、敏感商品等诸多领域。《欧亚经济联盟条约》规定，三国于2015年1月1日起启动"经济联盟"建设进程，目标是到2025年建成"经济联盟"，彻底实现商品、服务、资金和劳动力的自由流动。

与此同时，欧亚经济共同体于2014年10月10日在明斯克召开成员国元首峰会，签署关于解散欧亚经济共同体的文件，一致同意欧亚经济共同体于2015年1月1日起正式停止活动，其功能将由欧亚经济联盟接替。欧亚经济共同体此前签署的151份协议中的87份依然有效。同日，欧亚经济联盟接受亚美尼亚为新成员国（第四个成员国）。吉尔吉斯斯坦于2015年5月8日成为欧亚经济联盟正式成员国。

表1—2　欧亚地区的一体化机制进程

独联体	欧亚经济共同体	关税同盟	统一经济空间	欧亚经济联盟
1991年至今	2000~2014年	2010~2012年	2012~2014年	2015年至今

---

① Путин В., Новый интеграционный проект для Евразии-будущее рождается сегодня "Известия.,3 октября 2011 года; Нурсултан Назарбаев. Евразийский Союз: от идеи к истории будущего" Известия., 25 октября 2011. 纳扎尔巴耶夫总统1993年3月访俄期间，曾在莫斯科大学发表演讲《欧亚经济联盟：理论还是现实》（Евразийский союз-теория или реальность），提出"欧亚联盟"主张，即所有原苏联加盟共和国以主权国家身份在后苏联空间加强各领域合作。

第二节 联盟合作机制

依据不同的标准，一体化可以分为不同的形态，其中广为接受的是由经济学家利普塞（Richard Lipsey）根据生产要素流动程度所作的分类，将一体化分为六种等级递增的状态，即优惠贸易安排（特惠关税区）、自由贸易区、关税同盟、共同市场、经济同盟和完全经济一体化。与此类似，俄罗斯主导的独联体地区的一体化大体分为自由贸易区、关税同盟（主要是商品贸易）、统一经济空间（关税同盟＋服务贸易）、欧亚经济联盟（统一经济空间＋货币联盟，或者理解为"彻底实现商品、服务、资金和劳动力自由流动的统一经济空间"）、欧亚联盟（经济联盟＋政治联盟）等5个层次。

一、欧亚经济联盟的特点

可以从四个方面理解"欧亚经济联盟"：

第一，欧盟等其他一体化机制通常名实相符，但俄罗斯主导的一体化机制中，其名称代表着成员国的合作方向和组织的发展目标，而不是反映该机制的合作现状。

例如，关税同盟是指成员国要朝此方向努力，而不是说成员国已经建成了该机制。欧亚经济联盟是指成员国朝建立货币联盟方向努力，而不是已经实现了统一货币。正是这个"慢一步"的特点，往往容易误导外界对俄罗斯主导的一体化效果的评价。

第二，俄语的"统一经济空间"与"经济共同体""共同市场"等概念非常接近，甚至经常混用。在不同语境中的内涵与外延时大时小，须依据相应文件才能具体界定。

狭义的统一经济空间通常集中体现在政府主管的经济合作领域，如果说关税同盟的目标是成员国统一对第三国的商品进出口关税，即主要涉及商品贸易的话，则统一经济空间还涉及服务贸易、投资、移民、竞争市场、宏观经济、产业发展等事务。广义的统一经济空间通常泛指取消成员国之间的经济贸易壁垒，实现货物、服务、资金和劳动力等四大要素的自由流动，形成所谓"统一的"或"共同的"大市场。在此语境下，经济联盟也不过是制度融合得较干净彻底的统一经济空间而已。简而言之，狭义的统一经济空间致力于扩大市场，关注流通；广义的统一经济空间致力于发展，更关注生产，是在统一市场的大合作平台上，进一步整合区域经济要素，结合其他政治、社会、人文和安全等各领域资源，共同推动区域经济稳定和发展。

第三，苏联解体后，新独立国家的政治架构通常是总统掌握行政权，其中政府主管经济社会事务，央行主管金融货币，政府和央行无隶属关系，但都向总统汇报工作。

从这个角度可以说，俄、白、哈三国关税联盟和统一经济空间的合作领域主要属于政府权限范围内，而欧亚经济联盟除此之外，还要进行央行主管的金融货币合作，建立统一的金融政策和货币市场，甚至发行统一的货币。在机构设置上，除主管经济的"欧亚经济委员会"之外，未来还将设立"联盟央行"。

第四，欧亚经济联盟是在欧亚经济共同体经验教训基础上扬弃的结果。

欧亚经济联盟与欧亚经济共同体的不同之处在于：

第一，虽然二者目标定位都是加强区域合作，均以欧盟为榜样和追求目标，但欧亚经济共同体从成立伊始就未能建立相应的强制性制度措施。因各成员国能力不一，一体化只能采取能者先行的方法，由具有承受能力的成员国先实现更高级别的一体化。由此，俄、白、哈三国先期建立关税同盟和统一经济空间，余下的吉尔吉斯斯坦和塔吉克斯坦只能仍旧留在欧亚经济共同体内，无法参与统一经济空间的活动。因此可以说，俄、白、哈三国关税同盟和统一经济空间仍属欧亚经济共同体框架内的次区域合作机制，是内部先行先试的成果。

第二，经济共同体在最高决策层实行协商一致，成员国经常开会讨论，但难以达成具体行动计划；而欧亚经济联盟由俄罗斯主导，合作规划以俄罗斯方案为蓝本，协商余地实际很小。这也是从关税同盟到欧亚经济联盟能够一路走来并最终成功的经验之一。俄罗斯本来希望将欧亚经济共同体建成"后苏联空间的欧盟"，但鉴于合作机制的限制，于是另起炉灶，借助有利的国际和国内环境，依照自己的意志和模式推进欧亚地区一体化。正因如此，当欧亚经济共同体框架内的统一经济空间升级为欧亚经济联盟后，欧亚经济共同体便已失去存在的价值而解散，其中有意愿和有承受能力的成员国便寻求加入欧亚经济联盟。

另外，从合作机制和合作领域看，欧亚经济联盟目前较少涉足社会政策领域。相比之下，欧亚经济共同体涉及经济和社会两大部分，合作范围较广，如法律、宏观经济、海关、交通运输、服务贸易、能源、金融保险、财政税务、经济技术合作、农业、教育、卫生、环保和移民等。

二、关税同盟

根据《欧亚经济联盟条约》，关税同盟（Customs Union）框架内的合作内容主要有：

1. 建立成员内部商品市场。成员国彼此间的商品贸易取消进口关税和出口关税（以及与关税等同的其他税、费），取消非关税措施、专门保护措施、反倾销和反补贴措施；

2. 实施统一的商品编码、统一关税税率，以及其他统一的、调节与非成员国商品外贸的措施；

3. 针对非成员国实施统一的商品贸易制度；

4. 实施统一的海关调节制度与措施；

5. 商品在成员国间流动时，无需海关报关和国家监管（交通、卫生、动植物检验检疫）；

6. 进口关税收入由联盟统一收取，并依照条约规定在成员国间分配。

7. 成员国有权为吸引外资而建立自由经济区（经济特区、专门经济区等）和保税仓库。自由经济区和保税仓库的建立与经营等具体要求由成员国签署国际协议约定（属于欧亚经济联盟框架内的国际协议）。

8. 对于敏感商品，成员国有权实施特殊海关制度和措施，此举不违反统一关税区的内部市场原则。敏感商品是指涉及保护人的生命和健康、维护社会公序良俗、保护环境、保护动植物和文化价值、履行国际义务、维护国家安全和国防等与个人和国家的发展稳定关系密切的商品。

9. 关税同盟基本不涉及服务贸易。尽管成员国之间需要协调彼此与第三国开展服务贸易等事项，但此类协调不带有超国家性质。

三、统一经济空间

根据《欧亚经济联盟条约》,除继承关税同盟框架内的权利和义务外,统一经济空间(Single Economic Space)框架内的合作内容主要有五部分:

一是宏观经济。实施协商的宏观经济政策、服务贸易政策。其中规定每个成员国的年度国家预算赤字规模不得超过当年 GDP 的 3%；国债规模不得超过 GDP 的 50%；通胀率(消费品的物价指数,当年 12 月与上年 12 月同比)不得超过成员国中最低通胀率的 5%。

二是竞争秩序。旨在实行共同的反垄断和竞争政策的原则和规则,禁止恶性竞争和限制竞争行为,建立公平和透明的竞争环境。包括协调价格调控、成员国政府采购等。

三是产业(实业)发展。包括农业、工业、交通、能源等,涉及产业补贴政策、技术标准体系、产业布局规划、知识产权保护、合理竞争、科研等。计划于 2016 年 1 月 1 日起运行统一药品和医疗产品市场、2017 年 1 月 1 日起实施统一的工业品补贴政策、2019 年 7 月 1 日起运行统一电力市场、2025 年 1 月 1 日启动统一天然气市场和统一石油及石化产品市场。

四是财政金融。旨在建立协调的税收政策体系、协调金融政策,分阶段地逐步协调货币政策,协调汇率政策,建立有利于资金自由流动的金融市场,为发展货币一体化创造良好的法律条件。在成员国完成金融领域法律协调工作后,欧亚经济联盟将于 2025 年在哈萨克斯坦阿拉木图市建立超国家的金融市场调节管理机构。

五是其他领域。包括:劳动力市场,用于协调成员国的移民政策,促进劳动力自由流动；贸易投资自由化,努力建立统一的服务贸易市场；成员国国家机关之间的合作,如信息交流、法律和措施透明、建立相互协调的保护消费者权益体系及权益损害预警机制等；知识产权保护。

具体可分为以下方面:

1. 协调宏观经济政策、服务贸易政策。其中规定每个成员国的年度国家预算赤字规模不得超过当年 GDP 的 3%；国债规模不得超过 GDP 的 50%；通胀率(消费品的物价指数,当年 12 月与上年 12 月同比)不得超过成员国中最低通胀率的 5%。

2. 加强财政金融领域的合作,分阶段逐步协调货币政策,协调汇率政策，为发展货币一体化创造良好的法律条件。不采取可能有损货币一体化的措施，即使在迫不得已必须实施的情况下，需将损害后果降到最低。在本国经济政治活动中逐渐增强对其他成员国货币的信心。

3. 发展贸易投资自由化，努力建立统一的服务贸易市场。

4. 加强成员国国家机关之间的合作。如信息交流、法律和措施透明、建立相互协调的保护消费者权益体系、权益损害预警机制等。

5. 协调金融政策。建立协调的金融市场调节体系、建立有利于资金自由流动的金融市场。在成员国完成金融领域法律协调工作后，欧亚经济联盟将于2025年在哈萨克斯坦阿拉木图市建立超国家的金融市场调节管理机构。

6. 建立协调的税收政策体系。避免双重征税，在税收领域给予其他成员国国民待遇，不得建立对其他成员国歧视性的、损害其竞争力的税收政策。

7. 实行共同的反垄断和竞争政策的原则和规则。禁止恶性竞争和限制竞争行为，建立公平和透明的竞争环境。

8. 价格调控政策。

9. 调节成员国政府采购行为。

10. 加强知识产权保护合作。遵守下列国际条约或协议：1886年9月9日《保护文学和艺术作品伯尔尼公约》《保护工业产权巴黎公约》、1891年4月14日《商标国际注册马德里协定》及其《备忘录》《商标法新加坡条约》、1961年10月26日《保护表演者、唱片录制者和广播组织国际公约》、1970年6月19日《专利合作条约》、1971年10月29日《保护录音制品制作者防止未经许可复制其录音制品公约》、1977年《国际承认用于专利程序的微生物保存布达佩斯条约》、1996年12月20日《世界知识产权组织版权条约》和《世界知识产权组织表演和录音制品公约》、2000年6月1日《专利法公约》。

11. 在互利、非歧视、公平竞争和透明原则基础上，发展成员国独立自主的工业政策，支持成员国间的工业合作，并于2017年1月1日起实施统一的工业品补贴政策。根据联盟最高理事会2013年5月31日第40号决议，联盟成员国协调工业政策的优先方向为：建立统一的成员国敏感商品出口扶持政策；建立开发第三国市场的协同机制；创造有利于组建合资企业的环境；促进中小企业发展；建立跨国生产协会和联合体。优先发展19个工业领域：航空航天；汽车制造；生物技术；轻工业；冶金（包括管材）；纳米技术；木材加工；道路建设技术设备；农业和林业机械制造；塑料和橡胶制品；起重运输机械；铁路设备设施；日用电器；电子和光学设备及组件；建材（包括玻璃和水泥）；机床制造；制药；化学和石化；电力设备。

12. 实施协调的农业政策。开发成员国农业潜力，平衡成员国农业生产，保障市场稳定，促进成员国平等公正竞争，制定协调一致的农产品和食品标准，保护生产者权益。

13. 加强劳动力市场合作。协调成员国的移民政策，促进劳动力自由流动。

14. 建立共同的能源市场。实施协调的能源政策，共同制定石油、天然气、电力和石化产品发展战略规划、产销平衡表等。电力市场方面，2015年7月1日前批准合作构想，2016年7月1日前批准协调落实计划，2018年7月1日前完成计划，2019年7月1日前投入运行。天然气市场方面，2016年1月1日前批准合作构想，2018年1月1日前批准协调落实计划，2024年1月1日前完成计划，2015年1月1日前投入运行。石油和石油产品市场方面，2016年1月1日前批准合作构想，2018年1月1日前批准协调落实计划，2024年1月1日前完成计划，2025年1月1日前投入运行。

15. 实施协调的交通运输政策。挖掘过境运输潜力、建立交通走廊，改善交通基础设施，建立物流中心，发展交通技术，在竞争、开放、安全、可靠、环保等原则基础上，逐步分阶段地建立统一的交通运输市场。

16. 建立药品和医疗制品统一市场。并于2016年1月1日起运行统一的药品和医疗产品市场。

四、联盟的未来发展方向

综上所述，欧亚经济联盟启动前的俄、白、哈三国统一经济空间是个狭义的概念，而联盟启动后，联盟框架内的统一经济空间显然是个广义的概念。截至2015年底（即欧亚经济联盟运行一年后），可以说，在欧亚经济联盟框架内，共同的商品和服务贸易市场已基本成形。该领域未来仍需进一步完善的工作主要有：在关税领域逐步缩小和取消敏感商品范围；落实好亚美尼亚和吉尔吉斯斯坦"入盟"过渡；进一步减少甚至消除非关税壁垒（比如技术和检验检疫标准等）①。与此同时，宏观经济、市场秩序、产业发展、财政金融合作等仍任重道远，而这些领域都是支撑联盟统一大市场，以及协调和统一经济政策的根本。

根据联盟发展规划，在统一经济空间框架内，在建立商品和服务两个共同市场之际，成员国将至少建立药品、电力、天然气、石油及石化产品等5个共同市场。与此同时，金融共同市场计划于2025年1月1日前建成，但在《欧亚经济联盟条约》中，对"金融共同市场"的界定仅指各成员可以不受歧视地进入其他成员国的金融市场，为建立统一的货币市场建立良好条件，但并未明确提出要建立"统一货币"。尽管民间热烈讨论有关欧亚经济联盟未来的统一货币是俄罗斯的卢布，还是新发行的"阿尔德"（Алтын，突厥语"金子"、"黄金"的意思）等问题，但答案无人知晓。

至于欧亚经济联盟未来是否可能发展成为"欧亚联盟"，即建立统一的经济政策、货币政策和社会政策，可能还有其他领域的政策，如内务司法、外交、国防军事等，国际社会正密切关注。这也是国际社会担心俄罗斯"恢复苏联"的原因所在。尽管俄罗斯多次表明欧亚经济联盟（或欧亚联盟）的目标并非要恢复苏联，但白俄罗斯和哈萨克斯坦始终强调一体化合作仅限于经济，决不涉及政治。

俄罗斯的想法是依照其与白俄罗斯间的俄白联盟模式推进欧亚一体化。俄白联盟的发展历程共分三个阶段：第一步是建立共同体（1996年4月2日，Сообщество Россиии-Белоруссии）；第二步是建立国家联盟（1997年4月2日，Союз Россиии-Белоруссии）；第三步是建立联盟国家（1999年12月8日，Союзное государство Россиии-Белоруссии）。这三者的区别在于：共同体主要是经济一体化。国家联盟则是成员国在政治、经济和安全等各领域实施统一政策的合作形式，但没有统一的宪法、国家机关、军队、税收和预算等，各成员国均保留自己独立和完整的国家主权。联盟的主要机关是由各成员国代表组成或参加的会议，通过的各项决议也必须经各成员国批准才能生效。而联盟国家则是一个统一的主权国家，有统一的宪法和国家管理机构，各组成单位失去独立的主权。目前为止，俄白《联盟国家

---

① Оценка экономических эффектов отмены нетарифных барьеров в ЕАЭС//Доклад ЕАБР №29, 2015 г.

条约》已经于 2001 年 1 月 26 日签署，但联盟宪法草案仍未获两国议会通过，更没有提交全民公决。照此顺序，当前欧亚经济联盟处于经济共同体刚刚建立（第一阶段结束）、国家联盟刚刚起步（第二阶段开始）状态。未来能否走向联盟国家（完成第三阶段），尚不得而知。

五、成员国的加入和退出

《欧亚经济联盟条约》第 108 条规定：欧亚经济联盟对所有赞同联盟宗旨和原则的国家开放。

有意愿加入欧亚经济联盟的国家，首先须向联盟最高理事会提出加入申请，联盟最高理事会通过协商一致方式决定是否赋予申请国候选成员国资格，并组建工作小组。小组由成员国代表、联盟机构代表和候选成员国代表组成，负责研究和确定"入盟"路线，包括候选国现状、为"入盟"所需要承担的义务、"入盟"的计划步骤方案、需签署和加入的相关国际条约、设计加入后在联盟各机构的工作规格和形式等，路线图通常涉及海关、技术协调、卫生建议标准、交通与基础设施、关税与非关税协调、保护与反倾销、贸易政策、金融政策、信息统计、基础设施建设等诸多方面。

"入盟"路线图经联盟最高理事会批准后，工作小组负责定期向联盟最高理事会汇报候选国落实完成进展情况。联盟最高理事会根据工作小组的有关候选国已完全履行完毕路线图义务的结论报告（即具备成员国资格的报告），通过有关同意吸收候选国为正式成员国的决议，并与候选国签订"入盟"协议。"入盟"协议须经各成员国批准方可生效。

吉尔吉斯斯坦早在 2012 年 6 月 15 日便提出加入关税同盟和统一经济空间要求。统一经济空间决定建立工作组，研究吉加入关税同盟的"路线图"[①]，并于 2014 年 5 月 29 日通过"路线图"。为帮助吉履行"路线图"，俄罗斯出资 10 亿美元，与吉共建"俄吉发展基金"，另外向吉提供 2 亿美

---

① Решение Совета Евразийской экономической комиссии от 15 июня 2012 г. №40 " О рабочей группе по вопросу участия Кыргызской Республики в Таможенном союзе Республики Беларусь. Республики Казахстан и Российской Федерации" . г. Санкт-Петербург; Решение Совета Евразийской экономической комиссии от 12 октября 2012 г. №82 " Об участии Кыргызской Республики в Таможенном союзе Республики Беларусь. Республики Казахстан и Российской Федерации" . г. Минск.

元援助。2014年12月23日，欧亚经济联盟成员国同意吸收吉尔吉斯斯坦为正式成员，2015年5月8日吉签署《吉尔吉斯斯坦加入欧亚经济联盟条约》。经各成员国国内批准程序后，"入盟"条约于2015年8月12日正式生效，吉成为欧亚经济联盟第五个正式成员国。

吉尔吉斯斯坦确定"入盟"条件的领域包括：服务贸易、对自然垄断企业经营的监管、交通政策、提供工业补贴的规则、自由经济区和保税仓库等。吉约170种商品实行有别于欧亚经济联盟统一海关关税的进口关税税率，包括药品、化工产品、铝制品、机械设备和汽车等。这些商品过渡期为3~5年，其中许多商品的进口税率将低于统一海关关税。为防范廉价商品经吉境内转口到哈萨克的风险，各方商定，在将这些商品自吉进口到欧亚经济联盟其他成员国时，报关人必须在商品入吉境报关时明确进口目的地。

亚美尼亚于2013年4月10日与统一经济空间签订《合作备忘录》，2013年9月3日正式宣布欲加入关税同盟和统一经济空间。统一经济空间于当年10月24日决定建立工作组，处理亚美尼亚"入盟"事宜[1]，并于2013年12月24日签署"入盟"路线图。2014年10月10日，欧亚经济联盟与亚美尼亚签订"入盟"条约，2015年1月2日，亚美尼亚成为欧亚经济联盟第四个正式成员国。为让新加入的成员国更好地适应和协调联盟合作，欧亚经济联盟在吸收亚美尼亚后，给予其7年关税过渡期（敏感商品），其中2019年前可就部分水果与坚果、2020年前可对部分奶制品、蛋类及蜂蜜、2022年前可对肉类产品设定特别税率，收取单独关税[2]。

《欧亚经济联盟条约》第118条规定：成员国有权退出联盟。退出联盟只需成员国以书面外交照会形式通知欧亚经济委员会即可，成员国的联盟义务和权利自联盟收到退出声明后12个月终止。拟退出联盟的成员国仍需履行正式成员期间的财务义务，此业务不因退出而终结。

《欧亚经济联盟条约》第119条规定：任何国家均可向欧亚经济联盟最

---

[1] Решение Высшего Евразийского экономического совета от 24 октября 2013 г. №49 《О присоединении Республики Армения к Таможенному союзу и Единому экономическому пространству Республики Беларусь, Республика Казахстан и Российской Федерации》. г. Минск.

[2] 《Договор о присоединении Республики Армения к Договору о Евразийском экономическом союзе》от 29 мая 2014 г.

高理事会主席国提出成为观察员国的申请。接受或拒绝观察员国的决定由联盟最高理事会作出。联盟观察员国无权参与联盟决策，但有权获得联盟各机构通过的非保密文件，以及受邀参加联盟各机构的会议。

2017年4月，欧亚经济联盟成员国首脑会议同意给予摩尔多瓦观察员国地位。

第三节 联盟机构设置

欧亚经济联盟在成立之初，俄、白、哈三国便约定将该联盟的经济中心（欧亚经济委员会）设在莫斯科、法律中心（欧亚法院）设在明斯克、金融中心（未来的联盟央行）设在阿拉木图。

欧亚经济联盟的年度预算缴费比例与成员国进口关税分配比例相同。根据欧亚经济联盟最高理事会的决定，联盟2015年预算缴费比例分别是：俄罗斯为87.97%、白俄罗斯为4.70%、哈萨克斯坦为7.33%。2016年度的组织预算缴费比例（进口关税分配比例）分别是：俄罗斯为85.32%；哈萨克斯坦为7.11%；白俄罗斯为4.56%；吉尔吉斯斯坦为1.90%；亚美尼亚为1.11%[①]。

一、正式机构和非正式机构

欧亚经济联盟的机构设置分为正式机构和非正式机构。

欧亚经济联盟框架内未设有议会合作机构，连欧亚经济共同体内时期的跨国议会大会都没有。俄罗斯曾倡议在欧亚经济联盟框架内成立类似欧洲议会的、跨国家和跨党派的超国家议会机构"欧亚议会"，主要职能包括：欧亚经济联盟立法并监督其执行；吸收社会力量，扩大欧亚经济联盟的社会基础；研究一体化进程中的重要问题，为联盟提供政策咨询与建议等。俄建议分两步建成欧亚议会：先建立"欧亚跨议会大会"，由成员国议会议员组成，属磋商、咨询、论坛机制；待条件成熟时，将跨议会大会升

[①] Решение Высшего Евразийского экономического совета от 8 мая 2015 г. № 9″ О размерах (шкале) долевых взносов государств-членов Евразийского экономического союза в бюджет Евразийского экономического союза″.

级为欧亚议会（属享有立法权、成为整个联盟区域立法的超国家机构）。尽管俄罗斯强调建立欧亚议会是各成员国在自愿、独立、负责等原则基础上建立，不意味着复辟苏联，是开放的机构，所有有意"入盟"的成员国和非成员国均可参与，但白俄罗斯、哈萨克斯坦坚决反对。欧亚议会最终未能建立，相关内容也未纳入《欧亚经济联盟条约》之中。

早在2012年，俄、白、哈三国便就欧亚经济联盟是政治与经济相结合的综合性国际组织，还是纯经济组织问题展开激烈争论。俄罗斯主张欧亚经济联盟应该是集政治、经济、社会、人文等多个领域的综合性国家间联盟，未来将过渡到"欧亚联盟"。白哈两国认为，欧亚经济联盟应该是纯经济组织，只专注经济一体化，绝不涉及任何形式的政治一体化，尤其反对建立超国家的政治机构，以免损害成员国的国家主权。

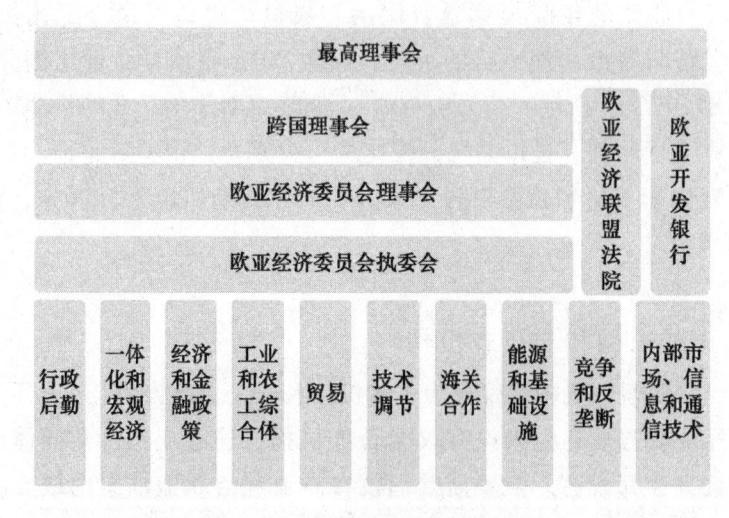

最高理事会	欧亚经济联盟法院	欧亚开发银行
跨国理事会		
欧亚经济委员会理事会		
欧亚经济委员会执委会		
行政后勤 / 一体化和宏观经济 / 经济和金融政策 / 工业和农工综合体 / 贸易 / 技术调节 / 海关合作 / 能源和基础设施 / 竞争和反垄断 / 内部市场、信息和通信技术		

图1—1　欧亚经济联盟机构设置

（一）欧亚经济联盟的正式机构

截至2016年1月1日，欧亚经济联盟框架内的正式机构共有4个：

1. 欧亚经济联盟最高理事会

欧亚经济联盟最高理事会由成员国国家元首组成，是联盟的最高决策机构，负责战略决策和组织重大事项（如人事任命、财务预算、议案受理、争议仲裁、国际合作、组织扩员等，几乎涵盖欧亚经济联盟运行的所有方面）。理事会以会议形式工作，每年至少召开1次会议，由轮值主席国主持（依照国名的俄文字母顺序轮流担任），日程根据成员国建议确定。最高理事会实行"协商一致"的决策原则，所有成员国一律平等，一国一票。

《欧亚经济联盟条约》第5条规定：联盟成员国在《欧亚经济联盟条约》以及联盟框架内各国际条约规定的合作领域和幅度内，以相互协调或相互协商的方式工作，在其他经济领域需依照联盟宗旨和原则，努力以相互协调或相互协商的方式工作。为此，联盟最高理事会可设立辅助机构，如成员国"相关国家机构负责人委员会"（советы руководителей государственных органов Сторон）、工作组（рабочие группы）、专业委员会（специальные комиссии）等，协助欧亚经济委员会加强相关领域的协调工作。如组建"竞争与反垄断、价格调节和政府采购咨询委员会"，下设竞争与反垄断、价格和政府采购等3个分委会。

2. 跨国理事会

跨国理事会由成员国政府首脑（政府总理）组成，负责落实最高理事会的决议，并监督欧亚经济委员会的工作落实情况，解决其未能协商一致的问题。

理事会以会议形式工作，每年至少召开两次会议，由轮值主席国主持（依照国名的俄文字母顺序轮流担任），日程由欧亚经济委员会根据成员国建议确定。跨国理事会实行"协商一致"决策原则，所有成员国一律平等，一国一票。

3. 欧亚经济委员会

欧亚经济委员会是联盟的常设机构，负责联盟的日常管理和运行。欧亚经济委员会工作地址设在莫斯科。分为"理事会"和"执委会"两部分。理事会（council）由成员国各一个副总理组成，负责联盟日常工作决策。执委会（collegium 或 Board）由成员国各派3名代表组成（部长级），由执委会主席领导。执委会主席由执委会成员选举产生，联盟最高理事会（成员国元首会议）任命，任期4年。欧亚经济委员会理事会的决定、命令和建议实行协商一致决策原则，执委会的决定、命令和建议通常采用2/3多数票决策机制（每个执委会委员各一票），涉及联盟最高委员会确定的敏感问题时，采用协商一致原则。

4. 欧亚经济联盟法院

欧亚经济联盟法院是联盟的司法机构，负责解决争端和法律解释。办公地点位于白俄罗斯首都明斯克市，由成员国各派两名法官组成。

（二）非正式机构

除正式机构外，欧亚经济联盟还有一些非正式机构，即虽没有执行联盟决议的义务，却与联盟各机构保持良好合作关系的机构，主要是原来在欧亚经济共同体框架内的合作机制。只要不与欧亚经济联盟的精神和原则相冲突，通常予以保留，如成员国的投融资合作机构欧亚开发银行及其管理的欧亚稳定与发展基金等。

如果考虑这两个机构的合作内容和成果，可以说欧亚经济联盟绝不是一个单纯的规则制定者，而是利用各种途径和方式，借助具体实业项目，弥补成员国短板，拉平成员国发展能力和水平，夯实合作基础。

欧亚开发银行成立于2006年，共有6个成员股东：俄罗斯、白俄罗斯、哈萨克斯坦、吉尔吉斯斯坦、塔吉克斯坦、亚美尼亚。注册资本为70亿美元，主要投资交通、能源、通信、能源及高附加值产业等领域，还承担大量项目的先期研究工作。

截至2017年1月1日，欧亚开发银行投资额总计5.455万亿美元（包括正在实施的项目投资），其中正在进行的项目投资额为2.388万亿美元，正在进行的项目有67个[①]，涵盖6个国家，重点是成员国能源和交通基础设施项目，分别占欧亚开发银行投资项目总额的26.1%和17.4%。例如，哈萨克斯坦埃基巴斯图兹2号热电站（项目资金4.7亿美元）；哈萨克斯坦铁路运输管理自动化系统工程（1.34亿美元）；哈萨克斯坦"勇士"煤矿技术设备改造工程（0.49亿美元）；俄罗斯季赫温车厢制造厂建设（2.29亿美元）；俄罗斯"西部高速"公路建设（1.81亿美元）；俄罗斯普尔科沃机场改造工程（0.9亿美元）；白俄罗斯冶金厂轧机建设（1.57亿美元）；白俄罗斯波洛茨水电站建设（1亿美元）。与此同时，欧亚开发银行共资助

---

① Управление средствами Евразийского фонда стабилизации и развития. http://www.eabr.org/r/projects/portfolio/; Совет Евразийского фонда стабилизации и развития принял решение о предоставлении инвестиционных кредитов Армении и Кыргызстану. http//：acf.eabr.org/r/.

60个技术援助项目（包括已完成的项目），总计657万美元。

表1—3　欧亚开发银行的投资结构（按国别）　　　　　　　　　　%

国别	占比
哈萨克斯坦	45.0
俄罗斯	31.7
白俄罗斯	20.0
亚美尼亚	0.8
吉尔吉斯斯坦	0.4
塔吉克斯坦	0.4
其他国家	1.7

注：数据截止2016年12月1日。
资料来源：Евразийский банк развития（ЕАБР）．http：//www.eabr.org/r/about/status/．

表1—4　欧亚开发银行的投资结构（按投资领域）　　　　　　　　%

投资领域	占比
能源	26.1
交通	17.4
金融	13.4
矿山	10.7
机械制造	10.6
冶金	8.4
农工综合体	2.3
化工	0.9
其他基础设施	6.6
其他行业	3.7

注：数据截至2016年12月1日。
资料来源：同表1—3。

表1—5　欧亚开发银行的投资池规模　　　　单位：亿美元

年份	规模
2011	34
2012	45
2013	53
2014	50
2015	45
2016.06.01	47
2016.10.01	48
2016.11.01	49
2016.12.01	49

注：数据截至2016年12月1日。
资料来源：同表1—3。

欧亚稳定与发展基金的前身是2009年欧亚经济共同体为应对全球金融危机成立的反危机基金。截至2017年1月1日，欧亚稳定与发展基金共有资产85.13亿美元[①]，由欧亚开发银行管理，主要任务是支持财政、支付平衡、汇率稳定及投资国家间的大项目。例如，2015年7月，该基金决定向亚美尼亚"灌溉系统现代化"项目投资4000万美元；向吉尔吉斯斯坦"托克托古尔水电站升级2期"项目投资1亿美元；2016年3月25日批准向白俄罗斯提供贷款20亿美元。

二、欧亚经济委员会

"欧亚经济委员会"（The Eurasian Economic Commission）是欧亚经济联盟的常设机构，具有超国家性质，负责联盟的日常管理和运行。欧亚经济委员会工作地址设在莫斯科，分为"理事会"和"执委会"两部分。

欧亚经济委员会机构规模不算小。根据联盟最高理事会2011年12月19日第5号决议，欧亚经济委员会编制设定25个司局，总员工数量2012

[①] http://efsd.eabr.org/r/about_akf/

年1月1日起为600人，7月1日起为850人，2013年1月1日起为1071人。

《欧亚经济联盟条约》第9条规定：欧亚经济委员会内的司局级及以上官员的职位分配依照所有成员国平均分配，司局级以下职员的职位分配则依照成员国的会费缴纳比例分配。所有职员和部门负责人的选拔由专门的选拔委员会参照个人履历和能力资格统筹安排。

（一）理事会

理事会（council）由成员国各一个副总理组成，负责联盟日常工作决策。

欧亚经济委员会理事会的决定、命令和建议实行协商一致决策原则，执委会通过决定、命令和建议时，通常采用2/3多数票决策机制（每个执委会委员各一票），涉及联盟最高委员会确定的敏感问题时，采用协商一致原则。

（二）执委会

执委会（collegium或Board）由成员国各派3名代表组成（部长级），由执委会主席领导，负责具体落实理事会决议和机构的日常运行。但因业务范围有限，各成员仅向执委会各派两名代表。

欧亚经济委员会下设9大业务板块，共计25个业务司（负责具体业务部门，司局级）。

9大业务区块分别是：行政后勤、宏观经济、经济和财政金融政策，工业和农业政策、贸易政策、技术调节、海关合作、能源和基础设施、竞争和反垄断。

各板块负责人由来自成员国的正部级代表担任，该负责人也是欧亚经济委员会执委会的组成成员。

业务板块下共设立25个业务司，各司负责人来自成员国对口业务部门。根据具体业务职能，每个业务司下设有若干业务处（处级）。

表 1—6　欧亚经济委员会的组成机构

业务板块 （负责人是联盟执委会成员，部长级）	业务部门 （负责人是司局级）
行政后勤部	礼宾和组织保障司
	财务司
	法律司
	办公厅
一体化和宏观经济部	宏观经济政策司
	统计司
	一体化发展司
经济和金融政策部	金融政策司
	企业活动发展司
	劳动移民和社会保障司
工业和农工综合体部	工业政策司
	农业政策司
贸易部	关税和非关税调节司
	内部市场保护司
	贸易政策司
技术调节部	技术调节和信托司
	卫生和动植物检疫防疫司
海关合作部	海关法律和司法实践司
	海关基础设施司
能源和基础设施部	交通和基础设施司
	能源司
竞争和反垄断部	反垄断调节司
	竞争政策和政府采购政策司
内部市场、信息和通信技术部	信息技术司
	内部市场运行司

表 1—7　欧亚经济委员会执委会贸易部的组织机构（截至 2017 年 1 月）

部长（欧亚经济联盟执委会委员）Slepnev Andrey Alexandrovich（俄）		
关税与非关税政策司 Tariff and Non-tariff Customs Regulation Department	内部市场保护司 Department for Internal Market Defence	贸易政策司 Trade Policy Department

续表

司长 Gagik Karlenovich Kocharyan	司长 Vladimir Ilichev	司长 Anton Kudasov
副司长 Galina Mayanova	副司长 Andrey Zakharov	副司长 Nurgul Khaydarova
副司长 Natalia Samoilova	副司长 Dariya Bakytbekkyzy	
副司长 Dina Akpanbaeva		
海关关税、优惠和特惠措施处 Customs and Tariff Regulation, Exemptions and Preferences Section	进口分析处 Import Analysis Unit	商品处 Goods Section
非关税措施处 Non-Tariff Regulation Section	损害调查处 Injury Determination Unit	服务和投资处 Services and Investments Section
市场分析和监管处 Market Analysis and Monitoring Section	政策处 Policy Unit	进入外部市场和解决贸易纠纷处 Access to External Markets and Settlement of Trade Disputes Section
商品编码和海关价值处 FEA CCN and Customs Value Section	内部市场保护司联系方式：119121, Russian Federation, Moscow, Smolensky Boulevard, 3/5 str. 1 电话：+7（495）669-24-00ext. 12-72 传真：669-24-00ext. 11-09 邮箱：tradedefence@ eecommission. org 进口分析处：669-24-00ext. 49-55 损害调查处：669-24-00 ext. 13-07	双边和区域合作处 Bilateral and Multilateral Cooperation Section
与经营者互动处 Interaction with Economic Operators Section		与 WTO 和其他国际组织协作处 Interaction with the WTO and Other International Organizations Section
		原产地规则和优惠贸易条件处 Section for Rules of Origin and Preferential Trade Conditions

资料来源：Member of the Board（Minister）for Trade, http：//www. eurasiancommission. org/en/act/.

（三）咨询委员会

为加强工作，欧亚经济委员会执委会有权根据业务需要成立咨询委员会。咨询委员会不属于常设机构，由成员国相关部门的代表或专家组成，负责为执委会提供工作参考和建议。

截至2017年1月1日，执委会下共设有11个咨询委员会，分别是：1. 宏观经济政策问题咨询委员会；2. 统计问题咨询委员会；3. 农工综合体问题咨询委员会；4. 技术调节问题咨询委员会；5. 金融市场问题咨询委员会；6. 企业经营问题咨询委员会；7. 成员国用户权利保护问题咨询委员会；8. 交通和基础设施问题咨询委员会；9. 能源问题咨询委员会；10. 竞争、反垄断、价格调节和国家（政府）采购问题咨询委员会；11. 信息、通信技术和信息保护问题咨询委员会。

（四）主要职能

欧亚经济委员会的主要职能相对集中于经济贸易领域，具体有：1. 核算和分配进口关税；2. 确定与第三国的贸易政策；3. 统计内部经济和对外贸易；4. 宏观经济政策；5. 竞争政策；6. 工业和农业补贴政策；7. 能源政策；8. 自然垄断政策；9. 政府采购；10. 服务贸易和投资；11. 交通和运输；12. 货币政策；13. 知识产权保护；14. 移民政策；15. 金融市场（银行、保险、外汇、有价证券等）；16. 关税和非关税措施；17. 海关行政管理；18. 其他职能。

欧亚经济委员会的工作原则是"非政治化、利益平衡、效率、透明"。主要工作方式是沟通协调，包括两个层次：一是政府间协调，包括成员国政府间以及成员国与非成员国或国际组织的协调，讨论重大事项，并作出有关决议。二是与实业界的协调，即直接与企事业单位打交道，落实有关具体业务项目。

作为国际组织的常设机构，欧亚经济委员会不隶属于任何成员国。委员会及其工作人员只为欧亚经济联盟工作，贯彻落实组织内部上级机构的命令，不得接受各成员国的指示和指令。

欧亚经济委员会的决议具有超主权性质，效力大于成员国国内法律。如有异议，可提交跨国委员会解决。欧亚经济委员会实行多数表决制，一般情况实行简单多数表决，但调整"敏感商品"进口税率时采用2/3多数票原则。

欧亚经济委员会地址：

119121，俄罗斯，莫斯科市，斯摩棱斯克大街 3/5 号，1 号楼

秘书处联系方式：

电话：+7（495）669-24-00，ext. 41-33

传真：8（495）669-24-15

邮箱：info@ eecommission. org

网址：http//：www. eurasiancommission. org

三、欧亚经济联盟法院

（一）基本情况

《欧亚经济联盟条约》第 112 条规定：联盟内的争议通过协商或谈判解决。若 3 个月内协商或谈判未果，争议方可通过协商方式寻求其他解决途径，或将争议提交联盟法院解决。

欧亚经济联盟框架内的司法救济机构是欧亚经济联盟法院。该法院前身是 2012 年开始正式运作的 "欧亚经济共同体法院"，并根据 2014 年 5 月 29 日的《欧亚经济联盟条约》成立，办公地点设在白俄罗斯首都明斯克市。

联盟法院的主要职能是仲裁、争议解决和解释法律，审理有关欧亚经济联盟签署的条约、国际协议以及联盟各机构通过的决定和决议在落实执行过程中产生的争议和纠纷。其定位、组成、职能、编制及业务程序等由《欧亚经济联盟法院章程》和《欧亚经济联盟法院议事规则》确定[①]。

根据欧亚经济联盟最高理事会决议，欧亚经济联盟法院的人员编制共计 64 人，其中办公厅 54 人。法院办公厅编制中，法官办公室编制 20 人，即每名法官配 1 名顾问（Counselor，Советник，协助业务）和 1 名助理（assistant，помощник，协助生活和日常事务），另有秘书处 34 人，其中秘书长 1 人、副秘书长 2 人、分析处 16 人、财务人事处 15 人。

联盟法院的工作语言是俄语，所有文件和诉讼过程均使用俄语。用其

[①] Статут Суда Евразийского экономического союза（приложение № 2 к Договору о Евразийском экономическом союзе от 29 мая 2014 года）. Решение Высшего Евразийского экономического совета от 23 декабря 2014 г. № 101 " Регламент Суда Евразийского экономического союза".

他语言提交的诉讼文件需译成俄文并经过公证。

欧亚经济联盟法院

地址：220006 白俄罗斯明斯克市基洛夫大街 5 号

电话：+375 17 222 60 98

网站：http//：www.courteurasian.org

（二）法官

欧亚经济联盟法院由成员国各派两名法官组成。法官由各成员国提名，联盟最高理事会任命，任期 9 年。法院设有主席和副主席，主席负责法院的日常领导工作，主席因故缺席时，由副主席代理主持工作。法院的主席和副主席由所有法官选举提名，并由联盟最高理事会任命，任期 3 年。

（三）管辖范围

欧亚经济联盟联盟法院的适用法律包括：

1. 2014 年 5 月 29 日签署的《欧亚经济联盟条约》；

2. 欧亚经济联盟框架内签署的国际条约（即各类合作协议、条约、议定书、备忘录等文件）；

3. 欧亚经济联盟各机构（即四大机构：最高理事会、跨国理事会、欧亚经济委员会、欧亚经济联盟法院）通过的决议；

4. 国际法基本原则；

5. 国际惯例。

欧亚经济联盟法院的管辖权（对某项争议是否具有管辖权）由欧亚经济联盟法院根据《欧亚经济联盟条约》、欧亚经济联盟框架内的其他国际条约，以及欧亚经济联盟同第三国签署的国际条约的相关规定确定。

（四）诉讼主体的资格

1. 有资格向欧亚经济联盟法院提出诉讼要求的请求人

（1）欧亚经济联盟成员国

诉讼事项涉及：

欧亚经济联盟框架内的国际协议及其条款是否符合《欧亚经济联盟条

约》的精神和规定；

其他成员国是否遵守《欧亚经济联盟条约》、欧亚经济联盟框架内的其他国际条约和欧亚经济联盟各机构的决议，以及上述文件的个别条款；

欧亚经济委员会的决定及其个别条款是否符合欧亚经济联盟框架内已签署的《欧亚经济联盟条约》和其他国际条约，以及是否符合欧亚经济联盟各机构的决定；

欧亚经济委员会的行为是否无效。

（2）经济活动主体

经济活动主体即欧亚经济联盟境内依法注册登记的法人或从事个体经营活动的自然人。诉讼事项涉及欧亚经济委员会的决定及其个别条款是否有效。具体为：

如果欧亚经济委员会的决定及其个别条款损害了《欧亚经济联盟条约》和（或）欧亚经济联盟框架内的其他国际条约赋予经济活动主体的权利和合法利益的话，则法院有权受理：对经济活动主体在经营和其他经济活动中的合法权利和利益造成直接损害的欧亚经济委员会的决定及其个别条款是否符合《欧亚经济联盟条约》和（或）欧亚经济联盟框架内的其他国际条约。

如果欧亚经济委员会的决定及其个别条款损害了《欧亚经济联盟条约》和（或）欧亚经济联盟框架内的其他国际条约赋予经济活动主体的权利和合法利益的话，则法院有权受理：欧亚经济委员会的行为和决定是否有效等问题。

2. 有资格向欧亚经济联盟法院提出释法和法律咨询请求的申请人

（1）申请人有3类：

一是联盟成员国；二是联盟框架内各机构；三是联盟机构职员和雇员。

（2）联盟成员国和联盟机构涉及的事项包括：

根据联盟成员国或欧亚经济联盟所属机构的请求，解释《欧亚经济联盟条约》、欧亚经济联盟框架内的其他国际条约和欧亚经济联盟所属机构的决定的条款；如果欧亚经济联盟与第三国签署的国际条约中有规定，则联盟法院有权解释该条约中的条款；欧亚经济联盟所属机构（包括法院）的职员和雇员的请求事项涉及解释《欧亚经济联盟条约》、欧亚经济联盟框架内的其他国际条约和欧亚经济联盟所属机构的决定中有关劳动关系的条款。

(五) 审理程序

1. 联盟法院的运作机制

联盟法院的运作机制分为四部分：

一是法院大会（Пленум Суда）。由所有法官组成，负责处理联盟法院的内部事务。

二是大合议庭（Большая коллегия Суда）。由所有法官组成，负责组建一般合议庭和上诉庭（主审法官和审判秘书），并分配案件。大合议庭会议由所有法官依照其姓名的俄文字母顺序依次轮流主持。

三是普通合议庭（Коллегия Суда）。由受命法官和审判秘书组成，负责具体审理联盟成员国、联盟机构以及经济活动主体的申请或诉讼。普通合议庭会议由主审法官（Reporting Judge）主持。

四是上诉庭（Апелляционная палата Суда）。由上诉法官和审判秘书组成，负责对已审结案件的监督，以及受理对审理结果不服的抗诉。

2. 法院拒绝受理的情况

法院接到申请人或申诉人的申请或起诉材料后，将组织合议庭审查。若无异议，则作出受理裁定。若发现存在下列情况，则作出拒绝受理裁定：

不属于联盟法院受理范围；

未遵守受理前的争议调解程序；

申请人或原告撤销申请或撤诉；

与上述事项相同或类似的案件（被告、诉讼标的和诉讼理由等相同）的判决在本案受理前生效；

申请人或诉讼人的资格不符合《欧亚经济联盟法院章程》第49条规定（即不属于已备案的联盟成员国授权机构和组织范围）；

申请或诉讼材料中存在可被裁定中止的理由，而申请人或诉讼人在规定期限内未撤销该事项。

审理案件受理后，联盟法院审理时间通常不超过90个日历日。若案件涉及工业补贴、农业扶持、反补贴、反倾销和保障等措施，且需要延长，则最长不得超过135个日历日（每年的7月20日至8月31日不计入审理时间）。

3. 终止审理的情况

法院审理过程中，若出现下列情况，则终止审理：

争议内容不属于联盟法院管辖范围；

诉讼双方达成和解协议；

原告撤回申请或起诉；

先前审理的、与本案具有相同当事人、诉讼标的、诉讼理由和诉讼事项的案件判决已生效。

4. 上诉

如果对联盟法院的裁定或判决结果不服，可在判决或裁决生效后15个日历日内向联盟法院提起上诉。上诉案件由联盟法院的上诉庭审理。接到上诉申请书后，上诉庭经审理后认为符合规定，可作出受理裁定；若材料不合格，可作出拒绝裁定，拒绝的理由有：

提起上诉的申请人不具有上诉资格；

申请上诉的日期超过规定期限；

上诉申请人在法院作出受理裁定前撤回上诉申请；

上诉申请材料不合格且申请人在规定期限内未能修正。

上诉庭审理后，若认为原判决适用法律正确，可维持原判；若认为原判决适用法律错误和（或）不当，可改变或撤销原判决。

第四节 联盟法律体系

欧亚经济联盟各部门的文件分为"决议"（decision，решение）和"命令"（order or disposition，распоряжение）两类：决议具有法律性质，是指导成员合作的法律文件，各成员须遵守和履行；命令具有组织行政管理性质，属于组织内部的程序和管理文件，如处理意见、安排、机构内部人事任命等。

在合作过程中，欧亚经济联盟根据工作进展程度、法律衔接程度以及合作内容，将联盟的政策和法律状态分为两大类：一是法律协调（harmonisation of legislation，гармонизация законодательства）；二是法律统一（unification of legislation，унификация законодательства）。后者的法律内容完全相同，前者的法律内容虽各有特色，但可相互兼容，基本可以通用。

对应的，欧亚经济联盟的政策分为三大类：

一是统一的政策（common policy，единая политика），即由联盟各机构

发布的、组织活动过程中需遵循的统一规则和措施，是成员国为实现《联盟条约》目标，通过成员国采取统一（相同）的法律法规，包括联盟机构在其职权范围内的决议而实施的政策。

二是协调的政策（coordinated policy, скоординированная политика），即由联盟各机构协商并一致同意的活动方式方法，是成员国为实现《联盟条约》目标，通过联盟机构批准的共同方式方法而实施的政策。

三是协商的政策（agreed policy, согласованная политика），即由联盟各机构决议通过的、相互协调的活动规则和措施，是成员国为实现《联盟条约》目标，在各领域开展合作时，需要通过协调成员国法律法规的政策（包括以联盟机构决议为基础的规则规范协调）。

从协商的政策，到协调的政策，再到统一的政策，反映出成员国在各领域的合作程度与合作方式。从字面看，协调的政策侧重于合作的方式方法，协商的政策侧重于合作的规则和措施，但在实际工作中，二者区别不大，很多文件里也是混用，并不严格区分。

例如，在工业政策领域，成员国实施"协商"的政策，各成员国依照共同的补贴政策和技术标准等，发展自身工业（保持各自政策独立性）。在宏观经济管理和货币汇率领域，成员国实施彼此"协调"的政策，在商定的通胀率、赤字、债务等指标范围内，共同努力，相互协作，确保各成员国的经济指标维持在约定范围。

与此同时，统一的政策属于完全一致的规则和方法，各成员国在该领域的规则和措施完全相同，例如，在关税等海关领域和反倾销、反补贴和保障措施等内部市场保护领域。

实践中，统一的政策往往意味着该领域由联盟超国家机构（欧亚经济委员会）监督管理和落实执行。

联盟法律

根据《欧亚经济联盟条约》第6条规定，欧亚经济联盟的法律体系包括：

1.《欧亚经济联盟条约》及其附件；

2. 欧亚经济联盟框架内签署的国际条约（条约不得与《欧亚经济联盟条约》相冲突，若有冲突，则以《欧亚经济联盟条约》优先）；

3. 欧亚经济联盟与第三国（即非成员）签署的国际条约（该国际条约不得与联盟的基本任务、目标、原则和法律相冲突）；

4. 欧亚经济联盟最高理事会的决定和决议；

5. 欧亚经济联盟跨国理事会的决定和决议；

6. 欧亚经济联盟欧亚经济委员会的决定和决议。

如果联盟最高理事会、跨国理事会和欧亚经济委员会三者的决议出现冲突，则最高理事会的决议优先于跨国理事会和欧亚经济委员会的决议，跨国理事会的决议优先于欧亚经济委员会的决议。

表1—8 《欧亚经济联盟条约》33个附件

序号	文件名称	俄文名称
1	《欧亚经济联盟委员会条例》	Положение о Евразийской экономической комиссии
2	《欧亚经济联盟法院章程》	Статут Суда Евразийскогоэкономического союза
3	《关于欧亚经济联盟框架内信息通讯技术及信息互助的议定书》	Протокол об информационно - коммуникационных технологиях и информационном взаимодействии в рамках Евразийского экономического союза
4	《欧亚经济联盟关于建立和发布官方统计信息的程序的议定书》	Протокол о порядке формирования и распространения официальной статистической информации Евразийского экономического союза
5	《关于进口关税（包括逾期同等效力的其他税费）收入的计算和分配，以及将其纳入成员国国家预算的程序的议定书》	Протокол о порядке зачисления и распределения сумм ввозных таможенных пошлин (иных пошлин, налогов и сборов, имеющих эквивалентное действие), их перечисления в доход бюджетов государств - членов
6	《关于统一海关税率调节的议定书》	Протокол о едином таможенно-тарифном регулировании
7	《关于针对第三国的非关税调节措施的议定书》	Протокол о мерах нетарифного регулирования в отношении третьих стран
8	《关于针对第三国实施特殊保护、反补贴和反倾销措施的议定书》	Протокол о применении специальных защитных, антидемпинговых и компенсационных мер по отношению к третьим странам
9	《关于欧亚经济联盟框架内的技术调节的议定书》	Протокол о техническом регулировании в рамках Евразийского экономического союза

续表

序号	文件名称	俄文名称
10	《关于在保障统一计量领域采取协调政策的议定书》	Протокол о проведении согласованной политики в области обеспечения единства измерений
11	《关于承认委托机构的评价工作结果的议定书》	Протокол о признании результатов работ по аккредитации органов по оценке соответствия
12	《关于实施卫生、动植物检验检疫措施的议定书》	Протокол о применении санитарных, ветеринарно-санитарных и карантинных фитосанитарных мер
13	《关于在保护消费者领域采取协调政策的议定书》	Протокол о проведении согласованной политики в сфере защиты прав потребителей
14	《关于实施协调的宏观经济政策的议定书》	Протокол о проведении согласованной макроэкономической политики
15	《关于实施协调的货币政策措施的议定书》	Протокол о мерах, направленных на проведение согласованной валютной политики
16	《关于商业服务、机构、活动和履行投资的议定书》	Протокол о торговле услугами, учреждении, деятельности и осуществлении инвестиций
17	《关于金融服务的议定书》	Протокол по финансовым услугам
18	《关于对进出口商品和完成工作征收间接税的程序和缴税监督机制的议定书》	Протокол о порядке взимания косвенных налогов и механизме контроля за их уплатой при экспорте и импорте товаров, выполнении работ, оказании услуг
19	《关于竞争的共同原则和规则的议定书》	Протокол об общих принципах и правилах конкуренции
20	《关于调节自然垄断客体的活动的统一原则和规则的议定书》	Протокол о единых принципах и правилах регулирования деятельности субъектов естественных монополий
21	《关于保障在电力领域,包括价格形成和收费政策,从事自然垄断客体服务的议定书》	Протокол об обеспечении доступа к услугам субъектов естественных монополий в сфере электроэнергетики, включая основы ценообразования и тарифной политики
22	《关于在天然气运输体系的运输领域,包括价格形成和收费政策,从事自然垄断客体服务的规则的议定书》	Протокол о правилах доступа к услугам субъектов естественных монополий в сфере транспортировки газа по газотранспортным системам, включая основы ценообразования и тарифной политики

续表

序号	文件名称	俄文名称
23	《关于组织、管理、运营和发展石油及石油产品共同市场的规则的议定书》	Протокол о порядке организации, управления, функционирования и развития общих рынков нефти и нефтепродуктов
24	《关于协调运输政策的议定书》	Протокол о скоординированной (согласованной) транспортной политике
25	《关于调节政府采购的程序的议定书》	Протокол о порядке регулирования закупок
26	《关于维护和保障知识产权权益的议定书》	Протокол об охране и защите прав на объекты интеллектуальной собственности
27	《关于工业合作的议定书》	Протокол о промышленном сотрудничестве
28	《关于提供工业补贴的统一规则的议定书》	Протокол о единых правилах предоставления промышленных субсидий
29	《关于国家农业扶持措施的议定书》	Протокол о мерах государственной поддержки сельского хозяйства
30	《关于为联盟成员的劳动者及其家庭提供医疗帮助的议定书》	Протокол об оказании медицинской помощи трудящимся государств-членов и членам семей
31	《关于欧亚经济联盟在多边国际贸易体系中的功能的议定书》	Протокол о функционировании Евразийского экономического союза в рамках многосторонней торговой системы
32	《欧亚经济联盟的社会保障、优惠和豁免条例》	Положение о социальных гарантиях, привилегиях и иммунитетах в Евразийском экономическом союзе
33	《关于欧亚经济联盟条约生效后便失效的、在关税同盟和统一经济空间框架内签署的国际条约的议定书》	Протокол о прекращении действия международных договоров, заключенных в рамках формирования Таможенного союза и Единого экономического пространства, в связи с вступлением в силу Договора о Евразийскомэкономическом союзе

  欧亚经济联盟通过的法律文件须经各成员国国内程序认定后才适用于各成员国。

  《欧亚经济联盟条约》第6条规定：欧亚经济联盟最高理事会和跨国理事会的决议须依照各成员国法律规定的程序落实执行。《欧亚经济联盟条约》第7条规定：欧亚经济联盟有权在职责范围内，单独或与成员国一起同第三国、国际组织和国际一体化机制开展国际合作、签署有关国际条约。具体合作程序和职权等由联盟最高理事会决议确定。可签署的国际条约范围由联盟框架内的国际条约确定。相关的谈判、签约、终止、中止或退出等事宜，由联盟最高理事会的决议决定，并经成员国国内程序确认。根据《欧亚经济委员会条例》及其附件2规定，欧亚经济联盟最高理事会可授权欧亚经济委员会单独或同各成员国及第三国开展国际条约谈判，并签署国际条约（签署国际条约的权力既可自己保留，也可授权给欧亚经济委员会）。国际条约签署后，欧亚经济委员会须在3个工作日内，将条约副本递送各成员国，以便各成员国依照各自国内程序批准生效[①]。

《欧亚经济联盟条约》第114条规定：欧亚经济联盟不阻碍成员国签署与《欧亚经济联盟条约》宗旨和原则不矛盾冲突的国际条约。只要不影响成员国履行《欧亚经济联盟条约》和联盟框架内各国际条约所承担的权利和义务，成员国之间可以签署双边的、相比《欧亚经济联盟条约》和联盟框架内各国际条约更深入一体化的或给予各方自然人和法人更优惠条件的国际合作条约。

第五节 联盟贸易救济体系

一、贸易救济体系的构成

根据2014年5月29日签署的《欧亚经济联盟条约》，为了保护商品生产者在欧亚经济联盟的利益，对于从第三国进口的商品适用统一的内部市场保障措施。这些措施适用于整个联盟的统一关税区内。

[①] Решение Высшего Евразийского экономического совета от 18 ноября 2011 года №1（с изменениями на 23 декабря 2014 года）" О Регламенте работы Евразийской экономической комиссии" . Приложение №2 к Регламенту" Порядок деятельности Евразийской экономической комиссии и ее взаимодействия с государствами-членами Таможенного союза и Единого экономического пространства по проведению переговоров о заключении с третьими странами и их объединениями международных договоров" (Дополнительно включенорешением Высшего Евразийского экономического совета от 29 мая 2013 года №32).

（一）欧亚经济联盟贸易救济体系的法律依据

欧亚经济联盟内部采用统一的对外贸易管理措施，其贸易救济措施，即内部市场保障措施在其中起到特殊作用。

欧亚经济联盟实施贸易救济措施，其目的在于消除第三国商品供应对欧亚经济联盟内部生产商产生的负面影响。

欧亚经济联盟贸易救济措施的适用规则以世界贸易组织（WTO）规则为基础，其实施的主要法律依据是2014年5月29日签署的《欧亚经济联盟条约》，以及《欧亚经济联盟条约》附件8——《关于针对第三国实施特殊保护、反倾销和反补贴措施的议定书》（以下简称《议定书》）。

（二）欧亚经济联盟的贸易救济措施

欧亚经济联盟的贸易救济措施包括：阻止倾销进口措施（反倾销措施）、反补贴措施（反补贴措施），以及针对不可预见情况引起的进口急剧增加而采取的措施（保障措施）。

在对从第三国进口商品实施反倾销和反补贴措施之前须进行调查，其目的是确定特定国家所产并被进口至欧亚经济联盟的外国商品是否具有倾销性质或获得补贴的事实，以及这些商品的进口是否对欧亚经济联盟同类商品生产者造成损害。

如果欧亚经济联盟内某种商品（与生产国无关）进口不可预见地突然急剧增加，并且使欧亚经济联盟的生产商受到严重损害，可实施保障措施。此外，实施保障措施需要与世贸组织贸易伙伴进行协商。

（三）欧亚经济联盟的贸易救济措施的实施机构

《议定书》第186条规定，反倾销、反补贴和保障措施必须根据欧亚经济联盟产业协会提交到欧亚经济联盟授权机关的申请实施。申请必须由欧亚经济联盟制造商或行业协会提交给内部市场保护司，申请书必须符合欧亚经济联盟制定的法规。

根据欧亚经济委员会全体会议2012年3月7日第1号决议，欧亚经济委员会内部市场保护司是进行调查的授权机关。欧亚经济委员会内部市场保护司根据联盟制造商的申请进行相关调查，并准备有关实施保障、反倾销或反补贴措施的提案。

反倾销或反补贴调查期限为12~18个月，保障调查期限为9~12个月。

《欧亚经济联盟条约》第48条第2款规定，欧亚经济委员会全体会议根据欧亚经济委员会内部市场保护司的提案作出实施保障、反倾销或反补贴措施的决议。

二、新成员加入后的贸易救济措施

总体上，联盟通过的保障措施、反倾销措施及反补贴措施等对新成员同样适用。

1. 对于在新成员"入盟"前便已生效的贸易救济措施，"入盟"后，新成员的利害关系方可请求欧亚经济委员会启动再调查。如果调查结果的证据充分，欧亚经济委员会应根据再调查结果，决定实施新的贸易救济措施。

2. 对于在新成员"入盟"前便已开始调查，但在新成员"入盟"后才能调查终结的贸易救济案，欧亚经济委员会应在新成员"入盟"后适当延长调查时间，并在调查过程中考虑新成员因素。

3. 对于配额形式的保障措施，欧亚经济委员会需根据新成员在"入盟"前3年的同类产品进口量占比（新成员的同类商品进口量/包括新成员在内的联盟成员总进口量），重新分配进口配额。

另外，《欧亚经济联盟条约》第40条规定：欧亚经济联盟及其成员国有权采取贸易报复措施，如提高关税、禁止进出口、数量限制、取消优惠及其他措施等。成员国在2015年1月1日前实施的单方面制裁措施（制裁进口税率高于联盟统一税率、取消关税优惠等）在"入盟"后继续有效。

第六节 与世贸组织的对接

早在1997年6月3日，俄、白、哈、吉四国组成的关税同盟成员国政府总理就已签署《关税同盟成员国"入世"谈判备忘录》，约定由成员国各自申请"入世"，同时，各成员国的"入世"谈判代表团负责人要定期磋商

"入世"进程。但这个协商机制未能发挥应有的作用，1998年11月，吉尔吉斯斯坦率先成为世贸成员。2002年5月，欧亚经济共同体成员国签署有关在加入WTO事务上协调立场的决议，约定所有成员国都要以俄罗斯立场为蓝本，采取与俄罗斯基本一致的"入世"条件，每季度召开一次由俄罗斯主持的协调会，以便协调彼此的"入世"谈判。涉及的领域主要有关税和非关税措施、海关法规、救济保护措施、技术调节、卫生和动植物检验检疫等。

俄、白、哈关税同盟成员国于2011年5月19日在明斯克签署《关税同盟在多边贸易体系框架内运行的协议》（2012年8月生效，欧亚经济联盟成立后转为联盟框架内的条约）[1]，确定了"世贸组织承诺义务优先"的基本原则。具体是：

1. 所有加入世界贸易组织的成员国，有义务将其"入世"义务通报其他成员国；

2. 协调关税同盟成员国的"入世"立场，使其联盟义务与"入世"义务相协调。如果协调结果仍与"入世"义务存在差距，成员国须立即与世贸组织相关成员协调"入世"立场；

3. 成员国的进口关税水平不得高于已"入世"成员国的"入世"承诺，如果"入世"承诺水平高于关税同盟现有水平，则关税同盟不得提高其关税水平；

4. 未加入世贸组织的成员国有权不履行世贸义务，以及关税同盟通过的、与世贸义务协调一致的义务；

5. 成员国已协商好的"入世"义务优先于关税同盟的其他义务，联盟各机构无权更改已协调好的"入世"义务；

6. 后来加入世贸组织的关税同盟成员国的"入世"谈判，宜与先前已加入世贸组织的关税同盟成员国的"入世"义务相一致或接近。若有分歧或异议，须首先在关税同盟框架内协商解决。

亚美尼亚和吉尔吉斯斯坦的"入盟"相关协议规定：加入欧亚经济联盟后，欧亚经济联盟须组建工作组，与其他世贸组织成员就协调亚、吉

---

[1] Договор от 19 мая 2011 года" О функционировании Татоженного Союза в рамках многосторонней торговой системы". http://www.tsouz.ru

"入世"义务等事宜举行谈判，并将最终谈判成果交由欧亚经济委员会理事会通过。欧亚经济联盟根据此最终谈判成果相应调整联盟关税及税率。

在2012年8月22日俄罗斯正式加入世界贸易组织前夕，俄、白、哈三国统一经济空间于当年5月31日通过《关税同盟和统一经济空间在多边贸易体系框架内的法律协议协调措施计划》①，为履行加入世界贸易组织（WTO）的承诺义务，统一经济空间成员国（现为欧亚经济联盟成员国）需要采取的协调措施主要有：

1. 对比欧亚经济联盟现有法律文件和"入世"承诺，找出差异，并提出解决建议；

2. 对比欧亚经济联盟的统一海关税率和"入世"承诺，找出高于"入世"承诺的进口关税税率，并在成员国之间协调解决；

3. 清理海关优惠措施；

4. 检查和对比非关税措施，尤其是协调农产品检验检疫标准等。此外，为履行"入世"承诺义务，欧亚经济联盟授权联盟超国家机构——欧亚经济委员会具体落实，包括关税与非关说措施、卫生和动植物检验检疫、贸易救济措施等。

《欧亚经济联盟条约》第27条规定：为吸引外资、在新技术基础上发展生产、发展交通基础设施、旅游、保健疗养以及其他目的，成员国有权在自己领土上建立"自由（专门、特别）经济区"和"保税仓库"。有关自由经济区和仓库的具体建立和运营条件，由联盟框架内的国际条约予以规定。

截至2017年6月，与欧亚经济联盟开展自贸区谈判的国家包括中国、印度、埃及、伊朗和新加坡。除伊朗外，其余国家全部是世贸组织成员国。2015年5月，欧亚经济联盟与越南正式签署自贸区协议。

---

① Решение Коллегии Евразийской экономической комиссии от 31 мая 2012 года N 54" Об утверждении Плана мероприятий по адаптации договорно-правовой базы Таможенного союза и Единого экономического пространства к условиям функционирования в рамках многосторонней торговой системы" . http：//www.tsouz.ru

第二章　反补贴措施

补贴是国家机关或其指定代理人向经济行为主体提供的政策、财政或金融支持，使获得者拥有竞争优势。指定代理人可以是被国家机关授予相应权力的任何机构，如政府部门、受政府委托按照优惠利率向出口商提供资金担保的银行等。从《欧亚经济联盟条约》附件8《关于针对第三国实施特殊保护、反倾销和反补贴措施议定书》的规定中可知：如果商品在生产和进口至欧亚经济联盟统一关税区时享受了非联盟成员的专向补贴，则该商品被欧亚经济联盟视为"补贴进口商品"。

第一节　补贴的界定

一、直接价格补贴和间接价格补贴的定义

1. 直接价格补贴就是任何形式的收入或价格支持，可为接受补贴者带来更多优势，并直接或间接造成出口国（第三国）的商品出口增加或该第三国的同类商品进口减少。

2. 间接价格补贴是补贴机关提供的、可为接受补贴者带来补充优势且在出口国（第三国）境内实施的财政资助，虽不直接作用于价格，但可通过改善或降低经营成本，间接地影响价格。包括：

直接转入资金（包括以补助、借款和购买股份的方式）或承担转入资金的义务（包括为借款提供担保）。

冲销资金或者出口国（第三国）的应收收入被全部或部分放弃收取（包括通过税收抵免的方式）。但不包括下列情况：对出口商品免收在国内消费同类商品时征收的税费，或降低此税费，或将此已实际支付的税费全部或部分返还。

优惠或无偿提供商品或服务，但不包括商品或服务用于支持和发展公共设施，即与具体生产商和（或）出口商无关的设施，如为企业建设一条专用电网或铁路、公路，简化海关程序和收费等。

优惠购买商品。例如，大量或高价政府采购，相当于变相给予企业经济支持。实践中比较常见的补贴形式有：资金直接转账、免税、降低税率、加速折旧、利息补贴、优惠贷款、贷款担保、优惠服务、优惠政府采购、免除债务和受补贴企业的私有化等。

二、补贴的专向性

《议定书》第126条规定："在任何情况下，如果出口国（第三国）提供补贴的同时还伴有下列情况，则该补贴为专向补贴：限定使用补贴的个别机构数量；个别机构优先使用补贴；向个别机构提供不成比例的大额补贴；补贴机关以优惠（特惠）方式向个别机构提供补贴。"

《议定书》第127条规定，在下列情况下，出口国（第三国）的任何补贴均为专向补贴：根据出口国（第三国）的法律法规或实际结果，商品出口成为获得补贴的唯一条件或者若干条件之一；或者虽然出口国（第三国）的法律法规规定该补贴与商品出口无关，但实际上却与已经发生的或未来可能发生的商品出口或出口收益有关，则该补贴被视为实际上与商品出口有关；而向企业提供补贴的事实本身并不是本条所指的、与商品出口有关的补贴。根据出口国（第三国）的法律法规或实际结果，使用出口国（第三国）所产商品替代进口商品是获得补贴的唯一条件或者若干条件之一。

这意味着，专向性补贴是指在提供补贴时，有权享受该补贴的具体机构有数量限制，即该优惠不是无差别的普惠，而是个别机构享有。

个别机构既指出口国（第三国）的具体生产商和（或）出口商，也指生产商和（或）出口商或产业的集团（联盟、联合会）。

限制的形式可包括：（1）地域特征，如补贴只用于特别经济区；（2）行业特征，如补贴只用于支持具体行业；（3）特定企业，即在发放补贴时，实际只有少数企业能够获得补贴。如果上述补贴的发放与某商品的出口或进口替代之间存在关联，则该补贴即为专向补贴。例如，在某项法律文件中明确规定某商品在出口时可享受补贴。但如果出口国（第三国）

的法律法规或补贴机关设置通用的客观标准或条件，确定并严格遵守可无条件获得补贴及补贴幅度的权利（包括以从事生产的员工数量或产量为标准），则该补贴不属于专向补贴。

与此同时，若调查机关发现"补贴进口的数量造成的影响不明显"，则可终止反补贴调查，或不实施反补贴措施。根据《议定书》第228条和229条，"影响不明显"包括两种情况：

第一，如果专向补贴低于被调查商品价值的1%，则该金额被视为最低补贴。如果从某个国家补贴进口的商品数量小于联盟关税区同类商品进口总量的3%，且若干国家中每个国家的补贴进口都小于联盟关税区同类商品进口总量的1%，同时各国补贴进口合计不超过联盟关税区同类商品进口总量的3%，则这类补贴进口为少量进口。

第二，对于享受欧亚经济联盟关税优惠的发展中国家和最不发达国家，如果调查机关认定，生产国（出口国）对补贴进口商品提供的专向补贴总额经计算不超过单位商品价值的2%，或者从该国进口的该商品不超过联盟关税区该商品进口总量的4%，且进口总量中来自发展中国家和最不发达国家的该商品进口量合计不超过9%，其中每个国家均不超过进口总量的4%，即可终止调查。

第二节 补贴额和补贴幅度的计算

欧亚经济联盟的补贴幅度（补贴率）等于非联盟成员国提供的单位商品补贴额除以商品进口至欧亚经济联盟的CIF[1]价格的结果（单位商品补贴额/至欧亚经济联盟的CIF价格）。补贴额的计算方式为补贴额加上该补贴的利息（补贴额＝国家给予的补贴＋补贴×商业银行贷款利率）。例如，以税收优惠方式发放的补贴以下列方式计算：补贴额＝（公司应付税额－公司实付税额）＋（公司应付税额－公司实付税额）×商业银行贷款利率[2]。如果无法获得商业银行贷款利率，则使用再融资利率。单位补贴额确定后，还

---

[1] CIF 国际贸易术语，指成本、保险费加运费，又称为到岸价格。

[2] Общая информация о мерах защиты внутреннего рынка, методические рекомендации по подготовке заявлений. http://www.eurasiancommission.org/ru/act/trade/podm/info/Pages/default.aspx

要计算出该补贴在该商品总价格中所占比重。

计算补贴额的时间段（即"报告期"）通常为调查申请材料提交前3年（必要时可延长至5年）①。欧亚经济联盟成员的相关产业受到损害或损害威胁的采证时间也在该时间段内。考虑到补贴的有效作用时间通常能够持续多年，因此在计算补贴额时，对于报告期之前便已提供的补贴亦应仔细研究，以便准确确定报告期内的补贴额。

补贴额的计算方法具体有以下两种。

第一，按时间分配补贴额。报告期前便已提供的补贴，若其效用在报告期内仍存在，则将该部分计入报告期。

理论上，此类补贴分配相当于每年发放不同金额的补贴，因此在计算补贴时，应计入相应的利率因素，以便真实、全面地反映补贴获得者在非开放市场吸引资金而获得的优惠。其中：

（1）对于重复性补贴，如税收优惠或优惠贷款等，其效用在获得补贴时便立即显现。划拨的补贴资金（计算时需加上年利率因素）可直接用于报告期。

（2）对于与购买资产有关的重复性补贴，如报告期前便已享受的设备进口免缴关税等，应将全部优惠价值按照折旧期分摊，并将涉及报告期的部分计入报告期。如果认定报告期前便已享受的数额较大的重复性补贴属于购买资产范畴，应按时间分配，并计入报告期内的优惠。

（3）对于与购买资产有关的非重复性补贴（与购买资产有关的补贴额应大于或等于被补贴对象价值的1%），补贴额应分摊至该资产的整个使用期，按照该资产的折旧期分配。通常采用线性方法，如折旧期为5年，则每年的国家补贴额为20%②。

第二，依照相应的分配指标（即销售量或出口量），将报告期内的补贴价值分配至同类商品，计算出该商品的单位平均补贴额，然后再加上商业银行同期贷款利率因素。

其中：对于出口补贴，其分配指标为报告期内的出口量；对于非出口

---

① Общая информация о мерах защиты внутреннего рынка, методические рекомендации по подготовке заявлений. http://www.eurasiancommission.org/ru/act/trade/podm/info/Pages/default.aspx

② Общая информация о мерах защиты внутреннего рынка, методические рекомендации по подготовке заявлений. http://www.eurasiancommission.org/ru/act/trade/podm/info/Pages/default.aspx

补贴（国内补贴），其分配指标为该商品的总销售量（即国内销售量＋出口量）；如果补贴的效用仅适用于某个具体产品，则分配指标应只反映该具体产品的销售量，否则，分配指标将使用整类补贴对象的总销售量；如果补贴发放至单位商品（如出口折扣），则补贴额等于该报告期内所有折扣的加权平均值。

在计算补贴额时，下列所得不被视为收益，不计入补贴额：

（1）如果投资行为属于出口国（第三国）境内通常的投资行为（包括提供风险投资），则从补贴机关获得的该投资不被视为收益。

（2）如果贷款人应偿还的国家贷款与其在出口国（第三国）借贷市场上的商业贷款之间没有利息差别，则从补贴机关获得的该贷款不被视为收益，否则，两种贷款之间的利息差额即被视为收益。

（3）如果贷款人应偿还的有担保贷款与没有政府担保的商业贷款之间没有利息差别，则从补贴机关获得的该贷款担保不被视为收益，否则，两种担保贷款之间的利息差额（考虑佣金因素）即被视为补贴。

（4）如果商品或服务的价格未低于相应报酬，或商品采购的价格未高于相应报酬，则从补贴机关获得的该商品或服务，或该商品采购不被视为收益，相应报酬应根据该商品和服务在出口国（第三国）市场上的买卖条件确定，包括价格、质量、可得性、流动性、运输及其他买卖条件。

被调查商品的补贴情况包括表2—1内的各项，补贴额的计算见表2—2。

表2—1 被调查商品的补贴情况

编号	补贴形式	法律文件	法律文件规定受益人	受益人	特殊性证明	文件规定的给予期限	实际有效期	补贴计算公式

资料来源：Общая информация о мерах защиты внутреннего рынка, методические рекомендации по подготовке заявлений. http://www.eurasiancommission.org/ru/act/trade/podm/info/Pages/default.aspx

表2—2　被调查商品的单位专项补贴额计算（举例）

项　目	公司A	公司B	公司C
非联盟成员国提供的单位商品补贴额（美元/吨）	87.50	51.25	37.50
商品进口至欧亚经济联盟的CIF价格（美元/吨）	180	180	180
补贴率（征收反补贴税时的依据）（%）	48.6	28.5	20.8

资料来源：同表2—1。

第三节　补贴与产业受损因果关系的证明

欧亚经济联盟之所以要对非成员国的补贴行为进行制裁，原因就在于该行为对欧亚经济联盟的相关产业造成了损害、损害威胁或对产业建立造成实质阻碍。

损害的证据要素是补贴进口商品的价格明显低于欧亚经济联盟成员国生产商的价格，且该价格对联盟内生产的同类商品在欧亚经济联盟统一关税区内的销售价格产生负面影响。例如，在享受补贴的进口商品的低价压力下，欧亚经济联盟生产商被迫降低同类商品的价格，或者被迫提高生产成本，导致利润和赢利能力下降。

损害威胁是指如果补贴延续下去，则对欧亚经济联盟相关行业的损害不可避免。为证明相关产业正受到损害威胁，需分析该产业的所有生产经济指标，尤其是关于报告期的指标评价，并根据进口商品的进一步增长趋势，预测其影响。在此，最重要的分析指标是能够说明外国生产商（或出口商）生产能力（或出口能力）的指标，以便证明该享受补贴的商品在欧亚经济联盟统一关税区内的销售量和市场份额有进一步增加的可能，进而证明该享受补贴商品的价格水平将导致欧亚经济联盟成员国市场上同类商品的价格下降、受限，或对该商品的进口需求进一步加大。

对产业建立造成实质阻碍是指对联盟成员国已经、正在或即将建立的同类产业造成障碍，使该产业难以发展壮大或面临亏损倒闭等。

综上所述，在确定补贴对联盟成员国同类产业造成不利影响时，须确定三个关系要素：

一是联盟和同类产业、同类商品。

根据《议定书》第189条，同类产业是指欧亚经济联盟成员国同类商品生产中的所有生产商，或者在欧亚经济联盟成员国同类商品总产量中的产量占比不低于25%的生产商群体。《议定书》第2条规定，同类商品是与已成为或可能成为调查对象的商品完全相同的商品，或由于没有完全相同的商品，而选择的与被调查商品特性近似的其他商品，即被调查商品与欧亚经济联盟所产商品（同类商品）在外观、物理特性、生产商品所使用的原材料、化学成分、制造过程和工艺、主要消费者、用途和最终用途、适用标准及技术法规等方面具有相同或相似性（完全相同，或者性能接近）。在此，欧亚经济联盟在界定同类商品时，需考虑的因素与中国商务部《中华人民共和国反补贴条例》并不一致，后者还包括消费者和生产者的评价、产品的可替代性、销售渠道及价格等因素。

与此同时，欧亚经济联盟在确定同类产业时有两个例外：第一，如果部分生产商与实施倾销或补贴的生产商有关联，则国内产业是指除这部分生产商之外的其余所有生产商。第二，如果成员国内市场可以分为两个及以上的竞争市场，在其中一个竞争市场内，如果该竞争市场内的生产商将其所产同类商品都销售到该竞争市场并用于消费，且其他生产商无法满足该竞争市场对同类商品的需求，则该竞争市场可被视作独立的国内产业。在此情况下，如果发生倾销或补贴行为，即使其他竞争市场未受损害、损害威胁或产业建立遭到实质阻碍，仍可发起贸易救济调查并实施救济措施。欧亚经济联盟在WTO规则基础上，明确将生产商销售到某竞争市场的所产商品占比规定为"至少80%及以上"。

二是联盟成员国同类产业遭受损害、损害威胁和实质阻碍三种后果。如果同期进行的调查对象来自多个第三国，每个第三国对该被调查商品的补贴幅度均超过其价值的1%，自每个国家的补贴进口数量都较大，并且对商品的补贴进口影响进行综合评估具有可行性，则调查机构可对该多个第三国的补贴进口影响进行总体评估。评价损害程度、损害威胁程度和实质阻碍程度的指标主要表现在产业（生产商）经营指标，尤其是数量影响、价格影响和产业经营情况三个方面。

数量影响（即补贴进口规模）就是调查机关应确定被调查商品的补贴进口是否有实质性增加，以联盟成员国同类商品生产或消费的绝对指标或相对指标表示，如产量、销量、市场占有率、劳动生产率、产能利用效率等。

价格影响就是调查机关应确认补贴进口商品的价格是否明显低于联盟成员国市场上的同类商品价格、是否造成联盟成员国市场上同类商品价格的明显降低、是否明显抑制了联盟成员国市场上同类商品在没有该进口情况下应有的价格提高等，如生产成本、利润率、投资收益率等。

其他产业影响包括库存、投资决策、资金周转、就业水平、工资、生产增速及吸引投资能力等。

三是补贴与联盟成员国同类产业遭受的损害、损害威胁、实质阻碍等三种损害后果之间存在直接因果关系。

为证明补贴同损害后果存在因果关系，需要借用的分析指标主要有：被调查商品的进口将挤占欧亚经济联盟成员国所产同类商品在欧亚经济联盟统一关税区的市场份额；该补贴对欧亚经济联盟成员国同类商品生产商的价格政策产生影响，如补贴导致价格的降低或上涨与支出不成比例、导致企业财务指标恶化等；其他因素，如补贴造成消费者改变消费偏好，放弃欧亚经济联盟成员国所产同类商品，转向选择该外国补贴产品。

与此同时，还需适当考虑其他虽与补贴无关，但能够对欧亚经济联盟相关行业产生影响的因素。例如：没有倾销或享受补贴商品的进口数量和价格；需求减少或消费结构变化；出口供应减少；生产工艺的区别和变化；调查申请人之外的其他企业的生产情况。

第四节　反补贴措施的内容

反补贴制裁措施向来被视为限制进口、制止不公平交易、保护本国工业、规范贸易竞争行为、维护对外贸易秩序、促进对外贸易的健康发展和维护国家宏观经济利益的重要法律手段。根据《议定书》的相关规定，欧亚经济联盟的反补贴措施内容主要有：

一、受理

欧亚经济联盟规定，联盟贸易部内部市场保护司自申请书登记之日起30个日历日对申请书进行审议。如果需要申请人补充材料，则该期限可延长，但不得超过 60 个日历日。

审议结果分为三种：

（1）决定启动相关调查程序。内部市场保护司向申请人下发书面通知，并通过欧亚经济委员会的官方网站对外公布。（2）决定拒绝接受申请书。如果申请材料内容缺失或不实（未提供《议定书》规定的信息，或者提供的信息不可靠），则拒绝接受申请材料。决议以书面形式发给申请人，并说明拒绝理由。（3）决定拒绝进行调查。如果申请材料中不存在《议定书》规定的启动调查的理由，则拒绝进行调查。决议以书面形式发给申请人，并说明拒绝调查理由。

二、调查期限

通常，反补贴调查的期限不超过 12 个月。该期限可由授权机构延长，但延长期不能超过 6 个月。授权机构通过开始调查的决议之后，将向欧亚经济联盟成员同类产业的生产商寄发调查表，以便收集调查所需资料，并到生产商所在地进行调查访问，以便对针对调查表提交的文件和资料进行核查研究。

三、临时措施

联盟授权机构调查结束前，在满足《议定书》规定条件的情况下，如果欧亚经济委员会认为延缓采取措施将给联盟同类产业带来难以弥补的后果，为避免出现或减少损害，欧亚经济委员会可根据授权机构的初步调查结果，实施临时的特别关税、反倾销税或反补贴税等临时措施。

四、临时反补贴措施

如果调查结束前获得的信息证实存在补贴进口，并造成联盟同类产业受损，则欧亚经济委员会可根据调查机关的初步结论报告，决定征收临时反补贴税，以防止调查期间补贴进口给联盟同类产业造成损害。征收临时反补贴税的期限最长 4 个月。征收临时反补贴税的决定应在调查开始之日起 60 个日历日后作出。临时反补贴税税率应与初步计算得出的补贴幅度相当。

如果欧亚经济委员会根据最终调查报告结论认为损害证据不足或决定不采取贸易救济措施的话，则先前征收的临时反补贴税应返还支付者。如果欧亚经济联盟据最终调查报告作出采取贸易救济措施的话，则先前临时措施已执行的时间计入正式措施执行期限。根据临时措施已缴纳的款项亦计入征缴范围，并依照规定程序分摊。若正式措施的关税税率低于临时措施的关税税率，则二者间的差额须返还支付者，若正式措施的关税税率高于临时措施的关税税率，则二者间的差额不予补征。

五、最终措施

内部市场保护司调查结束后，须形成最终调查报告（含处理意见或建议），并上报欧亚经济委员会讨论决策。如果经调查下列事实成立，则可实施反补贴措施：（1）向欧亚经济联盟出口的商品享受出口国的补贴；（2）欧亚经济联盟相关行业受到损害或损害威胁；（3）进口带有补贴的商品与欧亚经济联盟同类产业受到损害之间存在因果关系。反补贴措施的实施期限不得超过5年。若符合《议定书》确定的条件，欧亚经济委员会可采取征收反补贴税或批准价格承诺（外国商品的出口商或生产商提高出口价格）等制裁措施。

如果提供补贴国家政府或被调查商品出口商自愿作出如下书面承诺：被调查商品出口国政府同意取消或减少补贴，或者采取其他相应措施消除补贴造成的后果；被调查商品出口商同意修改该商品价格，调查机关研究后认为该承诺可以消除补贴进口造成的后果，调查机关可在尚未征收临时反补贴税或最终反补贴税的情况下暂停或终止调查。

如果提价幅度足以消除对联盟同类产业的损害，即使提价幅度低于补贴金额，也有可能被接受。如果被调查商品现有或潜在出口商品数量很大，或出于国家政策方面的原因，授权机关认为不能接受这些承诺，则欧亚经济委员会不应通过接受承诺的决议。在此情况下，授权机关应向出口商说明拒绝接受承诺的原因，并给予出口商提出看法和解释的机会。如果调查商品的出口商或生产商违反或拒不执行承诺，则欧亚经济委员会可作出实施临时反补贴措施（调查期间）或实施反补贴措施（最终调查结束后）的决定。

六、复审调查

制裁期结束后,原调查申请人、相关利害关系人和欧亚经济委员会授权机构可要求复审调查。欧亚经济委员会可根据被调查商品的进口量、进口比重、进口价格以及欧亚经济联盟内部同类商品的产量和销量等指标,决定是否启动复审调查,并根据重新调查的结果,做出维持(延长)、撤销或修改(减轻)的决定。对反补贴措施进行的复审,申请人应在反补贴措施届满前 6 个月内提出复审申请。欧亚经济委员会应在反补贴措施期限届满前决定启动复审调查,并在 12 个月内结束,根据调查结果,做出维持(延长)、撤销或修改(减轻)的决定。

七、追溯力

反补贴措施具有追溯力。欧亚经济联盟规定,对于在临时反倾销税或临时反补贴税实施之日前 90 个日历日内已进入海关手续办理阶段,且条件符合征收反补贴税的商品,如果调查机关的调查结果认定该商品存在下列事实,可适用征收反补贴税:(1)享受专向补贴的商品在相对较短时间内进口急剧增长所造成的损害将难以消除;(2)必需针对上述条款中所述进口商品征收反补贴税,以防止联盟成员国产业再次受到损害。

八、司法救济

如果对欧亚经济委员会的决定不服,可以请求司法救济。负责司法救济的机构是欧亚经济联盟法院。联盟法院受理的诉讼请求有三:欧亚经济联盟最终决定的无效;欧亚经济联盟最终决定的部分条款有效;欧亚经济联盟最终决定的部分条款无效。

第三章　反倾销措施

第一节　反倾销的申请

一、申请书结构

为启动反倾销措施，须有申请人向欧亚经济委员会贸易部内部市场保护司递交申请书。

申请材料应包括以下六个部分：

申请人及申请书的支持函，对进口至欧亚经济联盟统一关税区内的被调查商品以及联盟成员所产同类商品的描述，已知外国生产商和（或）出口商的信息，已知联盟成员国进口商的信息，已知联盟成员国商品用户的信息；存在倾销的证据；对外贸易统计数据；联盟成员相关产业受到损害、损害威胁及阻碍产业建立的证据；非欧亚经济联盟成员提供的产品倾销与联盟成员相关产业受到损害、损害威胁、产业建立遭受阻碍之间存在因果关系的证据；实施反倾销措施的建议。

二、申请人

《议定书》第187条规定，有权发起反倾销措施调查的申请人是：同类商品的联盟成员国生产商或其全权代表；联盟成员国生产商联合会或该联合会的全权代表，该联合会大部分成员生产的同类商品在联盟成员国总产量中的占比不低于25%。欧亚经济联盟强调获得反倾销调查申请人资格须具有三个特征：

1. 同类商品

商品的同类性是决定生产商是否有权提交申请书的根本条件。调查申请人须详尽描述该同类商品及其特性，以便证明其所产商品同被调查商品是同类商品。申请人应最大限度地提供所掌握的、能正确描述商品的信息，以便欧亚经济联盟开展更有针对性的调查。

《议定书》第 2 条规定：同类商品是与已成为调查对象的商品或可能成为调查对象的商品完全相同的商品，或由于没有完全相同的商品而选择的其特性与被调查商品特性近似的其他商品。在判断是否属于同类商品时，可通过外观、物理特性、生产商品所使用的原材料、化学成分、制造过程、主要消费者、用途和最终用途、适用标准、技术法规等指标和标准界定。

2. 获得支持（或者称"市场占有率"）

无论是同类商品的生产商，还是其联合会（产业协会），提出调查申请时均须附上该同类商品生产商的支持函。支持函既反映非联盟成员的倾销行为对欧亚经济联盟市场的影响程度，也在一定程度上表明该调查行为的"受欢迎"程度。

支持函的有效性取决于下列四个条件：

一是在联盟成员国同类商品总产量中，表示支持调查申请的联盟成员国生产商（包括申请人）的同类商品的总产量占比不低于 25%。

二是在所有对调查申请已发表意见（无论支持或反对）的联盟成员国同类商品生产商的总产量中，表示支持调查申请的联盟成员国生产商（包括申请人）的同类商品的产量占比超过 50%。

三是在联盟成员国同类商品总产量中，如果提出调查申请的生产商的产量占比大于等于 50%，则无须提供其他生产商的支持函。

四是在联盟成员国同类商品总产量中，如果提出调查申请的生产商及其支持者的产量总和占比不足 50%，申请人须向联盟内其他知名生产商征求意见并将结论附在申请书后[1]。

3. 不存在利害关系

如果联盟成员国同类商品的生产商同时又是被假定为倾销进口商品的进口商，或者与被假定为倾销进口商品的出口商或进口商有利害关系，在此情况下，联盟成员国同类产业是指联盟成员国国内同类商品的其余生产商。

"利害关系"是指以下四种情况：

---

[1] Общая информация о мерах защиты внутреннего рынка, методические рекомендации по подготовке заявлений. http://www.eurasiancommission.org/ru/act/trade/podm/info/Pages/default.aspx

联盟成员国同类商品的个别生产商直接或间接控制被调查商品的出口商或进口商;被调查商品的个别出口商或进口商直接或间接控制联盟成员国同类商品的生产商;联盟成员国同类商品的个别生产商和被调查商品的出口商或进口商直接或间接受第三方控制;联盟成员国同类商品的个别生产商和被调查商品的外国生产商、出口商或进口商直接或间接控制第三方,且调查机关有证据认为该生产商的行为与其他非利害关系人的行为有明显差别。

第二节 倾销的界定

《议定书》第 40 条规定,倾销是指"商品的出口价格低于其正常价值",即第三国商品以低于该商品在该国国内销售价格的价格出口到欧亚经济联盟统一关税区。这个定义包括四个因素:

一、差价因素

认定倾销的决定因素不是外国商品价格低于欧亚经济联盟所产同类商品价格,而是该商品销往欧亚经济联盟统一关税区的销售价格(商品出口价格)与其在生产国(或出口国)的市场销售价格(即该商品的正常价值)的比较,如果前者明显低于后者(商品出口价格低于其正常价值),并且因此对联盟境内的生产企业造成损害或存在损害威胁,则构成倾销。

二、类别因素

欧亚经济联盟在判断是否存在倾销行为时,主要参考某商品的正常价值及其出口价格,并以此确定倾销幅度。如果被调查商品以不同的变形产品进口至欧亚经济联盟统一关税区,如同一系列产品中因内存配置不同而形成不同的手机型号等,其价格也各不相同。在此情况下,要求启动调查的申请人需尽可能详细描述该商品的变形产品(如果不可能,则根据进口数量选择最具代表性的变形产品),以便尽可能减少误差。

三、规模因素

如果调查机构认定的倾销幅度小于倾销幅度最低允许值，或者已经发生或可能发生的倾销进口数量不大或该进口造成的联盟成员国产业损害、损害威胁、产业建立受到实质性阻碍不明显，则可终止反倾销调查且不实施反倾销措施。倾销幅度最低允许值是2%。

四、国别因素

对于少量进口的倾销商品，通常不采取反倾销制裁措施。《议定书》第223条规定，如果若干国家中的每个国家的倾销进口数量都不足进入联盟关税区的被调查商品进口总量的3%，且各国倾销进口数量合计不超过联盟关税区被调查商品进口总量的7%，则从某个第三国（出口国）倾销进口的商品数量小于进入联盟关税区的被调查商品进口总量的3%的进口视为少量进口。

第三节　倾销幅度的计算

根据被调查商品在出口国国内市场的正常价值和联盟成员国的进口价格数据，可以计算该商品的倾销幅度。计算时，所采用的商品正常价值和出口价格指标应处于同一贸易阶段，并且商品出售应尽量发生在同一时间。同时，还应考虑下列可能对价格对比产生影响的差别因素，并对价格进行修正：供货条件和特点、征税、贸易阶段、量化指标、物理特性以及其他任何有证据证明能够影响价格比较的差别因素。

倾销幅度的计算公式[①]是：

倾销幅度 =（正常价值 - 出口价格）/出口价格 * 100

---

① Общая информация о мерах защиты внутреннего рынка, методические рекомендации по подготовке заявлений. http：//www.eurasiancommission.org/ru/act/trade/podm/info/Pages/default.aspx

表 3—1　倾销幅度的计算　　　　　　　　　单位：美元/吨

月份	EXW 正常价值（美元/吨）	EXW 出口价格（美元/吨）	CIP/CIF 出口价格（美元/吨）	倾销幅度（％）
A	B	C	D	E =（B－C）/D * 100
一月				
……				
十二月				

注：表内的正常价值和出口价格都须考虑必要的调整项。

一、被调查商品的正常价值

（一）商品正常价值的数据来源

商品正常价值的数据来源可以是：专业刊物、市场调查报告、价格表、发票、欧亚经济联盟成员国驻相关国家贸易代表处的数据；新闻媒体（包括互联网）等。申请人应在申请书中注明数据的来源及其发布时间。由于确定商品正常价值的物理特性、商品供货条件、税费、量化指标等各不相同，比较商品进口价格与出厂条件下的正常价值可能需要进行进一步修正。在计算正常价值时，申请书中应解释说明每个价格修正项的使用理由和方法以及该修正项对价格比较的影响。

《议定书》第 54 条规定，在被调查商品出口国市场的正常贸易过程中，若该同类商品销售规模不低于该国被调查商品对联盟统一关税区出口规模的 5％，即可用来确定被调查商品的正常价值。在该规模占比低于 5％ 的情况下，如果有证据证明其足以用来与被调查商品做合理的价格比较，也可认为该规模能够用来确定商品的正常价值。

如果进口倾销商品并非直接从原产地国进口，而是从第三国出口到欧亚经济联盟关税区，那么，该商品的出口价格就应与该第三国国内同类商品的可比价格进行比较。如果进口倾销商品只是经第三国转口至欧亚经济联盟关税区，或者商品并非在该第三国生产，或该第三国缺少同类商品的可比较价格，那么，该商品的出口价格就可与原产地国的同类商品价格进行比较。

（二）确定正常价值的方法

确定正常价值的方法有四种：出口国国内市场销售价格、出口国的结构价格、向第三国的出口价格、参照欧亚经济联盟内同类商品销售价格。在任何情况下，申请人宜先向联盟常设机构欧亚经济委员会咨询，以寻求确定商品正常价值的最佳计算方法。

第一，销售价格法。即以出口国的国内销售价格为基准确定正常价值。该方法以调查期间被调查商品在其生产或出口国的国内市场上出售给独立购买人的价格为基础，以工厂交货条件下的供货价格减去间接费用（如增值税、消费税等）确定正常价值。这种计算方法不以"该商品仅供出口"为前提（即不仅仅适用于出口国"仅供出口"的商品）。如果没有生产商以出厂条件供货时的数据，则需对申请人已知价格进行修正（申请书中应解释说明每个修正项目的采用理由及应用方法）。

第二，结构价格法。即在出口国国内市场的商品价格数据不可得，或者获得的数据不足以用来与商品的出口价格进行比较的情况下，如在国内市场没有该商品出售，或只有少量商品出售，或者该价格没有达到商品的成本价，或者国内市场的商品仅向相关方供货等，可将被调查商品原产国的生产成本加上合理的管理费用、销售费用、一般费用和利润等来确定正常价值。

在使用结构法确定商品正常价值时，应使用该商品生产或出口商所在国的成本结构和金额数据。如果不能获得该数据，可使用官方公布的其他符合条件的数据（包括欧亚经济联盟成员国）并适当修正，以反映出口国的实际情况。在使用该方法确定商品正常价值时，调查机关应核实管理费用、销售费用和一般费用是否分配合理，须确认该分配办法是商品出口商或生产商实际使用的，特别是相应折旧期确定的投资扣除及其他与发展生产相关的费用。另外，还须考虑与发展生产相关的一次性费用以及组织生产期间的业务活动是否对调查期间的费用产生影响等。

第三，参照第三国价格法。如果上述两种方法均不可用，则可根据被调查商品的生产或出口国向第三国（非欧亚经济联盟成员国）的出口价格来确定其正常价值。若在被调查商品出口国国内市场正常贸易中没有同类商品的买卖，或者由于该出口国同类商品的销量很少，或该出口国市场情况特殊，无法将该商品与同类商品价格进行适当对比，则应将被调查商品向联盟统一关税区的出口价格与其出口到第三国的有代表性的同类商品价格进行比较，或者在考虑必要的管理、销售和一般费用及利润的前提下，与原产国国内该商品的生产成本做比较。

第四，参照联盟内同类商品销售价格法。如果上述方法均不可用，则可根据欧亚经济联盟关税区内同类商品用利润修正过的支付价格或应付价格来确定。

例1：确定商品正常价值的销售价格法[①]

工厂交货（EXW）条件下的正常价值（NV_{EXW}）可从市场上该商品的批发或零售价格（BP_{NV}）中减去下列数额后得到：应付增值税（A_1）；零售商的利润、管理、销售和一般费用（A_2）；批发商的利润、管理、销售和一般费用（A_3）；运输和保险费用（A_4）等。即 $NV_{EXW} = BP_{NV} - A_1 - A_2 - A_3 - A_4$

商品批发价	=100 美元
-增值税（20%）	=80 美元
-零售商的利润和费用（10%）	=72 美元
-批发商的利润和费用（15%）	=61.2 美元
-商品的运输和保险费用（2美元）	=59.2 美元
EXW 条件下的单位商品的正常价值（NV_{EXW}）	=59.2 美元

例2：确定商品正常价值的结构价格法[②]。

结构价格法计算商品正常价值的计算公式是：出口国生产商生产成本加上合理的管理费用、销售费用、一般费用和利润。

生产成本（COP）	
+原材料成本	
原料	200 美元
原料	50 美元
原料	40 美元
+劳动力成本	30 美元

[①] Общая информация о мерах защиты внутреннего рынка, методические рекомендации по подготовке заявлений. http://www.eurasiancommission.org/ru/act/trade/podm/info/Pages/default.aspx

[②] Общая информация о мерах защиты внутреннего рынка, методические рекомендации по подготовке заявлений. http://www.eurasiancommission.org/ru/act/trade/podm/info/Pages/default.aspx

+能源成本	10美元
+其他（折旧、租赁、设施维护等）	20美元
管理、销售和一般费用（SG&A）美元	
+管理费用	40美元
+财务成本	10美元
+销售费用	5美元
+其他（保险费用、质保费用）	5美元
批量商品成本	410美元
+利润（10%）	41美元
EXW条件下批量商品的正常价值（NV_{EXW}）	=451美元

二、被调查商品的出口价格

出口价格是被调查商品进口至欧亚经济联盟统一关税区时，与该商品生产或出口商无利害关系的买方的支付价格。在此，被调查商品的CIP/CIF出口价格和工厂交货价格等两个价格数据是确定倾销幅度的关键数据。

大多数情况下，计算出口价格时可使用欧亚经济联盟成员国的海关统计数据。被调查商品进口价格的统计数据须在以CIP/CIF条件进口至欧亚经济联盟统一关税区的基础上确定（自被调查商品出口国进口的被调查商品的总价值除以进口总量计算某一时期内的该商品CIP/CIF出口价格的加权平均值，经过相应修正，可使计算出的CIP/CIF出口价格加权平均值接近被调查商品生产商的EXW条件供货价格）。

表3—2 使用联盟成员国的海关统计数据CIP/CIF出口价格计算

月份	净重（吨）	CIP/CIF出口价格（千美元）	CIP/CIF加权平均出口价格（美元/吨）
A	B	C	D = C/B * 1000
一月			
……			

续表

月份	净重（吨）	CIP/CIF 出口价格（千美元）	CIP/CIF 加权平均出口价格（美元/吨）
A	B	C	D = C/B * 1000
十二月			
总计			
CIP/CIF 加权平均出口价格（美元/吨）			

表 3—3　EXW 出口价格计算

月份	CIP/CIF 出口价格（千美元）	净重（吨）	调整项（美元/吨）	加权平均调整项（美元/吨）	EXW 出口价格（千美元/吨）	EXW 加权平均出口价格（美元/吨）
A	B	C	D	E = C * D	F = B − E	G = F/C * 1000
一月						
……						
十二月						
总计						
EXW 加权平均出口价格（美元/吨）（F 总计/C 总计 * 1000）						

　　如果被调查商品的外国生产或出口商与欧亚经济联盟内该商品进口商为关联方，则使用欧亚经济联盟成员国的海关统计数据来计算出口价格可能不够准确。在这种情况下，欧亚经济委员会推荐使用其他信息来源确定出口价格（如价格表、发票、专业刊物以及包括互联网在内的媒体等）。计算时，可使用被调查商品出售给欧亚经济联盟内的独立购买人的价格作为基础价格，在对其进行相应修正后，即可确定被调查商品的 CIP/CIF 出口价格和 EXW 条件供货价格。

表3—4 使用海关统计数据之外数据计算 CIP/CIF 和 EXW 出口价格

月份	用于计算出口价格的基础价格（美元/吨）	至 CIP/CIF 水平的调整项（美元/吨）	CIP/CIF 出口价格（美元/吨）	至 EXW 水平的调整项（美元/吨）	EXW 出口价格（美元/吨）
A	B	C	D = B - C	E	F = D - E
一月					
……					
十二月					
总计（金额）					
年均出口价格（美元/吨）			（D 总计/12）		（F 总计/12）

申请人有销售给欧亚经济联盟成员国独立购买人的价格或与该商品生产或出口商有关联的欧亚经济联盟进口商的销售价格时（BP_{EP}），可从该价格中减去应付欧亚经济联盟增值税（C_1），减去欧亚经济联盟境内的商品运输和保险费用（从进口商仓库至购买人仓库）（C_2），减去进口商的利润、管理成本、销售成本、一般成本（C_3），减去商品从欧亚经济联盟海关边界至进口商仓库的运输和保险费用（C_4），并扣除关税和海关费（C_5），便可得出该被调查商品的 CIF 出口价格（EP_{CIF}）：$EP_{CIF} = BP_{EP} - C_1 - C_2 - C_3 - C_4 - C_5$。然后再用该 CIF 出口价格（$EP_{CIF}$）减去商品从生产商仓库至欧亚经济联盟海关边界的运输和保险费用，可得该商品的工厂交货价格（EP_{EXW}）：$EP_{EXW} = EP_{CIF} - C_6$[①]：

  出售给独立购买人的商品价格 =100 美元
  - 增值税（18%） =82 美元
  - 欧亚经济联盟内的运输和保险费用（2 美元） =80 美元
  - 进口商的利润和成本（10%） =72 美元
  - 商品从联盟海关边界至进口商仓库的运输和保险
   费用（2 美元） =70 美元

[①] Общая информация о мерах защиты внутреннего рынка, методические рекомендации по подготовке заявлений. http：//www.eurasiancommission.org/ru/act/trade/podm/info/Pages/default.aspx

- 关税（10%）和海关费（1 美元）
　　　　　　　　　　　　　　　　　　　　　　　= 62.64 美元

CIF 出口价格（EP$_{CIF}$）　　　　　　　　　　= 62.64 美元
- 商品从生产商仓库至联盟海关边界的运输和保险
　费用（5 美元）　　　　　　　　　　　　　　= 57.64 美元

EXW 出口价格（EP$_{EXW}$）　　　　　　　　　= 57.64 美元

第四节　倾销与产业受损因果关系的证明

对进口商品实施反倾销制裁，除需断定存在倾销行为外，还需具备同类产业遭受损害事实的后果依据。如果倾销未对联盟成员国同类产业造成严重损害，则无须实施制裁措施。联盟成员国同类产业存在损害后果是决定是否实施制裁的要件之一。损害后果包括三种类型，即已实际发生的实质性损害、损害威胁和实质性阻碍。

界定联盟成员国同类产业时，这些联盟成员国的国土可被看作存在两个以上（含两个）的竞争市场的地域，如果其中一个竞争市场内的联盟成员国生产商将其80%以上的所产同类商品都销售到该竞争市场并用于消费和再加工，并且其他竞争市场的同类商品生产商在很大程度上无法满足该竞争市场对同类商品的需求，则该竞争市场可被视作独立的联盟成员国同类产业。如果倾销进口的被调查商品在上述某一个竞争市场上集中销售，并给这一竞争市场内所有或几乎所有联盟成员国同类商品生产商造成损害，在此情况下，即使联盟成员国产业的主体部分未遭受损害，仍可确定该倾销进口对联盟成员国造成物质损害、物质损害威胁或联盟成员国的产业建立遭到实质性阻碍。

一、受到物质损害

《议定书》第2条规定，成员国产业的物质损害是指有证据证实的欧亚经济联盟成员国产业状况的恶化，表现在成员国同类商品产量和在成员国市场销量的减少，该商品生产的利润率降低，或者对成员国该产业内的库存、就业、工资水平以及投资产生负面影响。同类产业受到损害的证据应以欧亚经济联盟相关产业的经济状况恶化的客观事实为依据，主要涉及市场（价格）和生产商（生产）两方面数据。

（一）欧亚经济联盟统一关税区内同类商品的市场情况数据

该类数据包括：该同类商品在欧亚经济联盟统一关税区内的消费量；在欧亚经济联盟统一关税区内，倾销进口商品同欧亚经济联盟成员国生产的同类商品的各自消费比重。

（二）欧亚经济联盟同类产业经济状况的指标

该指标即联盟成员国同类商品生产商的情况，包括：产量、产能及产能利用率；在欧亚经济联盟统一关税区销售的同类商品的生产成本和价格；影响成本和价格的因素；欧亚经济联盟统一关税区内同类商品的销售利润；欧亚经济联盟统一关税区内同类商品的销售利润率；用于商品生产和销售的投资额；商品库存变化；行业劳动生产率；就业和工资情况。

在此，损害证据的根本要素是倾销进口商品的价格明显低于欧亚经济联盟成员国生产商的价格，且该价格对联盟同类商品在欧亚经济联盟统一关税区内的销售价格产生负面影响。例如，在倾销进口商品的低价格压力下，欧亚经济联盟生产商被迫降低该同类商品的价格，或者被迫提高生产成本，导致利润和盈利能力下降。

二、受到物质损害威胁

物质损害威胁是指：如果倾销或进口延续下去，则对欧亚经济联盟同类产业的损害不可避免。为证明同类产业正受到损害威胁，需分析该产业的所有生产经济指标，尤其是关于报告期的指标评价，并根据进口商品的进一步增长趋势预测其影响。

具体指标包括：被调查商品的外国生产商的生产能力及其利用程度；被调查商品的外国生产商为扩大企业生产能力所需投资；被调查商品在第三国销售市场的开放性及封闭性，其他国家对该商品可能采取的限制措施；

欧亚经济联盟市场对被调查商品的开放性及封闭性；非欧亚经济联盟成员市场对被调查商品的需求情况；外国生产商拥有可大幅增加商品出口的库存。

在此，损害威胁证据的最重要分析指标是能够说明外国生产商（或出口商）生产能力（或出口能力）的指标，以便证明该倾销商品在欧亚经济联盟统一关税区内的销售量和市场份额有进一步增加的可能，进而证明该倾销商品的价格水平将导致欧亚经济联盟成员国市场上同类商品的价格下降、受限，或对该商品的进口需求进一步加大。

（一）同类产业的建立遭受实质性阻碍

无论是受到损害，还是受到损害威胁，都是针对已有产业（或已建立起来的产业）而言，相比之下，实质性阻碍则不适用于已经建立起来的产业，而是针对一个尚未建立或正在建立的新产业（或称幼稚产业）而言，此举意在保护幼稚产业。

对于何谓"产业的建立"，各国标准不一，欧亚经济联盟也未作出明确说明。从当前理论界和实践操作看，"产业的建立"或"正在建立的产业"通常涉及三种状态：一是已列入政府规划并准备开工建设（尚未开工建设）的产业；二是正在开工建设的产业；三是已投产但尚未稳产的产业。如果这些产业因产品倾销而无法正式投产运营，即可认定为"相关产业的建立遭受实质性阻碍"，进口国可据此对该进口产品实施反倾销措施。

分析对同类产业的建立造成实质性阻碍的标准与造成损害或损害威胁的标准相同，均通过对价格（市场）和生产商（生产）的影响而作出判断。

（二）倾销行为与欧亚经济联盟成员国同类产业受到损害、损害威胁或产业建立遭受实质性阻碍之间存在因果关系

为证明二者间存在因果关系，需要借助的分析指标主要有：被调查商品的进口将挤占欧亚经济联盟成员国所产同类商品在联盟统一关税区的市场份额；该倾销对欧亚经济联盟成员国同类商品生产商的价格政策产生影响（如导致价格的降低或增长与支出不成比例、企业财务指标恶化等）；其他因素（如造成消费者改变消费偏好，放弃欧亚经济联盟成员国所产同类

产品，转向选择该外国倾销产品等。

另外，还需适当考虑其他与倾销无关的、但能够对欧亚经济联盟同类产业产生影响的因素。例如，没有倾销的商品的进口数量和价格；需求减少或消费结构变化；出口供应减少；生产工艺的区别和变化；调查申请人之外的其他企业的生产情况等。

第五节 反倾销措施的内容

欧亚经济委员会内部市场保护司自反倾销调查申请书登记之日起30个日历日内对申请书进行审议。如果需要申请人补充材料，则该期限可延长，但不得超过60个日历日。

审议结果分为三种：决定启动相关调查程序，内部市场保护司向申请人下发书面通知，并通过欧亚经济委员会的官方网站对外公布；决定拒绝接受申请书，如果申请材料内容缺失或不实（即未提供《议定书》规定的信息，或者提供的信息不可靠），则拒绝接受申请材料，决议以书面形式发给申请人，并说明拒绝理由；决定拒绝进行调查，如果申请材料中不存在《议定书》规定的启动调查的理由，则拒绝进行调查，决议以书面形式发给申请人，并说明拒绝调查的理由。

一、调查期限

调查机构通过开始调查的决议之后，将向欧亚经济联盟成员相关产业的生产商寄发调查表，以便收集调查所需资料，并到生产商所在地进行调查访问，以便针对调查表提交的文件和资料进行核查研究。《议定书》第271条规定，反倾销调查的期限不超过12个月。该期限可由授权机构延长，但延长期不能超过6个月。所有与调查有关的决议和行动计划都会在欧亚经济委员会官方网站上公布。

二、临时措施

如果调查结束前获得的信息证实存在倾销进口，并造成联盟相关产业损害，在满足《议定书》规定条件的情况下，如果欧亚经济委员会认为延缓采取措施将给联盟相关产业带来难以弥补的后果，为避免出现或减少损害，欧亚经济委员会可根据授权机构的初步调查结果，决定采取反倾销措施，征收临时反倾销税。有关征收临时反倾销税的决定应在调查开始之日起60个日历日后作出。

临时反倾销税税率应足以弥补倾销造成的损害后果，但不得高于初步计算得出的倾销幅度。

《议定书》第81条规定，如果临时反倾销税的税率等于初步计算得出的倾销幅度，则其征收时间不能超过4个月，但若该被调查商品的主要出口商提出要求（这些出口商出口到联盟统一关税区的出口量需不少于被调查商品联盟进口总量的50%），可将该期限延长至6个月。

《议定书》第82条规定，如果临时反倾销税税率低于初步计算得出的倾销幅度，则其征收时间不能超过6个月，但若该被调查商品的主要出口商提出要求（这些出口商出口到联盟统一关税区的出口量需不少于被调查商品联盟进口总量的50%），可将该期限延长至9个月。

如果欧亚经济委员会根据最终调查报告结论认为损害证据不足或决定不采取贸易救济措施的话，则先前征收的临时反倾销关税应返还支付者。如果欧亚经济联盟根据最终调查报告作出征收反倾销税决定，理由是倾销行为对联盟成员国造成损害或损害威胁（若不实施临时反倾销措施，则必然会造成真正的损害），则自正式反倾销措施实施之日起，先前征收的临时反倾销税计入反倾销税征缴范围，并依照规定程序分摊。如果欧亚经济联盟根据最终调查报告作出征收反倾销税的决定，根据临时措施已缴纳的款项计入征缴范围，并依照规定程序分摊。若正式措施的关税税率低于临时措施的关税税率，则二者间的差额需返还支付者，若正式措施的关税税率高于临时措施的关税税率，则二者间的差额不予补征。

三、价格承诺

在授权机构调查期间或欧亚经济委员会作出最终决定之前，被调查商品的出口商或生产商可与欧亚经济委员会达成价格承诺协议，即被调查商品的出口商或生产商提高出口价格，停止倾销。但在授权机构作出初步调查结论之前，欧亚经济委员会不得通过有关同意价格承诺的决定。另外，如果授权机构的调查结果认为，被调查商品涉及的出口商或生产商数量众多，欧亚经济委员会也不得通过有关同意价格承诺的决定。如果调查商品的出口商或生产商违反或拒不执行价格承诺，则欧亚经济委员会可作出实施临时反倾销措施（调查期间）或实施反倾销措施（最终调查结束后）的决定。

四、最终措施

经调查，如果下列事实成立，则可实施反倾销措施：按照倾销价格向欧亚经济联盟出口商品；欧亚经济联盟同类产业受到损害或者损害威胁；倾销进口与欧亚经济联盟同类产业受到损害之间存在因果关系。

内部市场保护司调查结束后，须形成最终调查报告（含处理意见），并上报欧亚经济委员会讨论决策。反倾销措施的形式是反倾销税，税率以足以弥补倾销造成的损害后果为限。实施期限不得超过 5 年。欧亚经济联盟境内实施的反倾销税根据相关调查结果确定，其征收与进口关税无关。

另外，《议定书》第 272 条规定，欧亚经济委员会在对利害关系人提交的所有资料进行分析后，如果认为采取反倾销措施可能使联盟成员国利益受到损害（综合听取相关产业、进口商、消费者团体意见等），即使采取反倾销措施符合《议定书》规定的标准和程序，欧亚经济委员会也有权根据调查结果通过有关不采取反倾销措施的决议。

五、复审调查

制裁期结束后，原调查申请人、相关利害关系人和欧亚经济委员会授权机构可要求复审调查。欧亚经济委员会可根据被调查商品的进口量、进口比重、进口价格以及联盟内部同类产品的产量和销量等指标决定是否启动复审。并根据重新调查的结果作出维持（延长）、撤销或修改（减轻）的决定。

对反倾销措施进行的复审，申请人应在反倾销措施届满前 6 个月内提出申请。欧亚经济委员会应在反倾销措施届满前决定启动复审，并在 12 个月内结束，根据调查结果，作出维持（延长）、撤销或修改（减轻）的决定。

六、追溯力

反倾销措施均具有追溯力。

《议定书》第104条规定，对于在临时反倾销税实施之日前90个日历日内已进入海关手续办理阶段，且条件符合征收反倾销税的商品，如果调查机关的调查结果认定该商品存在下列事实，可适用征收反倾销税：该商品过去曾有过导致产业损害的倾销进口，或者进口商了解或者应该了解出口商按照低于其正常价值的价格供货且该商品进口可能导致联盟成员国产业受到损害；成员国产业受到损害的原因是在相对较短时间内急剧增长的倾销进口，该进口的持续时间和进口量以及其他情况（包括快速增长的进口商品库存）可显著降低反倾销税的实施效果，但在调查结束之前需给予该商品的进口商以解释的机会。

第四章　保障措施

保障措施是针对进口至欧亚经济联盟统一关税区的商品的进口量突然大幅增加，导致欧亚经济联盟成员国同类或直接竞争的产业严重受损或面临受损威胁而采取的贸易救济措施。

第一节　保障措施的界定

从《议定书》关于实施保障措施的规定中可知，欧亚经济联盟在界定时强调以下三点：

一是保障措施只针对从第三国（出口国）进口至欧亚经济联盟关税区的商品，与该商品的原产国无关。除《议定书》明确规定的不适用的对象外，无论被调查商品产自何处，只要它是欧亚经济联盟统一关税区的进口商品并符合实施条件，就可对其实施保障措施。

二是保障措施不适用以下两个对象：

享受联盟关税优惠待遇的发展中国家或最不发达国家的第三国商品，自该国进口的商品不应超过联盟关税区该商品进口总量的3%，并需满足下列条件：从每个发展中国家或最不发达国家的商品进口不超过联盟关税区该商品总进口的3%，且从上述发展中国家或最不发达国家的总进口不应超过联盟关税区该商品总进口的9%。如果调查机关的调查结果可断定来自发展中国家或最不发达国家的商品进口份额超过上述规定指标，则对这些发展中国家或最不发达国家同样适用保障措施。

2011年10月18日《独联体自由贸易区协议》签约国并履行该协议的独联体国家的商品。如果调查机关的调查结果可断定来自上述独联体国家未执行《自贸区协议》，则对这些独联体国家同样适用保障措施。

三是实施保障措施须满足三个条件：

1. 进口至欧亚经济联盟统一关税区内的被调查商品的数量突然大幅增长，这种增长带有突发性、不可预见性、剧烈性、真实性（不是预测，而是真实发生的）等特点；

2. 欧亚经济联盟相关产业受到严重损害或严重损害威胁；

3. 相关产业受到损害或损害威胁与被调查商品进口突增之间存在因果关系。

存在进口增加的事实信息可通过以下4项数据反映：

1. 被调查商品进口总量的实物形态和价值形态的变化；

2. 被调查商品进口增加的速度和数量与欧亚经济联盟成员国所产同类或直接竞争商品的总产量或总消费量相对比的绝对指标和相对指标；

3. 自主要供应国进口至欧亚经济联盟统一关税区的进口量及其在统一关税区总进口量中的占比；

4. 被调查商品不计关税和计关税的加权平均进口价格数据及其变化情况。

第二节 进口增长与产业受损因果关系的证明

为认定进口增长造成联盟成员国产业受到严重损害或严重损害威胁，调查机关在调查过程中应对以量化指标表示的、影响联盟成员国产业经济状况产生影响的客观因素进行评估，包括：

1. 被调查商品进口增长速度和数量，用绝对指标，以及与联盟成员国内同类商品或直接竞争商品的总产量或总消费量的相对指标来表示。

2. 被调查商品在联盟成员国该同类商品或直接竞争商品总销售量中的占比。

3. 被调查进口商品与联盟成员国生产的同类商品或直接竞争商品的价格比较。

4. 联盟成员国生产的同类商品或直接竞争商品在成员国市场上的销量变化。

5. 联盟成员国同类商品或直接竞争商品的产量、产业劳动生产率、产能利用率、利润和亏损额、就业水平的变化。

6. 除进口增长之外，调查机关还应对在该期间导致成员国产业受到严重损害或严重损害威胁的其他已知因素进行分析，上述损害不属于联盟关税区进口增长导致的联盟成员国产业受到严重损害或严重损害威胁。

第三节　保障措施的内容

欧亚经济委员会贸易部内部市场保护司自调查申请书登记之日起30个日历日对申请书进行审议。如果需要申请人补充材料，则该期限可延长，但不得超过60个日历日。审议结果分为三种：1. 决定启动相关调查程序。内部贸易保护司向申请人下发书面通知，并通过欧亚经济委员会的官方网站向外公布。2. 决定拒绝接受申请书。如果申请材料内容缺失或不实（即未提供《针对第三国使用保障、反倾销和反补贴措施协定》规定的信息，或者提供的信息不可靠，则拒绝接受申请材料。决议以书面形式发给申请人，并说明拒绝理由。3. 决定拒绝进行调查。如果申请材料中不存在《针对第三国使用保障、反倾销和反补贴措施协定》规定的启动调查的理由，则拒绝进行调查。决议以书面形式发给申请人，并说明拒绝调查的理由。

一、调查期限

调查机构通过开始调查的决议之后，将向欧亚经济联盟成员的相关产业的生产商寄发调查表，以便收集调查所需资料，并到生产商所在地进行调查访问，以便对针对调查表提交的文件和资料进行核查研究。

所有与调查有关的决议和行动计划在欧亚经济委员会官方网站上公布。

二、临时措施

在危急情况下，当推迟实施保障措施可能导致联盟成员国产业遭受后果难以消除的损害，欧亚经济委员会可以调查机关的初步结论为依据，在调查开始之日后的6个月内通过有关实施临时保障措施的决议，在不超过200个日历日的期限内征收临时特别关税。初步调查结论需提供明确的证据，证明被调查商品进口增加造成联盟成员国产业的严重损害或者受到严重损害威胁。调查行动应延续直至取得最终结论。

调查机关应将可能实行临时特别关税的消息书面通知第三国（出口国）的授权机构及其他已知的利害关系人。如果第三国（出口国）授权机构提出针对征收临时特别关税进行磋商，磋商应在欧亚经济委员会通过实行临时特别关税的决议之后开始。

如果欧亚经济委员会最终通过不实施保障措施的决议，须将已征收的临时特别关税返还付款人。如果根据调查结果通过实施保障措施的决议（包括实行进口配额或特别配额），则临时特别关税的期限计入保障措施的总期限内，而已征收的临时特别关税应自根据调查结果决定实施保障措施的决议生效之日起，按照《议定书》附件的规定程序计入和分配。

如果调查结果认为，特别关税税率低于临时特别关税税率更合理，则已征收的临时特别关税金额中，与依照特别关税税率计算出的特别关税额相等的部分，应依照本《议定书》附件所规定的程序计入和分配。临时关税金额中超出按特别关税税率计算出的特别关税金额的部分，应按照本《议定书》附件所规定的程序返还给付款人。

如果调查结果认为，特别关税税率高于临时特别关税税率更合理，则不再征收特别关税金额与临时关税金额之间的差额。

三、最终措施

保障措施根据欧亚经济委员会决议实施，其实施程度和期限须能够防止或消除联盟成员国产业受到严重损害或受到严重损害威胁，以及缩短成员国产业对不断变化的经济状况的适应过程。保障措施的形式主要有特别关税、配额、许可证等。

以进口配额方式实施的保障措施，除必须设置最低进口配额量以消除联盟成员国产业的严重损害或严重损害威胁的情况外，该进口配额不应低于被调查商品在往期内的年均进口量（以数量或价值计）。如果以百分数计算的被调查商品自个别第三国的进口增长与该商品在提交实施调查申请书之日前3年内的进口总增长不成比例，则欧亚经济委员会在向第三国分配进口配额时，可参考自这些国家进口至联盟关税区的该商品的绝对指标和相对指标。

保障措施的期限通常不应超过4年。保障措施的总期限，包括临时特别关税的期限和保障措施的延长期，不得超过8年。针对同一商品再次实施的保障措施，与上次保障措施的时间间隔不能少于上次保障措施实施期限，且两次间隔时间不得少于2年。但实施期限不超过180个日历日的保障措施不受此规定约束。该保障措施可对同一商品在上次保障措施实施之日起1年以后实施，且在新的保障措施生效之日前5年内，对该商品实施保障措施不超过2次。

如果保障措施的期限超过1年，欧亚经济委员会应在该期限内等期分阶段地弱化保障措施。如果根据调查机关的复审调查结果认定，为防止联盟成员国产业受到严重损害或严重损害威胁，有必要延长保障措施的期限，且有证据证明，所适用的保障措施有助于联盟成员国相关产业适应不断变化的经济条件，则可由欧亚经济委员会通过决议而延长保障措施期限，但延长措施不得比该决议通过时仍有效的保障措施更为严格。

四、复审调查

如果保障措施的期限超过3年，则在期限过半之前，调查机关应进行复审调查，并根据调查结果决定保障措施继续保持、弱化或者取消。弱化保障措施是指扩大进口配额或特别配额的数量，或降低特别关税的税率。

另外，调查机关还可自主决定或根据利害关系人的申请，就保障措施的实施条件是否发生变化（是否可以修改、放宽或取消保障措施）、发展中国家或最不发达国家在联盟关税区商品总进口中的占比是否发生变化、2011年10月18日《独联体自由贸易区协议》的签约国是否履约等三个问题进行复审调查。

第五章 贸易救济措施的运行程序

欧亚经济联盟的内部市场保护（贸易救济）是为保护成员国市场稳定和发展而实施的应对措施，主要方式有反补贴、反倾销和保障措施三种。为保护欧亚经济联盟统一关税区内的商品生产商利益、消除非联盟成员国（第三国）商品供应对欧亚经济联盟内部市场产生的负面影响，针对进口至联盟统一关税区并导致成员国相关产业受到损害或损害威胁，或抑制产业发展的商品进口行为，欧亚经济联盟采用统一的贸易管理措施（即内部市场保护措施），包括阻止倾销进口措施（反倾销措施）、反补贴措施（反补贴措施），以及针对不可预见情况引起的进口急剧增加而采取的保障措施等。这些措施适用于整个联盟的统一关税地区。

欧亚经济联盟内部市场保护措施以世界贸易组织（WTO）规则为基础，欧亚经济联盟贸易救济措施的主要法律依据有二：

一是2014年5月29日签署的《欧亚经济联盟条约》及其附件8《针对第三国使用保障、反倾销和反补贴措施议定书》（以下简称《议定书》）[①]；

二是欧亚经济委员会2012年3月7日1号决议批准的《使用和保护保密信息及机构内限制传播的工作信息条例》。

内部市场保护的调查机构（即欧亚经济联盟的授权机构）是欧亚经济委员会贸易部内部市场保护司，决策机构是欧亚经济委员会执委会，即根据内部市场保护司的提案，由欧亚经济委员会执委会全体会议作出有关实施保障、反倾销或反补贴措施的决议。

欧亚经济委员会贸易部内部市场保护司（通信地址：119121，莫斯科，斯摩棱斯克大道3/5号，1号楼。邮箱：tradedefence@ eecommission. org De-

---

① Протокол о применении специальных защитных, антидемпинговых и компенсационных мер (Приложение №8 к" Договор о Евразийском экономическом союзе" от 29 мая 2014 года).

partment for Internal Market Defence, 119121, Russian Federation, Moscow, Smolensky Boulevard, 3/5 str. 1）。

申请材料通过快递提交时，通讯地址为：115114，莫斯科，列特尼科夫路2号，1号楼，维瓦尔基·普拉扎商务中心D座。

第一节　申请启动贸易救济措施

为启动贸易救济措施，须有申请人向欧亚经济委员会贸易部内部市场保护司递交申请书。申请书（申请材料）应包括6个部分：

1. 一般信息。具体包括申请人及申请书的支持函；对进口至欧亚经济联盟统一关税区内的被调查商品，以及欧亚经济联盟成员所产同类商品的描述；已知外国生产商和（或）出口商的信息；已知欧亚经济联盟国家进口商的信息；已知欧亚经济联盟国家商品用户的信息。

2. 存在补贴、倾销或进口激增的证据。

3. 对外贸易统计数据。

4. 欧亚经济联盟成员同类产业受到损害或损害威胁的证据。

5. 非欧亚经济联盟成员提供的出口补贴、倾销、进口激增等行为与欧亚经济联盟成员同类产业受到损害或损害威胁之间存在因果关系的证据。

6. 实施贸易救济措施的建议。

一、申请人

（一）申请人类型

根据《议定书》第187条规定，有权发起贸易救济措施调查的申请人有生产商联合会、个别生产商，以及生产商联合会或生产商的委托代理人等，具体为：

1. 同类商品或直接竞争商品（申请实施保障措施时）或同类商品（申请实施反倾销或反补贴措施时）的成员国生产商或其全权代表；

2. 成员国生产商联合会，该联合会大部分成员生产的同类商品或直接竞争商品（申请实施保障措施时）或同类商品（申请实施反倾销或反补贴措施时）在联盟成员国总产量中的占比不低于25%；或者该联合会的全权代表。

（二）申请人资格

欧亚经济联盟强调调查申请人的资格具有三个特征：

1. 生产同类商品或直接竞争商品

《议定书》第 2 条规定：同类商品是与已成为调查对象的商品或可能成为调查对象的商品完全相同的商品，或由于没有完全相同的商品，而选择的其特性与被调查商品特性近似的其他商品；直接竞争商品是与已成为或可能成为被调查（复审）对象的商品具有可比性的商品，根据其用途、使用、质量、技术特性以及其他基本属性，客户可替代或准备替代他们正在消费的、已成为或可能成为被调查（复审）对象的商品。由此可知，同类商品或竞争商品是指与被调查商品完全相同，或者特性相近的商品。

根据《议定书》第 187 条规定，只有同类商品或直接竞争商品的生产商、生产商联合会或者其委托代理人才有资格申请实施保障措施；同类商品生产商、生产商联合会或者其委托代理人才有资格申请实施反倾销或反补贴措施。换句话说，商品的同类性是决定生产商是否有权提交申请书的根本条件。调查申请人须证明其所产商品为被调查商品的同类商品或与其存在竞争关系，且须详尽描述该同类商品及其特性。申请人应最大限度提供所掌握的、能正确描述商品的信息，以便欧亚经济联盟开展更有针对性的调查。

2. 受到损害或损害威胁

损害包括生产商已实际发生的损害，也包括受到损害威胁（若不采取措施，损害可能变为现实），还包括同类产业建立受到阻碍。

3. 获得支持（或者称"市场占有率"）

获得支持即无论是同类商品或直接竞争商品的生产商，还是同类产业协会，提出调查申请时均须附上该同类或竞争商品的生产商的支持函。支持函既表明发起调查这一行为的"受欢迎"程度，也在一定程度上反映出非联盟成员的补贴或倾销行为对欧亚经济联盟市场的影响程度。

（三）申请支持函

支持函的有效性取决于下列四个条件：

第一，在欧亚经济联盟成员国同类商品或直接竞争商品总产量中，表示支持调查申请的欧亚经济联盟成员国的生产商（包括申请人）的同类或竞争商品的产量占比不低于25%。

第二，在所有对调查申请已发表意见（支持或反对）的欧亚经济联盟成员国同类商品或直接竞争商品生产商的总产量中，表示支持调查申请的欧亚经济联盟成员国的生产商（包括申请人）的同类或竞争商品的产量占比超过50%。

第三，在欧亚经济联盟成员国同类商品或直接竞争商品总产量中，如果提出调查申请的生产商的产量占比大于等于50%，则无须提供其他生产商的支持函。

第四，在欧亚经济联盟成员国同类商品或直接竞争商品总产量中，如果提出调查申请的生产商及其支持者的产量总和占比不足50%，申请人须向关税同盟内其他知名生产商征求意见并将结论附在申请书后。

表5—1 欧亚经济联盟成员国的生产商支持函之一

指　标	单位	前3年	前2年	上一年	上年同期	本年当期
欧亚经济联盟成员的商品总产量	吨					
	美元					
俄罗斯的商品产量	吨					
	美元					
白俄罗斯的商品产量	吨					
	美元					
哈萨克斯坦的商品产量	吨					
	美元					
申请人及支持申请的欧亚经济联盟成员国的生产商的商品产量	吨					
	美元					

续表

指标	单位	前3年	前2年	上一年	上年同期	本年当期
申请人及支持申请的欧亚经济联盟成员国生产商的商品产量在欧亚经济联盟商品总产量中的占比	%					

注：如果欧亚经济联盟某一成员国不生产该商品，则对此必须正式确认。如果欧亚经济联盟成员国没有该商品生产的官方统计数据，则应详细解释和说明有关该同类商品的产量评估方法及信息来源。

在欧亚经济联盟成员国同类或竞争的商品总产量中，表示支持调查申请的欧亚经济联盟成员国的生产商（包括申请人）的同类或竞争商品的产量占比不低于25%。

表5—2　欧亚经济联盟成员国生产商的支持函之二

指标	申请提交的前一个日历年	
	产量（吨）	企业占比（%）
A. 表示支持申请的生产商（包括申请人）同类商品的产量		
B. 表示反对申请的生产商同类商品的产量		
C. 对申请表示意见的同类商品生产商的总产量（C = A + B）		

注：在所有对调查申请已发表意见（支持或反对）的欧亚经济联盟成员国同类或竞争商品的生产商的总产量中，表示支持调查申请的欧亚经济联盟成员国的生产商（包括申请人）的同类或竞争商品的产量占比超过50%。

表5—3　欧亚经济联盟成员国生产商的支持函之三（企业产量）

商品名称	单位	前3年	前2年	上一年	上年同期	本年当期
企业产量	吨					
	本币					
	美元					

表5—4　欧亚经济联盟成员国的生产商基本情况

指标	单位	xx年	xx年	xx年	上年同期	本年当期
企业产量	吨					
	本币					
	美元					
企业在欧亚经济联盟商品总产量中的占比	%					
企业在欧亚经济联盟统一关税区内的商品销量	吨					
	本币					
	美元					
企业自欧亚经济联盟统一关税区的出口量	吨					
	本币					
	美元					
企业生产能力	吨					
产能利用率	%					
商品制成品在年初的库存	吨					
商品制成品在年底的库存	吨					
在欧亚经济联盟统一关税区的商品销售收入	本币					
	美元					
在欧亚经济联盟统一关税区销售的商品的全部成本	本币					
	美元					
商品在欧亚经济联盟统一关税区的销售利润/亏损	本币					
	美元					
在欧亚经济联盟统一关税区内销售的商品的单位成本	本币/吨					
	美元/吨					
按照EXW条件在欧亚经济联盟统一关税区销售的商品的出厂价格（不计增值税）	本币/吨					
	美元/吨					
在欧亚经济联盟统一关税区销售的商品的生产利润率	%					
在欧亚经济联盟统一关税区销售的商品的销售利润率	%					

续表

指标	单位	xx年	xx年	xx年	上年同期	本年当期
企业用于商品生产和销售的投资额	本币					
	美元					
企业内从业总人数	人					
从事商品生产的人数	人					
劳动生产率	吨/人					
从事商品生产的员工工资	本币/人·月					
	美元/人·月					

注：同类商品生产商的申请支持函应以单独信函的形式提交。如果支持申请的企业资料被用作欧亚经济联盟成员国相关行业受到损害（或损害威胁）的证据，则需随支持函附上该企业的相关数据（由企业领导人和会计师签字），或对调查申请书中已包含的有关自己的信息出具证明。

二、参与调查的有关人员

为实施保障、反倾销和反补贴等措施，授权机构（欧亚经济委员会贸易部内部市场保护司）需要收集欧亚经济联盟内同类商品生产商的客观信息、影响其经济和财务指标的因素，以及联盟内同类商品（直接竞争商品）进口的实际情况。调查期间，授权机构有权要求有关人员和欧亚经济联盟成员国有关国家管理机构提供所需资料，有权对所提供的资料进行核查。

（一）有关人员的范围

1. 被调查商品的生产商或者国外的生产商联合会；
2. 被调查商品的国外出口商；
3. 欧亚经济联盟内与被调查商品同类的生产商或生产商联合会；
4. 欧亚经济联盟内的被调查商品的进口商；
5. 被调查商品出口国的出口授权机构；
6. 欧亚经济联盟内被调查商品的消费者（包括利用该商品生产其他商品的厂商）；
7. 欧亚经济联盟成员国的消费者协会（如果被调查商品首先是自然人的消费品的话）。经向授权机关申请，获得批准后，有关人员可在规定期限内参加调查。

（二）有关人员的权利

为保护自己的利益，经登记的调查参与者在调查范围内拥有下列权利：

1. 提交与调查有关的文件和资料；
2. 接触调查的非保密资料；
3. 与授权机构和其他调查参与者进行协商；
4. 在调查结束之前阅读授权机构最终结论的非保密版本（适用于反倾销和反补贴调查）；
5. 申请参加听证会。

授权机构基于其所掌握的材料，作出调查结果的初步结论和最终结论。因此，有关人员或机构如果不提供（或者不按时提供）所要求的信息，授权机构在调查中可能就不会考虑相关材料。

三、利害关系人

为实施保障、反倾销和反补贴等措施，调查机关（欧亚经济委员会贸易部内部市场保护司）需要收集欧亚经济联盟内相关商品生产商的客观信息、影响其经济和财务指标的因素，以及联盟内同类商品（直接竞争商品）进口的实际情况。调查期间，授权机关有权要求利害关系人和欧亚经济联盟成员国有关国家管理机构提供所需资料，有权对所提供的资料进行核查。授权机关基于其所掌握的材料，作出调查结果的初步结论和最终结论。因此，利害关系人或机构如果不提供（或者不按时提供）所要求的信息，授权机关在调查中可能就不会考虑相关材料。

利害关系人的范围

1. 被调查商品的生产商或者国外的生产商联合会；
2. 被调查商品的国外出口商；
3. 欧亚经济联盟内被调查商品生产商或生产商联合会；
4. 欧亚经济联盟内的被调查产品进口商；
5. 被调查商品出口国的出口授权机关；
6. 欧亚经济联盟内被调查商品的消费者（包括利用该商品生产其他商

品的厂商）；

7. 欧亚经济联盟成员国的消费者协会（如果被调查商品首先是自然人的消费品的话）。经向授权机关申请，获得批准后，利害关系人可在规定期限内参加调查。

第二节　确定调查对象

提交实施保障、反倾销或反补贴措施申请材料时，必须确定作为调查对象的商品。被调查商品是指非联盟成员国（或国家集团）享受了专向补贴或以低于其正常价值的价格出口至联盟统一关税区内的商品。

如现有资料允许按某些标准划分同类产品的生产，如生产过程、生产厂家销售情况、利润等，则可以根据欧亚经济联盟同类产业或同类商品的生产情况来评估对联盟同类产业产生的影响。否则，就要根据必要的资料，按照包含同类商品的最小商品组别或商品种类表进行评估。

对被调查商品的描述：

申请材料中，对被调查商品的描述需符合以下 8 项内容：

1. 被调查商品的全称和简称必须准确，在《欧亚经济联盟对外经济活动商品名录》中有明确的代码，避免模棱两可或含糊不清，使联盟海关机构能够准确制定制裁措施。

2. 对进口关税及其他适用于该商品的贸易限制的描述。

3. 对该商品生产工艺的描述。

4. 在原产国的生产适用标准。

5. 主要使用范围，必要时，还需根据商品特性描述各使用范围的区别。

6. 如果被调查商品可以划分为不同的变形产品（如不同的长度、直径、厚度等），则需对这些变形产品进行描述。

7. 与被调查商品同类的、由欧亚经济联盟成员国生产的商品的描述。描述时可使用下列特性：商品外观；物理特性；生产原材料；化学成分；工艺；主要用户；用途；最终用途等。还可以使用现行的商品国际标准、联盟成员的国家标准、欧亚经济联盟的技术规范和科学定义等。

8. 有关申请人所产商品与被调查商品确属同类商品，且彼此间存在竞争的证明材料。

表5—5 被调查商品与欧亚经济联盟所产的同类商品的比较

特性	计量单位	被调查商品参数	欧亚经济联盟成员国所产同类商品的参数	备注

第三节 提交产业受损证据

根据《议定书》规定,"同类产业"是指欧亚经济联盟成员国同类商品生产中的所有生产商,或者在欧亚经济联盟成员国同类商品总产量中的产量占比不低于25%的生产商群体。界定同类商品的一个重要因素是被调查商品与欧亚经济联盟所产商品的相同或相似性(完全相同,或者性能接近)。在界定时可使用以下标准:外观;物理特性;生产商品所使用的原材料;化学成分;制造过程;主要消费者;用途和最终用途;适用标准;技术法规等。

一、受到损害

产业受到损害的证据应以欧亚经济联盟相关产业的经济状况恶化的客观事实为依据,具体分析指标包括两方面数据:

能够反映欧亚经济联盟统一关税区内的同类商品的市场情况。具体包括:

该同类商品在欧亚经济联盟统一关税区内的消费量。

在欧亚经济联盟统一关税区内,倾销或补贴进口商品同欧亚经济联盟成员国生产的同类商品的各自消费比重。

能够说明欧亚经济联盟相关产业经济状况的指标。

该指标即欧亚经济联盟成员国同类商品生产商的情况,包括:

产量、产能及产能利用率;在欧亚经济联盟统一关税区销售的同类商品的生产成本和价格;影响成本和价格的因素;欧亚经济联盟统一关税区内同类商品的销售利润;欧亚经济联盟统一关税区内同类商品的销售利润率;用于商品生产和销售的投资额;商品库存变化;行业劳动生产率;就业和工资情况。

损害证据的根本要素是倾销或补贴进口商品的价格明显低于欧亚经济联盟成员国生产商的价格，且该价格对联盟同类商品在欧亚经济联盟统一关税区内的销售价格产生负面影响。例如，在倾销或享受补贴的进口商品的低价格压力下，欧亚经济联盟生产商被迫降低该同类商品的价格，或者被迫提高生产成本，导致利润和盈利能力下降。

二、受到损害威胁

产业受到损害威胁是指，如果补贴、倾销或进口增长延续下去，则欧亚经济联盟相关行业的损害不可避免。为证明相关产业正受到损害威胁，需分析该产业的所有生产经济指标，尤其是关于调查期间的指标评价，并根据进口商品的进一步增长趋势，预测其影响。

在此，最重要的分析指标是能够说明外国生产商（或出口商）的生产能力（或出口能力）的指标，以便分析该被补贴或倾销的商品在欧亚经济联盟统一关税区内的销售量和市场份额有进一步增加的可能，进而证明该享受补贴或倾销商品的价格水平将导致欧亚经济联盟成员国市场上同类商品的价格下降、受限，或对该商品的进口需求进一步加大。

具体指标包括：

1. 被调查商品的外国生产商的生产能力及其产能利用率。
2. 被调查商品的外国生产商为扩大企业生产能力所需投资。
3. 被调查商品在第三国销售市场的开放性/封闭性，其他国家对该商品可能采取的限制措施。
4. 欧亚经济联盟市场对被调查商品的开放性/封闭性。
5. 非欧亚经济联盟成员的市场上对被调查商品的需求情况。
6. 外国生产商拥有可大幅增加商品出口的库存。

三、补贴、倾销或进口突增与联盟产业受到损害的因果关系

为证明补贴、倾销或进口突增同损害二者间存在因果关系，需要借用的分析指标主要有：

1. 被调查商品的进口将挤占欧亚经济联盟成员国所产同类商品在欧亚经济联盟统一关税区的市场份额；

2. 该补贴、倾销或进口突增对欧亚经济联盟成员国同类商品生产商的价格政策产生影响（例如导致价格的降低或增长与支出不成比例、导致企业财务指标恶化等）；

3. 其他因素。例如补贴造成消费者改变消费偏好，放弃欧亚经济联盟成员国所产同类产品，转向选择该外国补贴产品。

与此同时，在证明补贴、倾销或进口突增同损害之间的关系时，还需适当考虑其他与补贴、倾销或进口突增无关的、但能够对欧亚经济联盟相关行业产生影响的因素，如：没有倾销或享受补贴的商品的进口数量和价格；需求减少或消费结构变化；出口供应减少；生产工艺的区别和变化；调查申请人之外的其他企业的生产情况。具体通过下列各表得到反映。

表5—6 欧亚经济联盟国家商品市场整体指标

指　　标	单位	xx年	xx年	xx年	上年同期	本年当期
欧亚经济联盟成员国的商品总产量（A）	吨					
与上年相比	%					
与xx年相比	%					
欧亚经济联盟统一关税区的商品出口总量（整体）（B）	吨					
与上年相比						
与xx年相比						
欧亚经济联盟统一关税区的商品进口总量（整体）（C）	吨					
与上年相比						
与xx年相比						
年初商品库存（D）	吨					
年底商品库存（E）	吨					
欧亚经济联盟统一关税区内的商品销售量（F＝A－B＋（D－E））	吨					
与上年相比	%					
与xx年相比	%					

续表

指　标	单位	xx 年	xx 年	xx 年	上年同期	本年当期
欧亚经济联盟统一关税区内的商品消费量（G = F + C）	吨					
与上年相比	%					
与 xx 年相比	%					

注：此表是对联盟统一关税区内的商品市场现状的分析。

表5—7　欧亚经济联盟国家商品消费情况

指　标	单位	xx 年	xx 年	xx 年	上年同期	本年当期
欧亚经济联盟成员国生产并销售的商品在联盟市场总消费量中的占比	%					
进口商品在欧亚经济联盟市场总消费量中的占比	%					
从补贴提供国（或倾销性出口国）进口的商品在欧亚经济联盟市场总消费量中的占比（按国别）	%					

注：此表是对联盟统一关税区内的商品市场现状的分析。

表5—8　欧亚经济联盟相关产业的商品产量

指　标	单位	xx 年	xx 年	xx 年	上年同期	本年当期
欧亚经济联盟相关产业的商品总产量	吨					
与上年同期相比	%					
与 xx 年相比	%					

注：此表是对联盟成员国产业现状的分析。

表5—9 欧亚经济联盟所产商品在联盟市场的销售量及消费量占比

指标	单位	xx年	xx年	xx年	上年同期	本年当期
欧亚经济联盟相关产业生产的商品在联盟统一关税区内的销售量	吨					
与上年同期相比	%					
与xx年相比	%					
相关产业生产的商品在欧亚经济联盟统一关税区总消费量中的占比	%					

注：此表是对联盟成员国产业现状的分析。

表5—10 欧亚经济联盟所产商品的出口量

指标	单位	xx年	xx年	xx年	上年同期	本年当期
欧亚经济联盟相关产业生产的商品自欧亚经济联盟统一关税区的出口量	吨					
与上年同期相比	%					
与xx年相比	%					

注：此表是对联盟成员国产业现状的分析。

表5—11 产能利用率

指标	单位	xx年	xx年	xx年	上年同期	本年当期
欧亚经济联盟相关产业的商品生产能力	吨					
生产能力的利用率	%					
欧亚经济联盟相关产业的商品总产量	吨					

注：此表是对联盟成员国产业现状的分析。

表 5—12　商品库存情况

指标	单位	xx 年	xx 年	xx 年	上年同期	本年当期
年初商品库存	吨					
年底商品库存	吨					

注：此表是对联盟成员国产业现状的分析。

表 5—13　商品销售收入

指标	单位	xx 年	xx 年	xx 年	上年同期	本年当期
商品以 EXW 价格在欧亚经济联盟统一关税区销售的收入（净值）	本币					
	美元					
与上年同期相比	%					
与 xx 年相比	%					

注：此表是对联盟成员国产业现状的分析。

表 5—14　在欧亚经济联盟统一关税区销售的商品的生产成本

指标	单位	xx 年	xx 年	xx 年	上年同期	本年当期
以 EXW 价格（工厂交货价）在欧亚经济联盟统一关税区销售的商品的全部生产成本	本币					
	美元					
与上年同期相比	%					
与 xx 年相比	%					

注：此表是对联盟成员国产业现状的分析。

表 5—15　商品在欧亚经济联盟统一关税区的销售利润/亏损

指标	单位	xx 年	xx 年	xx 年	上年同期	本年当期
商品在欧亚经济联盟统一关税区的销售利润/亏损	本币					
	美元					
与上年同期相比	%					
与 xx 年相比	%					

注：此表是对联盟成员国产业现状的分析。

表 5—16　在欧亚经济联盟统一关税区销售的商品成本与价格

指标	单位	xx 年	xx 年	xx 年	上年同期	本年当期
在欧亚经济联盟统一关税区销售的商品的加权平均单位成本	本币					
	美元					
与上年同期相比	%					
与 xx 年相比	%					
按照 EXW 条件在欧亚经济联盟统一关税区销售的商品的加权平均出厂价格（不计增值税）	本币					
	美元					
与上年同期相比	%					
与 xx 年相比	%					

注：此表指出在欧亚经济联盟统一关税区销售的商品的成本和价格变化的影响因素，是对联盟成员国产业现状的分析。

表 5—17　生产利润率和销售利润率

指标	单位	xx 年	xx 年	xx 年	上年同期	本年当期
在欧亚经济联盟统一关税区销售的商品的生产利润率	%					
在欧亚经济联盟统一关税区销售的商品的销售利润率	%					

注：此表是对联盟成员国产业现状的分析。

表 5—18　进口商品与欧亚经济联盟相关产业所产同类商品的价格对比

指标	单位	xx 年	xx 年	xx 年	上年同期	本年当期
补贴出口（或倾销性出口）的外国商品的加权平均价（不计进口关税和增值税）	美元/吨					
补贴出口（或倾销性出口）的外国商品加权平均价（计进口关税，不计增值税）	美元/吨					

续表

指标	单位	xx年	xx年	xx年	上年同期	本年当期
欧亚经济联盟产业生产并按EXW条件在欧亚经济联盟统一关税区销售的商品的加权平均出厂价（不计增值税）	美元/吨					
补贴出口（或倾销性出口）的外国商品与欧亚经济联盟产业所生产商品的价格对比						

注：此表是对联盟成员国产业现状的分析。

表5—19　商品生产和销售的投资额

指标	单位	xx年	xx年	xx年	上年同期	本年当期
商品生产和销售的投资额	本币					
	美元					

注：此表描述与商品生产和销售有关的投资方案，是对联盟成员国产业现状的分析。

表5—20　从业人员数量及劳动生产率

指标	单位	xx年	xx年	xx年	上年同期	本年当期
欧亚经济联盟产业从业人员总数	人					
商品生产从业人数①	人					
劳动生产率	吨/人					
商品生产从业人员工资	本币/人－月					
	美元/人－月					

注：此表是对欧亚经济联盟成员国的产业现状分析。

表5—21　享受补贴的进口商品和欧亚经济联盟所产同类商品的消费占比

指标	单位	xx年	xx年	xx年	上年同期	本年当期
自提供出口补贴国（或倾销性出口国）至欧亚经济联盟统一关税区的商品进口量	吨					

---

①　关税同盟国家行业内从事商品生产的人员，包括一线工人和辅助生产工人。

续表

指标	单位	xx年	xx年	xx年	上年同期	本年当期
自提供出口补贴国（或倾销性出口国）的商品进口量的消费占比	%					
欧亚经济联盟所产商品的消费占比	%					
自第三国（不包括提供补贴或倾销性出口国）进口的商品的消费占比	%					

注：此表研究补贴进口对欧亚经济联盟同类商品生产商的价格政策所产生的影响，如价格的降低和增长与支出不成比例而导致企业财务指标恶化等，是存在上述因果关系的证据。

表5—22 享受补贴的进口商品与欧亚经济联盟商品的价格比较

指标	单位	xx年	xx年	xx年	上年同期	本年当期
欧亚经济联盟相关产业生产并按照EXW条件在欧亚经济联盟统一关税区销售的商品的加权平均出厂价格（不计增值税）	美元/吨					
与xx年相比	%					
补贴（或倾销性）出口至欧亚经济联盟统一关税区的商品的加权平均价（计进口关税，不计增值税）	美元/吨					
与xx年相比	%					
补贴（或倾销性）出口商品与欧亚经济联盟相关产业所产商品的之间价格差额	美元/吨					

注：此表用于研究补贴进口与欧亚经济联盟相关产业状况恶化之间存在因果关系的事实依据，如同类商品的用户转向选择补贴进口商品的有关资料，是存在上述因果关系的证据。

表5—23 自第三国进口的商品数量和价格

指标	单位	xx年	xx年	xx年	上年同期	本年当期
自第三国进口至欧亚经济联盟统一关税区的商品的进口量	吨					

续表

指　　标	单位	xx 年	xx 年	xx 年	上年同期	本年当期
自第三国进口商品的加权平均价（计进口关税，不计增值税）	美元/吨					

注：此表用于研究不享受补贴的商品的进口数量和价格。

表 5—24　欧亚经济联盟成员国未提出调查申请的其他企业生产情况

指　　标	单位	xx 年	xx 年	xx 年	上年同期	本年当期
申请人以外的企业的商品产量	吨					
与上年同期相比	%					
与 xx 年相比	%					

第四节　提交外贸统计数据

一、须提交的外贸统计数据

申请人在申请启动贸易救济措施调查时，须提交与被调查商品有关的对外贸易统计数据。

（一）对外贸易统计数据的内容

调查材料中，有关被调查商品的对外贸易统计数据应包括三部分内容：

1. 进口至欧亚经济联盟统一关税区的商品数量和价值。
2. 进口至欧亚经济联盟统一关税区的商品加权平均价。
3. 该商品自欧亚经济联盟统一关税区进口的数量和价值。

（二）对外贸易统计数据的报告期

统计数据的起止期限（又称为调查申请报告的"报告期"）应包括三个期间：

1. 往期，即申请书提交之日前一段时期，通常是指申请书提交前的 3 个日历年。必要时可延长至 5 年。

2. 本年当期已发布的官方统计数据。

3. 与本年已发布数据同期的上一年度数据。

（三）提供数据的方式

在确定上述指标时，必须使用欧亚经济联盟成员国海关机构公布的官方统计数据，可从欧亚经济联盟成员国海关官方网站上获得。

俄罗斯联邦海关总署：www. customs. ru

白俄罗斯国家海关委员会：www. gtk. gov. by

哈萨克斯坦财政部下属海关监管委员会：www. e. customs. kz[①]

如果《欧亚经济联盟对外经济活动商品名录》的 HS 编码不包括被调查商品，则该被调查商品的进出口数量和价值等数据需相应调整，具体处理办法可向调查机构咨询。数据提供以下列表格的方式完成。

表 5—25 商品进口量及进口价值的变化情况

指　　标	单位	前 3 年	前两年	上一年	上年同期	本年当期
白俄罗斯的进口量[②]	吨					
哈萨克斯坦的进口量[③]	吨					
俄罗斯的进口量[④]	吨					
欧亚经济联盟统一关税区的总进口量[⑤]	吨					
与上年同期相比	%					
与 xx 年相比	%					

---

① 哈萨克斯坦商品的进出口数量和价值在该网站对外公布。

② 白俄罗斯自欧亚经济联盟国家以外国家的进口总量，白俄罗斯国家海关委员会，http：//gtk. gov. by/

③ 哈萨克斯坦自欧亚经济联盟国家以外国家的进口总量，哈萨克斯坦财政部海关监管委员会，http：//e. customs. kz

④ 俄罗斯自欧亚经济联盟国家以外国家的进口总量，俄联邦海关总署，http：//www. customs. ru/

⑤ 欧亚经济联盟统一关税区。

续表

指标	单位	前3年	前两年	上一年	上年同期	本年当期
白俄罗斯的进口价值	美元					
哈萨克斯坦的进口价值	美元					
俄罗斯的进口价值	美元					
欧亚经济联盟统一关税区的总进口价值	美元					
与上年同期相比	%					
与xx年比较	%					

表5—26 商品来源国

指标	单位	xx年	xx年	xx年	xx年同期	xx年当期
欧亚经济联盟统一关税区的总进口量							
国家1	吨					
国家2	吨					
……	吨					
在欧亚经济联盟统一关税区总进口量中的占比							
国家1	%					
国家2	%					
……	%					

表5—27 享受补贴的商品（或倾销商品）的进口量及进口价值

指标	单位	xx年	xx年	xx年	xx年同期	xx年当期
欧亚经济联盟统一关税区的总进口量	吨					
享受补贴的商品（或倾销商品）的进口量	吨					
与上年同期相比	%					
享受补贴商品的进口（或倾销商品）在联盟进口总量中的占比	%					

表 5—28　进口商品的加权平均价

指标	单位	xx 年	xx 年	xx 年	xx 年同期	xx 年当期
自所有国家进口至欧亚经济联盟统一关税区的商品的加权平均价（不计进口关税）	美元/吨					
自所有国家进口至欧亚经济联盟统一关税区的商品的加权平均价（计进口关税）	美元/吨					
自补贴提供国（或倾销性出口国）进口至欧亚经济联盟统一关税区的商品的加权平均价（不计进口关税）	美元/吨					
自补贴提供国（或倾销性出口国）进口至欧亚经济联盟统一关税区的商品的加权平均价（计进口关税）	美元/吨					
从第三国（补贴提供国或倾销性出口国除外）进口至欧亚经济联盟统一关税区的商品的加权平均价（不计进口关税）	美元/吨					
从第三国（补贴提供国或倾销性出口国除外）进口至欧亚经济联盟统一关税区的商品的加权平均价（计进口关税）	美元/吨					

表 5—29　商品的出口量和出口价值变化

指标	单位	xx 年	xx 年	xx 年	xx 年同期	xx 年当期
白俄罗斯的出口量①	吨					
哈萨克斯坦的出口量②	吨					
欧亚经济联盟统一关税区的出口总量	吨					
与上年同期相比	%					
与 XX 年相比	%					
白俄罗斯的出口价值	美元					

---

① 白俄罗斯国家海关委员会，http：//gtk.gov.by/
② 哈萨克斯坦向欧亚经济联盟以外国家的出口总量，哈萨克斯坦财政部海关监管委员会，http：//e.customs.kz

续表

指　　标	单位	xx 年	xx 年	xx 年	xx 年同期	xx 年当期
哈萨克斯坦的出口价值	美元					
俄罗斯的出口价值	美元					
欧亚经济联盟统一关税区出口总价值	美元					
与上年同期相比	%					
与 xx 年相比	%					

注：本表及以下行文中的单位为吨。如果进口/出口采用其他计量单位，须提交其他计量单位的数据（千克、个、升、米、副等）。

二、对提交数据的规定

根据欧亚经济联盟在提交市场保护措施申请材料的相关规定，欧亚经济联盟在受理、调查和审议时有以下要求：

1. 申请材料中的所有信息都必须真实，有文件证明或者资料来源，有负责人签字。资料内容应有详细注释，包括对表中指标的分析，并列出影响这些指标变化的因素。

2. 申请材料中的统计数据至少包括三部分：一是"三年往期数据"，即申请书提交日之前的三个日历年；二是当年数据（如 3 个月、6 个月、9 个月等季度或月份数据）；三是当年数据的上一年度同期数据（比如申请书提交日为 6 月，则需提供统计机构已发布的当年 1~4 月统计数据，及上一年 1~4 月同期数据）。

3. 数量指标必须使用统一的货币和量化单位。在将被调查商品与欧亚经济联盟成员所产同类商品进行比较时，建议使用《欧亚经济联盟对外经济活动商品名录》的量化单位。如果涉及不同国家的生产商，则指标值单位最好同时用本国货币和美元表示。

如果对比时需要把金额从一种货币换算成另一种货币，汇率应按销售商品当天的汇率进行换算。如售汇与商品出口直接相关，并持续一段时间，则应以该段时间售汇时采用的汇率进行换算。调查机关在确定被调查商品价格时不考虑汇率波动，调查过程中会给出口商不少于 60 个日历日的时间，以便其按照被调查时间段内相对稳定的汇率来调整出口价格。

4. 欧亚经济联盟的工作语言为俄语，其他语言的资料应附俄语译文及译文公证书。

5. 申请人在申请书中必须就贸易救济措施的实施期限和办法提出建议，所建议的救济措施关税额度应能避免欧亚经济联盟相关产业受到损害，但不应超过所计算出的该被调查商品的单位专向补贴或倾销额度。

6. 如果被调查商品是通过第三国进口至欧亚经济联盟，则需说明过境国及其代理商的相关信息。如果被调查商品的欧亚经济联盟成员国的进口商与外国生产商（或出口商）之间存在关联，则需在申请书中有所体现。

7. 提交调查机构的申请材料为纸质，并须附上电子版。如果其中含有保密信息，则须提交保密和非保密两个版本。作为保密内容提交审查的信息，需在其材料的每一页右上角都盖有保密章，并提交相关证据，证明该信息的披露将使第三方获益，或者给提供信息的机构及人员带来不利后果。上述证据应列入申请书的非保密版本。非保密版本内容应详尽，以便充分理解保密版本中提交的信息。用信件寄送的带有保密信息的申请书，寄件人必须写明调查机构为收件人。

保密版本中的所有保密信息都必须以某种诠释的方式转换为非保密形式。被诠释的信息应列入申请书的非保密版本中。如果无法将保密信息转换为指数形式，则需提交依据。

以非保密形式诠释保密信息的例子：

例1：某一规定期间的信息可以指数方式提交。

保密信息		
2009 年	2010 年	2011 年
20000 美元	30000 美元	40000 美元
保密信息的非保密指数		
2009 年	2010 年	2011 年
=100	=150	=200

例2：当某些指标为保密信息时，可不写出指标的实际值，而告知其值所在的范围。

保密信息："企业的生产成本为 300 美元/吨。"

保密信息的非保密诠释:"企业的生产成本为 330 美元/吨"。(在脚注中说明,为保密起见,实际值上下浮动 10%)

例 3:如果行文中包含保密信息,可用其他名词替代。

保密信息:"××贸易有限责任公司向申请人提供了出厂价格降低 20%的信息"。

保密信息的非保密诠释:"我们的一位用户向申请人提供了出厂价格降低 20% 的信息"。

8. 提交有关实施保障措施申请书时,申请人需提交有关实施保障措施的方式(特别关税额或者进口限额)、有效期,以及建议实施保障措施的依据和计算过程,以便证明以该额度和期限实施保障措施的合理性。另外,欧亚经济联盟相关企业(申请人和支持申请的企业)还需说明其在保障措施实施期间的相应调整计划。

表 5—30　联盟成员国相关企业在实施保障措施期间的相关产业调整计划

编号	措施	建议执行期限	实施计划所需资金	
			卢布	美元

第五节　欧亚经济委员会的调查与决定

内部市场保护司自申请书登记之日起 30 个日历日对申请书进行审议。如果需要申请人补充材料,则该期限可延长,但不得超过 60 个日历日。审议结果分为三种:

1. 决定启动相关调查程序。内部市场保护司向申请人下发书面通知,并通过欧亚经济委员会的官方网站向外公布;

2. 决定拒绝接受申请书。如果申请材料内容缺失或不实(即未提供《针对第三国使用保障、反倾销和反补贴措施协定》规定的信息,或者提供的信息不可靠),则拒绝接受申请材料。决议以书面形式发给申请人,并说明拒绝理由;

3. 决定拒绝进行调查。如果申请材料中不存在《针对第三国使用保障、反倾销和反补贴措施协定》规定的启动调查的理由,则拒绝进行调查。决议以书面形式发给申请人，并说明拒绝调查理由。

一、调查期限

通常，反倾销或反补贴调查的期限不超过 12 个月。该期限可由授权机构延长，但延长期不能超过 6 个月。保障调查的期限不超过 9 个月。该期限可由授权机构延长，但延长期不能超过 3 个月。所有与调查有关的决议和行动计划在欧亚经济委员会官方网站上公布。

调查机构通过开始调查的决议之后，将向欧亚经济联盟成员的相关产业的生产商寄发调查表，以便收集调查所需资料，并到生产商所在地进行调查访问，以便对针对调查表提交的文件和资料进行核查研究。

二、临时措施

联盟授权机构调查结束前，在满足《议定书》规定条件的情况下，如果欧亚经济委员会认为延缓采取措施将给联盟相关产业带来难以弥补的后果，为避免出现或减少损害，欧亚经济委员会可根据授权机构的初步调查结果，实施临时的特别关税、反倾销税或反补贴税等措施。

（一）临时保障措施

实行临时保障措施的决议通常在调查开始之日后的 6 个月内通过，临时措施的实施期限不得超过 200 个日历日。临时措施不影响调查正常进行。如果联盟被调查商品出口国的授权机构希望就可能采取的临时措施举行会商，则此会商应在欧亚经济委员会作出采取临时措施的决定之后进行。

如果欧亚经济委员会根据最终调查报告结论认为损害证据不足或决定不采取贸易救济措施的话，则先前临时措施征收的特别关税应返还支付者。如果欧亚经济联盟据最终调查报告作出采取贸易救济措施的话，则先前临时措施已执行的时间计入正式措施执行期限。根据临时措施已缴纳的款项亦计入征缴范围，并依照规定程序分摊。若正式措施的关税税率低于临时措施的关税税率，则二者间的差额需返还支付者，若正式措施的关税税率高于临时措施的关税税率，则二者间的差额不予补征。

若临时措施是限制配额形式，则该配额不应低于被调查商品在报告期内的年均进口量（以数量或价值计）。配额需在被调查商品出口国的所有该商品出口商中分配，具体分配数量由出口商自行协商。若协商未果，则依照出口商前期（3年）出口至联盟统一关税区的出口数量（或价值）比重分配。若以百分数计算的被调查商品自个别第三国的进口增长与该商品在提交实施调查申请书之日前3年内的总进口增长不成比例，则欧亚经济委员会在分配进口配额时，可参照各出口国出口增速的绝对或相对比重来分配配额。

（二）临时反倾销措施

如调查结束前获得的信息证实存在倾销进口，并造成联盟相关产业损害，欧亚经济委员会可根据带有初步结论的报告，决定采取反倾销措施，征收临时反倾销税。有关征收临时反倾销税的决定只能在调查开始之日起60个日历日后作出。

临时反倾销税税率应足以弥补倾销造成的损害后果，但不得高于初步计算得出的倾销幅度。如果临时反倾销税的税率等于初步计算得出的倾销幅度，则其征收时间不能超过4个月，但若该被调查商品的主要出口商提出要求（这些出口商出口到联盟统一关税区的出口量需不少于被调查商品联盟总进口份额的50%），可将该期限延长至6个月。如果临时反倾销税税率低于初步计算得出的倾销幅度，则其征收时间不能超过6个月，但若该被调查商品的主要出口商提出要求（这些出口商出口到联盟统一关税区的出口量需不少于被调查商品联盟总进口份额的50%），可将该期限延长至9个月。

如果欧亚经济委员会根据最终调查报告结论认为损害证据不足或决定不采取贸易救济措施，则先前征收的临时反倾销关税应返还支付者。如果欧亚经济联盟据最终调查报告作出采取反倾销税的决定，但理由是倾销行为化对联盟成员国产业形成损害威胁，或仅是阻碍联盟成员国相关产业发展，则先前征收的临时反倾销税需返还支付者。

如果欧亚经济联盟据最终调查报告作出采取反倾销税决定，但理由是倾销行为对联盟成员国造成损害或损害威胁（若不实施临时反倾销措施，则必然会造成真正的损害），则自正式反倾销措施实施之日起，先前征收的临时反倾销税计入反倾销税征缴范围，并依照规定程序分摊。如果欧亚经济联盟据最终调查报告作出采取反倾销税的话，根据临时措施已缴纳的款项计入征缴范围，并依照规定程序分摊。若正式措施的关税税率低于临时措施的关税税率，则二者间的差额需返还支付者，若正式措施的关税税率高于临时措施的关税税率，则二者间的差额不予补征。

（三）临时反补贴措施

如果调查结束前获得的信息证实存在补贴进口，并造成联盟相关产业受损，欧亚经济委员会可根据调查机关的初步结论报告，决定征收临时反补贴税，以防止调查期间补贴进口给联盟相关产业造成损害。征收临时反补贴税的期限最长为4个月。征收临时反补贴税的决定应在调查开始之日起60个日历日后作出。临时反补贴税税率应与初步计算得出的补贴幅度相当。

如果欧亚经济委员会根据最终调查报告结论认为损害证据不足或决定不采取贸易救济措施的话，则先前征收的临时反补贴税应返还支付者。如果欧亚经济联盟据最终调查报告作出采取贸易救济措施的话，则先前临时措施已执行的时间计入正式措施执行期限。根据临时措施已缴纳的款项亦计入征缴范围，并依照规定程序分摊。若正式措施的关税税率低于临时措施的关税税率，则二者间的差额需返还支付者，若正式措施的关税税率高于临时措施的关税税率，则二者间的差额不予补征。

三、最终措施

WTO规则允许成员国实施保障、反倾销和反补贴措施，规定区域经济合作组织（如欧盟、欧亚经济联盟）内部可采用统一的贸易保护措施。欧亚经济联盟境内实施的特别关税、反倾销税和反补贴税根据相关调查结果确定，其征收与进口关税无关。

内部市场司调查结束后，需形成最终调查报告（含处理意见建议），并上报欧亚经济委员会讨论决策。若符合《议定书》确定的条件，欧亚经济委员会可采取相应措施，其中：

（一）如果经调查下列事实成立，则可实施反倾销措施

1. 按照倾销价格向欧亚经济联盟出口商品；

2. 欧亚经济联盟相关行业受到损害或者损害威胁；

3. 倾销进口与欧亚经济联盟相关产业受到损害之间存在因果关系。

反倾销措施包括征收反倾销税和价格承诺，实施期限不得超过 5 年。

反倾销税的税率以足以弥补倾销造成的损害后果为限。

价格承诺，即被调查商品的出口商或生产商提高出口价格，停止倾销。在授权机构调查期间或欧亚经济委员会作出最终决定之前，被调查商品的出口商或生产商可与欧亚经济委员会达成价格承诺协议。但在授权机构作出初步调查结论之前，欧亚经济委员会不得通过有关同意价格承诺的决定。另外，如果授权机构的调查结果认为，被调查商品涉及的出口商或生产商数量众多，欧亚经济委员会也不得通过有关同意价格承诺的决定。如果调查商品的出口商或生产商违反或拒不执行价格承诺，则欧亚经济委员会可作出实施临时反倾销措施（调查期间）或实施反倾销措施（最终调查结束后）的决定。

（二）如果经调查下列事实成立，则可实施反补贴措施

1. 向欧亚经济联盟出口的商品享受出口国的补贴；

2. 欧亚经济联盟相关行业受到损害或损害威胁；

3. 进口带有补贴的商品与欧亚经济联盟相关产业受到损害之间存在因果关系。

反补贴措施包括征收反补贴税和价格承诺（外国商品的出口商或生产商提高出口价格），实施期限不得超过 5 年。

如果提供补贴国家政府或被调查商品出口商自愿作出如下书面承诺：被调查商品出口国政府同意取消或减少补贴，或者采取其他相应措施消除补贴造成的后果；被调查商品出口商同意修改该商品价格。调查机关研究后认为，该承诺可以消除补贴进口的后果，调查机关可在尚未征收临时反补贴税或最终反补贴税的情况下暂停或终止调查。如果提价幅度足以消除对联盟相关产业的损害，即使提价幅度低于补贴金额，也有可能被接受。如果被调查商品现有或潜在出口商数量很大，或出于国家政策方面的原因，调查机关认为不能接受这些承诺，则欧亚经济委员会不应作出接受承诺的决定。在此情况下，调查机关应向出口商说明拒绝接受承诺的原因，并给予出口商提出看法和解释的机会。如果被调查商品的出口商或生产商违反

或拒不执行承诺，则欧亚经济委员会可作出实施临时反补贴措施（调查期间）或实施反补贴措施（最终调查结束后）的决定。

（三）如果经调查下列事实成立，则可实施保障措施

1. 欧亚经济联盟境内某种商品进口（与生产国无关）不可预见地突然急剧增加；
2. 欧亚经济联盟相关行业受到损害或损害威胁；
3. 外国商品进口突然急剧增加与欧亚经济联盟相关产业受到损害之间存在因果关系。

保障措施包括特别关税和特别进口配额。

保障措施根据欧亚经济委员会的决议以进口配额、特殊配额、特别关税（包括临时特别关税）的方式实施。保障措施的总期限，包括临时特别关税的有效期和保障措施有效期的延长期在内，不得超过8年。如果根据调查机关的复审结果可以认定，为防止联盟成员国产业受到严重损害或严重损害威胁有必要延长保障措施的期限，且有证据证明，联盟成员国相关产业所适用的保障措施有助于该产业适应不断变化的经济条件，则保障措施期限可由欧亚经济委员会通过决议而延长。针对同一商品再次实施的特保措施，与上一次特保措施的时间间隔不得少于2年，并且不能少于上一次特保措施实施期限。实施期限为180天或少于180天的特保措施，如果自前次特保措施实施之日起时间已超过一年，并且新的特保措施实施之日前的5年内特保措施未被使用2次以上，可再次实施于该商品。

保障措施不针对以下对象：已履行《欧亚经济联盟条约》第8条规定条件的《独联体自由贸易区协议》（2011年10月18日）签约国；享受欧亚经济联盟给予最惠国地位，且被执行调查商品自其进口量不高于联盟该商品进口总量的3%的发展中国家和最不发达国家。若被调查商品自其进口总量不高于联盟该商品进口总量的9%，且自各国的平均进口量不高于3%。

（四）即使事实成立，也可不实施贸易救济措施

《议定书》第272条规定："即使是采取特别保障、反倾销或反补贴措

施符合本《议定书》规定的标准和程序，欧亚经济委员会也有权根据调查结果，通过有关不采取特别保障、反倾销或反补贴措施的决议。"欧亚经济委员会只能在对利害关系人提交的所有资料进行分析后，调查机关得出结论认为采取特别保障、反倾销或反补贴措施可能使联盟成员国利益受到损害的情况下通过上述决议。如果通过决议的依据发生变化，该决议可以重新审议。

为通过不实施贸易救济措施的决议，调查机构的上述结论应以联盟成员国产业利益、被调查商品的联盟成员国消费者（如果他们在生产产品过程中使用该商品）、此类消费者组成的联合会、被调查商品的消费者社团（如果该商品主要由自然人消费），以及被调查商品进口商的总体评价为基础。在作出结论过程中，应特别注意进口增长、倾销进口或补贴进口对正常贸易过程和联盟成员国相关商品市场以及联盟成员国产业状况产生的负面影响。

为适用本《议定书》第272条的规定，同类商品或直接竞争商品（特别保障调查时）或同类商品（反倾销或反补贴调查时）的联盟成员国生产商、生产商联合会、被调查商品的进口商和进口商联合会、被调查商品的联盟成员国消费者（如果他们在生产产品过程中使用该商品）、此类消费者的联合会、消费者社团（如果该商品主要由自然人消费）均有权在本《议定书》第262条规定的公告公布期限内针对该问题提交解释和资料。上述解释和资料及其非保密版本也应提供给本条所述的、有权回应的其他利害关系人。

四、复审调查

制裁期结束后，原调查申请人、相关利害关系人和欧亚经济委员会授权机构可要求复审调查。欧亚经济委员会可根据被调查商品的进口量、进口比重、进口价格，以及联盟内部同类产品的产量和销量等指标，决定是否启动复审。并根据重新调查的结果，作出维持（延长）、撤销或修改（减轻）的决定。

如果保障措施的有效期超过1年，欧亚经济委员会应在其有效期内分阶段定期弱化该保障措施（扩大进口配额或特殊配额数量，或降低特殊关税的税率）。如果保障措施的有效期超过3年，则在有效期过半之前，授权调查机构应组织复审，并根据调查结果，作出维持（延长）、撤销或修改（减轻）的决定。

对反倾销措施进行的复审，申请人应在反倾销措施届满前 6 个月内提出复审申请。欧亚经济委员会应在反倾销措施期限届满前决定启动复审，并在 12 个月内结束，并根据调查结果，作出维持（延长）、撤销或修改（减轻）的决定。

对反补贴措施进行的复审，申请人应在反补贴措施届满前 6 个月内提出复审申请。欧亚经济委员会应在反补贴措施期限届满前决定启动复审，并在 12 个月内结束，并根据调查结果，作出维持（延长）、撤销或修改（减轻）的决定。

五、追溯力

反倾销和反补贴措施均具有追溯力。

欧亚经济联盟规定，对于在临时反倾销税或临时反补贴税实施之日前 90 个日历日内已进入海关手续办理阶段，且条件符合征收反倾销税的商品，如果调查机关的调查结果认定该商品存在下列事实，可适用征收反倾销税：

1. 该商品过去曾有过导致产业损害的倾销进口；或者进口商了解或者应该了解出口商按照低于其正常价值的价格供货且该商品进口可能导致联盟成员国产业损害；

2. 成员国产业损害的原因是在相对较短时间内急剧增长的倾销进口，该进口的持续时间和进口量以及其他情况（包括快速增长的进口商品库存）可显著降低反倾销税实施效果，但在调查结束之前需给予该商品的进口商解释的机会。

第六节　贸易救济措施的司法审查

如果对欧亚经济委员会的决议存在异议，可以请求司法审查。负责司法审查的机构是欧亚经济联盟法院。

一、联盟法院的审理权限

《联盟法院议事规则》第 45 条"审查申请人关于欧亚经济委员会的决

定无效或其部分条款有效和（或）无效的申请"规定：在审理有关请求判决欧亚经济委员会的决定无效、判决欧亚经济委员会决定的部分条款有效、判决欧亚经济委员会决定的部分条款无效等申请时，欧亚联盟法院须在合议庭会议上审查以下内容：

1. 欧亚经济委员会是否具有作出该决定的权限；
2. 是否存在《欧亚经济联盟条约》和（或）联盟框架内国际条约所赋予诉讼主体的权利和合法权益被侵害的事实；
3. 被请求宣布无效的欧亚经济委员会的决定，以及被请求宣布有效或无效的欧亚经济委员会决定的部分条款是否符合《欧亚经济联盟条约》以及联盟框架内的国际条约。

联盟法院受理的诉讼请求有三：
1. 欧亚经济联盟最终决定无效；
2. 欧亚经济联盟最终决定的部分条款有效；
3. 欧亚经济联盟最终决定的部分条款无效。

在审理有关保障措施、反补贴和反倾销争议时，联盟法院不审查诉讼材料中诉讼申请人据以提出诉讼请求的事实依据和结论，也不审查欧亚经济委员会据以作出有关决定的调查材料。联盟法院只审查欧亚经济委员会有关保障措施、反补贴和反倾销的决定是否符合《欧亚经济联盟条约》以及联盟框架内的国际条约的原则和规定，即欧亚经济委员会在作出有关决定时，是否符合程序，以及是否正确适用法律规定，是否正确应用获得的信息，论证的理由和逻辑是否合理等。

这意味着，在审理有关贸易救济措施的案件时，司法审查的具体标准既包括法律行为，也包括事实行为，但不关注事实材料（调查材料）的真实性，而关注作出结论的逻辑、程序，以及结论是否符合《欧亚经济联盟条约》和联盟框架内的其他国际条约的精神和规范。

二、审查结果

司法审查后的判决主要有两种：

如果审理后认为程序正当、论证合理、适用法律正确，则判决维持；如果审理后认为在程序、论证、适用法律等方面存在瑕疵或错误，则判决撤销、部分撤销。

欧亚经济委员会需采取必要措施来落实执行欧亚经济联盟法院通过的有关裁决。如果联盟法院的裁决认为欧亚经济委员会的决议不符合《欧亚经济联盟条约》和（或）联盟框架内的国际条约，欧亚经济委员会可根据调查机关的提议，按照《欧亚经济联盟条约》和（或）联盟框架内的国际条约的规定，进行复审调查（作为执行联盟法院裁决的必要组成部分）。复审调查时，若适用首次调查的规定，需考虑相关区别。复审调查的期限通常不超过9个月。

第六章　针对中国的贸易救济措施

据欧亚经济联盟网站数据，至 2017 年 1 月 1 日，欧亚经济联盟已经受理的贸易救济案共 26 项，其中：

1. 反倾销案 18 项、反补贴案 1 项、保障措施案 6 项。

2. 已调查终结但未采取措施的案件 3 项（其中 1 项反倾销案因申请人撤诉而终结，另 2 项是保障措施）、已调查终结且采取制裁措施的案件共 15 项（4 项保障措施、10 项反倾销）。

3. 专门针对中国的案件共 9 项，专门针对乌克兰 8 项，针对印度 1 项，针对德国、意大利和土耳其 1 项，针对所有国家 6 项（全部是保障措施）。

4. 被调查商品主要涉及钢材、管材、焊条、商务车、餐厨具、农业和工程机械、柠檬酸、金属制品、轮胎等。

据欧亚经济联盟网站数据，截至 2017 年 1 月 1 日，欧亚经济联盟正在执行的贸易救济措施共 17 项：

1. 全部为反倾销措施（征收反倾销税）。

2. 针对中国 9 项，针对乌克兰 6 项，针对印度 1 项，针对德国、意大利和土耳其 1 项。

3. 针对中国的 9 项救济措施均是反倾销案，制裁措施均是征收反倾销税，涉及带聚合物涂层的金属制品、滚式轴承、柠檬酸、不锈钢餐厨具、冷轧无缝不锈钢管、铸铁搪瓷浴具、车用轮胎、履带式推土机、油气用无缝钢管等产品。

第一节　针对中国的 9 例反倾销案

自 2010 年俄、白、哈三国关税同盟成立至今，中国商品已成为最主要的反倾销对象之一。目前正在执行的制裁对象有带聚合物涂层的金属制品、滚式轴承、柠檬酸、不锈钢餐厨具、冷轧无缝不锈钢管、铸铁搪瓷浴具、油气用无缝钢管等7种产品。

一、聚合物涂层金属轧材（复审调查）

俄、白、哈关税同盟自2011年起针对从中国大陆、台湾、香港、澳门进口的聚合物涂层金属轧材展开反倾销调查，关税同盟的常设机构——欧亚经济委员会于2012年5月24日决定自当年6月1日起征收反倾销税，税率分别是12.9%、11.4%、8.1%和22.6%，执行期限至2017年6月30日。俄入世后，须履行世贸规则义务。中国鞍钢公司认为之前的调查和裁决不符合世贸规则，于是提请复审。欧亚经济委员会于2014年4月受理并启动复查，并于当年10月21日最终决定征收反倾销税。

被调查商品：厚度大于0.2mm小于2mm、宽度大于50mm的聚合物涂层金属轧材。海关编码是：7210 70 800 0、7210 90 300 0、7210 90 800 0、7212 40 800 0、7212 60 000 0、7225 99 000 0。

复审调查申请人：中国鞍山钢铁集团，支持者有山东冠洲钢铁公司、长沙开庆钢铁公司、台湾尚兴钢铁公司。申请理由是欧亚经济委员会（当时为关税同盟）在确定被调查商品的生产经营成本时的计项科目错误，依据世界贸易组织规则，一些项目不应计入成本，导致最终计算的倾销幅度高于实际水平。

处理理由：欧亚经济委员会认为：

1. 计算商品生产和经营成本需依据企业所在国通行的财务规则，申请人提出的有关减少成本计入的要求不合理，不予支持；

2. 在确定倾销幅度时，欧亚经济委员会主要方法是比较成本、向欧亚经济联盟统一关税区的CIF价格，以及向第三国的销售价这三个数据。

处理结果建议：2012年5月24日，欧亚经济委员会决定征收反倾销税，执行期为2012.07.01~2017.06.30，税率分别是：针对中国大陆的鞍钢股份有限公司设定为12.9%，大连浦项制铁有限公司10.34%，山东冠洲股份有限公司6.98%，其他制造商20.20%；针对来自中国台湾、香港和澳门至统一关税区的被调查商品，因进口量占欧亚经济联盟同类商品进口总量的比重不足7%且自各地的进口量占联盟进口总量的比重均低于

2%，即进口规模对联盟相关产业不构成威胁，决定停止反倾销制裁。

2012年5月欧亚经济委员会决定征收反倾销税后，鞍山钢铁公司于2013年11月15日向欧亚经济共同体法院（欧亚经济联盟法院前身）提出诉讼，认为欧亚经济委员会的决定违背统一经济空间（欧亚经济联盟前身）框架内的国际条约的原则和规定，要求法院判决撤销欧亚经济委员会的反倾销制裁决定，并重新审查倾销幅度计算。鞍钢认为，根据统一经济空间2011年5月19日通过的《关于关税联盟在多边贸易体制中的功能协议》，俄罗斯的入世承诺成为关税联盟和统一经济空间框架内的国际条约的组成部分（俄入世议定书中承诺入世后将完全遵守世贸组织的贸易救济规则），而入世前的反倾销制裁决定存在诸多与世贸组织规则不符之处，需要依据世贸组织规则重新审查处理。

2013年11月28日，欧亚经济联盟法院受理此案。在调解阶段，欧亚经济委员会承认调查和计算反倾销幅度过程中存在程序瑕疵，但认为鞍钢的应诉材料中，对部分有关计算成本的数据未能提供充足的解释说明，因此未被采纳。最终，欧亚经济委员会同意复审，并于2014年10月21日决定将针对鞍钢征收的反倾销税率从12.9%降到11.87%，其他企业不变（最终反倾销措施是实施反倾销税，税率分别是：鞍钢11.87%、大连浦项制铁有限公司10.34%，山东冠洲股份有限公司6.98%，其他制造商20.20%）。

在审理阶段，鞍钢认为，欧亚经济委员会在确定被调查商品成本和正常价值时，应依照中国的财务核算标准和原则，考虑商品持有成本的贬值等因素。而调查问卷中的很多问题依照欧亚经济联盟的财务规则，使得部分项目无法真实反映企业实际，造成误差；另外，欧亚经济委员会的决定中几乎完全忽视企业的合理矫正要求，计算结果亦不正确。

欧亚经济委员会认为，在确定商品正常价值和倾销幅度时，需依据商品生产国（或出口国）的财务通行基本规则，以及通用的成本计算方法，将商品的行政管理、商业、总成本等所有消耗计算在内，而不仅仅是原材料等生产耗费。另外，中国企业在回答调查问卷时，并未清楚阐述其企业产品成本和其他耗费的计算依据（财务成本计算方法和依据），使得调查机构无法仅仅依据企业自己提供的数据和方法，必须借助企业所在国通用的财务核算方法。

法院经审理后于 2014 年 12 月 9 日作出判决，驳回原告（鞍钢）关于撤销欧亚经济委员会反倾销决议的请求，判决欧亚经济委员会反倾销决定的部分条款无效，需根据重新计算结果更正。鞍钢对法院的判决结果不服，并提起上诉。联盟法院上诉庭审理后，于当年 12 月 29 日作出维持原判的判决。

二、滚动轴承（滚针轴承除外）

2007 年 12 月 13 日，俄罗斯对原产于中国（包括大陆、台湾、香港和澳门）的滚动轴承征收为期 5 年的反倾销税（无锡轴承厂 31.3%，其他厂商 41.5%）。俄、白、哈三国关税同盟成立后，关税同盟委员会对此案复审，并于 2011 年 6 月 22 日作出复审决定，该反倾销税适用于整个成员关税区，至 2013 年 1 月 20 日止，税率保持不变。期满之前，2012 年 12 月 4 日又决定将制裁期延长至 2013 年 9 月 17 日。期满之前，欧亚经济委员会决定将反倾销税适用期限再延长 5 年（至 2018 年 1 月 20 日）。

被调查商品：滚动轴承（滚针轴承除外）。涉案产品对应海关税号为：8482 10 100 1、8482 10 100 2、8482 10 100 9、8482 10 900 1、8482 10 900 2、8482 10 900 3、8482 10 900 8、8482 20 000 1、8482 20 000 2、8482 20 000 9、8482 30 000 1、8482 30 000 9、8482 50 000 1、8482 50 000 2、8482 50 000 9、8482 80 000 1、8482 80 000 2、8482 80 000 9、8482 91 100 0、8482 91 900 0、8482 99 000 0。

调查申请人：欧亚经济委员会于 2012 年 9 月 18 日启动复审调查。申请人是伏尔加轴承厂、沃洛格达轴承厂、第十轴承厂、萨拉托夫轴承厂等 4 家俄罗斯企业。表示支持申请的企业有白俄罗斯的明斯克轴承厂、俄罗斯的莫斯科轴承厂、哈萨克斯坦的草原城轴承厂等 3 家企业。这 7 家企业的滚动轴承产量占调查期（2007～2011 年）联盟相关产品总产量的 60.8%。（由于联盟及其成员国的官方统计机构和业务主管机构仅有商品大类的统计数据，缺乏具体被调查商品的细分统计数据，所以欧亚经济委员会调查时的市场份额的计算依据主要来自申请人和应答人提供的材料。）

处理理由：由于中国企业无一应诉。欧亚经济委员会依据联盟统一关税区内的相关企业提供的材料，认定中国企业存在倾销行为。调查结果认为，2007～2011 年，来自中国的滚动轴承占联盟统一关税区同类商品进口总量的份额由55.8%下降到36.8%，中国轴承的价格（包括海关费用）增长了14.4%（平均1.59美元/件，2012年上半年为1.38美元/件，较2011年同期下降4.2%），有效遏制了中国轴承的倾销势头，有效保护了联盟本土企业的利益。尽管如此（包括制裁措施生效期间），由于来自中国的轴承依然较同期来自其他第三国的同类轴承便宜60%~80%，也比联盟相关产业的出厂价便宜约30%，2007~2011年来自中国的轴承进口量依然增长7.5%（2011年达4863.9万件），而联盟相关产业的轴承总产量却下降25.6%。因此，来自中国的轴承依然存在倾销性质，符合启动欧亚经济联盟贸易救济程序的条件。如果不继续实施反倾销税制裁，则联盟相关产业将受到严重损害。

处理结果建议：2013年9月17日，欧亚经济委员会决定将征收反倾销税的期限延长5年至2018年1月20日（2011.10.16~2018.01.20），其中对从无锡市滚动轴承有限公司进口的滚动轴承征收31.3%反倾销税，对其他中国大陆生产商征收41.5%反倾销税。

对从中国台湾、香港和澳门地区进口的滚动轴承将不再征收反倾销税，且从2013年1月21日至2013年9月17日期间已征收的予以退还。取消反倾销税的原因是这三地出口至联盟统一关税区的被调查商品占联盟相关商品进口总量不足3%，且自每个地方均不足1%，即低于《协定》规定的立案受理范围标准（各地总额占联盟进口总量份额不超过7%且自各地的进口份额不超过3%），不予受理（通俗地说就是不值得调查和制裁）。

反倾销税开征前，俄、白、哈三国关税联盟自2010年1月1日起的进口关税是10%。

三、铸铁搪瓷浴盆

欧亚经济委员会于2012年6月15日启动调查，并于当年12月26日作出反倾销初裁：对涉案产品征收51.87%的临时反倾销税，实施期限为4个月（自2013年1月26日至5月25日）。2013年1月作出反倾销终裁，对中国生产的涉案产品征收5年反倾销税。

这次反倾销调查的主要对象是来自河北衡水的一些卫浴产品生产企业。其中河北金品卫浴制品有限公司、河北安平铸造搪瓷有限公司、河北安平冀星卫浴制品有限公司、河北安平县佳兴金属制品公司、河北安平县石家庄正中科技有限公司等企业积极应诉，但应诉理由均未获欧亚经济委员会采纳。

被调查商品：铸铁搪瓷浴盆。海关编码：7324 21 000 0。

调查申请人：申请人是俄罗斯"乌尼维尔萨尔"厂（ОАО《Завод Универсал》），俄罗斯的基洛夫厂表示支持。调查期间（2009年1月1日至2011年12月31日），这两家企业的相关产品产量占联盟总产量的99.5%。

处理理由：欧亚经济委员会认为：

1. 2009年1月1日~2011年12月31日，中国产搪瓷铸铁浴缸对俄、白、哈三国关税同盟的出口增长了48.4%（从16.3709万件增加到24.2889万件），且中国生产的搪瓷铸铁浴缸占关税同盟同类产品进口总量（29.3072万件）的比重从76.3%增加到82.9%，价格（含海关费用，不含增值税）提高23.5%（从99.6美元/件到123.1美元/件），同期从其他第三国的进口价格由184.9美元/件提高到270美元/件，这意味着，中国商品的价格只是同期进口的其他第三国商品的54%~46%。

2. 同期，中国商品的正常出厂价格为10.28元人民币/kg，出口价格（不含税）为6.54元人民币/kg，至联盟统一关税区的到岸价格为7.21元人民币/kg，倾销幅度为51.87%。

3. 同期，俄、白、哈关税同盟企业的生产规模和自有产品销售规模分别减少了16.8%（从28.36万降到23.60万件）和26%，而商品库存增加了50%，市场份额下降了15.2%。

4. 尽管欧亚经济委员会承认联盟统一关税区内存在通胀、原材料价格上涨、技术工艺不同、人工成本扩大等诸多因素，使得联盟相关产业竞争力减弱，但依然认定，这些因素并不能抵消中国商品的倾销行为对联盟相关产业造成的损害。中国商品的倾销行为依然是导致联盟相关产业受损害的重要因素之一。

处理结果建议：所有中国相关厂商征收5年（2013.05.26~2018.01.25）反倾销税，税率是51.87%。

反倾销税开征前，俄、白、哈三国关税联盟自2010年1月1日起的进口关税是15%。

四、冷轧不锈钢无缝钢管

2011年11月25日俄罗斯工贸部决定启动调查,统一关税联盟建立并签署有关贸易救济措施合作协议后,该案于2012年11月23日转由欧亚经济委员会接手,并于2013年4月9日决定征收反倾销税。

被调查商品:冷轧不锈钢无缝钢管。海关编码:7304 41 000 9。

调查申请人:俄罗斯车里雅宾管材厂、"第一乌拉尔新管道厂"、希纳尔管道厂、TMK – ИНОКС厂等,这4家企业的被调查商品产量占联盟同类商品市场的100%。

处理理由:欧亚经济委员会认为,调查期内(2008年1月1日至2011年6月30日),中国商品侵蚀联盟产业的市场份额:

1. 在遭受2008年国际金融危机影响期间,联盟内相关行业销量、产量和进口量均下降,但相比之下,来自中国的进口量下降幅度远低于联盟相关产业的产量下降幅度(2009年中国商品进口量同比下降16.9%,同期联盟产量同比下降39.7%);危机过后,来自中国的进口量恢复速度也远快于联盟相关产业的产量恢复速度(2010年中国商品进口量同比增长302.6%,同期联盟产量同比增长50.7%)。

2. 2008~2010年这3年时间里,联盟进口的被调查商品总量增长77.9%,同期从中国进口的总量增长234.8%;从中国进口的被调查商品占该商品联盟进口总量的比重从2008年的41.9%增加到2010年的78.8%。中国进口商品价格(含海关费用,不含增值税)已经下降15.2%(从2008年的5897美元/吨降到2010年5003美元/吨,2011年上半年为4979美元/吨),但仍远高于联盟相关产业的商品价格(约是联盟相关企业价格的35%,是其他第三国价格的1/4~1/5),迫使联盟相关产业的价格、产量、销量和利润等下降,其中,同期联盟相关产业的产量增长只有3.4%,在联盟市场消费量中的比重下降12%,库存增加12.3%,企业利润率下降5.8%。

3. 浙江宝丰企业提供的有关在中国国内的销售价格材料(用于欧亚经济联盟确定商品正常价值),因缺乏"充分性"而不被采信。注:"充分性"是指被调查商品生产商在证明其国内市场(即中国市场)的销售属于正常销售时,所涉及的被调查商品的国内销量不得少于其出口量的5%,否则不足以证明该价格是该生产商的正常国内销售价格，欧亚经济联盟便可依照自己的程序规则确定该商品的正常价值。例如，如果某企业向欧亚经济联盟出口1万吨钢材，如果该企业主张采用内销价格为正常价值，则其销售合同涉及的国内销售量至少要达到500吨才可。

中国浙江宝丰企业应诉，反倾销幅度被确定为19.15%，浙江金信不锈钢制造公司应诉，但应诉观点未被采纳，欧亚经济委员会的理由是金信企业提供的材料未能针对调查问题提出有效反驳证据。

4. 欧亚经济委员会对部分企业提出的技术改造致使成本增加、技术先进致使成本价格低、市场销售和服务效率差致使联盟消费者偏爱中国商品等因素不予采信。

处理结果建议：2013.05.15～2018.05.14征收反倾销税，其中针对浙江宝丰钢业公司19.15%，针对其他厂商征收19.15%。

反倾销税开征前，俄、白、哈三国关税联盟自2010年1月1日起的进口关税是15%。

五、柠檬酸

柠檬酸通常由玉米及糖等一系列碳水化合物发酵而成，是一种食品酸味料，亦可作为油脂的抗氧化剂，是一些饮料中必不可少的成分，还可用于医药、塑料工业等。中国是全球最大柠檬酸生产国，总生产能力约50万吨。近年，伴随世界范围内生物燃料产量和需求增长，玉米价格飞涨，导致柠檬酸价格提高。2014年2月14日，欧亚经济委员会宣布对中国产柠檬酸启动反倾销调查，2015年3月10日作出征收反倾销税的决定。

被调查商品：柠檬酸。欧亚经济联盟商品海关编码：2918 14 000 0。

调查申请人：申请人是俄罗斯齐特罗别尔柠檬酸厂，支持者有白俄罗斯的斯基杰利斯基糖厂。这两家企业的产量占联盟相关产业总产量的全部。

处理理由：由于涉及中国企业众多，欧亚经济委员会挑选其中出口规模较大的5家中国企业问卷调查（山东潍坊英轩实业公司、山东柠檬生化公司、江苏宜兴协联生物化学公司、新疆石河子长运生化公司、中粮生物化学（安徽）公司），并以此作为倾销幅度的确定依据。除中粮公司外，其余4家企业积极应诉。但石河子长运生化公司在复验环节未能配合（欧亚经济委员会要求提供若干交易单据以证明其应诉材料真实性），因此该企业提交的应诉材料未获采信。

据欧亚经济委员会调查，2010~2012年，从中国进口到关税同盟的柠檬酸增长了38.3%（从1.4130万吨增长到1.9537万吨），超过同期联盟同类商品进口总量的增速（30%），在关税同盟柠檬酸进口总量中的比重从2010年的86.3%增加到2013年的91.8%，中国产品在关税同盟柠檬酸市场上的份额上升了8.6%，加权平均进口价格（含海关费用，不含增值税）下跌了7.3%（从1190.3美元/吨降到1103.6美元/吨），并大大低于来自其他第三国的柠檬酸平均价格（约相当于第三国产品价格的30%~40%）。同期，俄、白、哈关税同盟成员国的柠檬酸需求量增长了15.4%，生产成本增长了4.1%，销售额却减少了9.1%，企业收益率下降84.62%，总盈利下降85.51%，2012年底库存为2010年底的8.7倍。主要原因是中国产品倾销，倾销差额介于4.2%~16.97%之间。

处理结果建议：实施5年反倾销税（2015.04.10~2020.04.09），税率分别是：针对山东潍坊英轩实业公司4.20%，针对山东柠檬生化公司产品6.82%，针对江苏宜兴协联生物化学公司16.96%，针对其他中国企业16.97%。

开征反倾销税之前欧亚经济联盟的正常进口关税税率是：0.2%（2013年9月1日前）、0.15%（2014年8月6日前）和0.1%（2014年8月7日起）。

六、不锈钢餐厨具

2014年1月23日欧亚经济委员会启动反倾销调查，2015年5月19日欧亚经济委员会决定征收为期5年的反倾销税。

被调查商品：不锈钢餐具和厨具。欧亚经济联盟海关编码：8211 91 000 1、8211 99 100 0、8215 20 100 0。大部分被调查商品产自广东。

调查申请人：申请人是俄罗斯巴甫洛瓦市基洛夫艺术金属制品厂，支持者有俄罗斯"劳动"公司、"内特瓦"公司、"红色金属工人"公司、"阿申"金属厂。2010~2013年，申请人和支持者这5家企业的产量占联盟统一关税区内同类产品总产量的100%。

处理理由：欧亚经济委员会认为：

1. 由于中国企业的应诉材料大部分逻辑不清，欧亚经济委员会选取鹤山标达、新兴盈泰和新兴明萃 3 家企业提供的材料作为确定中国产品正常价值的主要依据。

2. 2010~2013 年，联盟统一关税区共进口不锈钢餐厨具从 7166 吨增加到 9186 吨（增幅 28.2%），其中自中国进口量由 6219 吨增加到 7578 吨（增幅 21.8%），来自中国的被调查商品占联盟该商品进口总量的比重由 87% 下降到 82%，出口价格（含海关费用，不含增值税）由每吨 6300 美元降至 5500 美元（降幅 11.9%），分别相当于来自其他第三国产品出口价格的 52% 和 49%（即中国商品基本便宜一半）。

处理结果：征收 5 年反倾销税（2015.06.19~2020.06.18），税率分别是：针对广东省鹤山标达钢塑制品公司 15.41%，针对广东省新兴县的明萃金属制品公司 27.16%，盈泰不锈钢制品公司 22.91%，新港城不锈钢制品公司 24.17%，翔顺不锈钢餐厨具公司 24.17%，利鸿基不锈钢实业公司 24.17%，针对其他中国企业 27.16%。

反倾销措施决定前的欧亚经济联盟正常进口关税税率是 15%。

七、轮胎反倾销案调查

欧亚经济联盟于 2014 年 9 月 5 日决定对来自中国的轮胎启动反倾销调查。

被调查商品：调查对象包括轮辋直径 17.5~24.5 英寸，速度等级 F（80 千米/小时）至 H（210 千米/小时）和负荷指数 115 以上，用于各种载重汽车、公共汽车、无轨电车、自卸卡车、拖车和半拖车轴使用的内胎和外胎。欧亚经济联盟海关商品编码：4011 20 100 1、4011 20 100 9、4011 20 900 1、4011 20 900 9。

此次调查主要针对 26 家中国轮胎企业。欧亚经济联盟从中主要选取河南焦作的风神轮胎公司、山东东营的德瑞宝轮胎公司、山东威海的三角轮胎公司、山东东营的万达宝通轮胎公司，以及贵州省贵州轮胎公司（该企业系自愿参与调查）等 5 家企业及其应诉材料，作为确定中国市场轮胎正常价值的重要参考依据。

调查申请人：申请人是白俄罗斯的白俄罗斯轮胎厂，俄罗斯的雅罗斯拉夫轮胎厂、欧姆斯克轮胎厂、下卡姆斯克轮胎厂、下卡姆斯克载重轮胎厂、下卡姆斯克全金属轮胎厂等 6 家企业，另有阿尔泰轮胎企业、基洛夫轮胎厂和阿姆捷尔—切尔诺泽米耶轮胎厂等 3 家企业表示支持。上述这 9 家关税同盟境内的轮胎生产厂家 2011～2013 年在联盟轮胎市场的占有率为 87.7%。2013 年，关税同盟成员国自产的卡车轮胎的市场占有率为 11%（计 643 万个）。

处理理由：根据欧亚经济委员会数据，在 2011～2014 年 6 月 30 日这 3 年半时间里，欧亚经济联盟统一关税区进口的卡车轮胎数量增加了 9.2%（从 307.99 万个增加到 336.31 万个，同期欧亚经济联盟市场的轮胎总消费量为 760.13 万～740.45 万个），其中从中国进口的卡车轮胎数量增加了 27.1%（从 178.05 万个增加到 226.31 万个）。从中国进口的卡车轮胎占联盟轮胎市场份额达到 67.3%（增长 5.8%）。尽管中国轮胎的出口均价（含海关费用，不含增值税）从 140.8 美元/个降到 131.4 美元/个，但仍仅相当于同期从其他第三国进口轮胎均价的 54%～47%。欧亚经济委员会认定中国轮胎的倾销幅度达 19.52%（有应答的生产和出口商）～35.35%（其他厂商和出口商）。欧亚经济联盟相关产业因此受损严重，包括迫使同期（2011 年初～2014 年上半年）的联盟企业产品产量下降 11.6%、销量下降 9.8%，库存增加 30%，均价下降 1.1%。

处理结果建议：实行为期 5 年的反倾销税，根据制造商不同，反倾销税税率分别是：三角轮胎公司 14.79%，风神轮胎公司 19.86%，山东万达宝通轮胎公司 28.03%，贵州轮胎公司 33.90%，德瑞宝轮胎公司 35.35%，另有朝阳浪马轮胎公司等 30 家中国轮胎企业 19.52%，其他中国企业 35.35%。

在开征反倾销税之前，欧亚经济联盟（及其前身关税同盟和统一经济空间）的进口关税税率是 15% 且不低于 5 欧元（2013 年 8 月 23 日前）、13.3%（2014 年 8 月 31 日前）和 11.7%（2014 年 9 月 1 日起）。

八、履带式推土机反倾销调查

欧亚经济委员会于 2014 年 6 月 27 日决定启动对原产于中国的履带式推土机（功率不超过 250 马力）的反倾销调查，2015 年 7 月 10 日公布最终调查报告。

被调查商品：250 马力以上履带式拖拉机。欧亚经济联盟海关商品编码是：8429 11 009 0。主要针对9家中国企业，分别是：山东济宁的山推工程机械公司、河北宣化工程机械公司、中联重科公司、中联重科山西公司、福建厦工机械股份公司、广西柳工机械股份公司、中国国机重工股份公司、徐州工程机械进出口公司、徐州徐工基础工程机械公司。

调查申请人：申请人是俄罗斯的车里雅宾斯克拖拉机厂。支持者有俄罗斯的工业拖拉机厂、道路机械制造厂（Дормаш）、道路机械国际公司、切尔达工业机械厂、车里雅宾斯克道路工程机械厂、白俄罗斯的工程机械联合体。其中，车里雅宾斯克拖拉机厂、工业拖拉机厂、道路机械制造厂和车里雅宾斯克道路工程机械厂这4家企业的产量2011~2013年占联盟250马力以上推土机总产量的84%。

处理理由：2011~2013年这三年期间，欧亚经济联盟进口的履带式推土机（不超过250马力）的数量增长8.9%（从2227辆增加到2426辆），其中从中国的进口增长了50.0%（从1024辆增加到1536辆）。从中国进口的履带式推土机在联盟同类商品进口总量中的比重从2011年的46%增长至2013年的63.3%。中国商品的出口均价（含海关费用，不含增值税）下降1.1%（从8.8071万美元/辆降到8.7114万美元/辆）。同期，履带式推土机在联盟统一关税区内的消费总量下降0.5%，但联盟成员企业的产量却下降19.6%，在联盟内部市场的销售数量下降16.5%、总销售额下降23.2%、销售价格下降了8.1%，亏损严重。

处理建议：开征5年反倾销税，针对不同企业的税率分别是：山推工程机械公司11.31%，山西中联重科公司13.80%，宣化工程机械公司9.65%，广西柳工机械公司44.65%，其他中国企业44.65%。

在征收反倾销税之前，欧亚经济联盟的正常进口关税税率是10%（2013年8月31日前）、8.8%（2014年8月31日前）和7.5%（2014年9月1日起）。

九、油气井用无缝钢管

欧亚经济委员会于2014年3月28日对中国产油气井用的无缝钢管启动反倾销调查，2015年4月20日公布最终调查结果，8月25日决定实施反倾销制裁措施，征收5年反倾销税。

被调查商品：油气井用的无缝钢管。主要涉及21家中国企业。欧亚经济联盟海关商品编码：

7304 22 000 1，7304 22 000 2，7304 22 000 9，

7304 23 000 1，7304 23 000 2，7304 23 000 9，

7304 24 000 1，7304 24 000 2，7304 24 000 3，7304 24 000 4，7304 24 000 5，7304 24 000 6，7304 24 000 9，

7304 29 100 1，7304 29 100 2，7304 29 100 3，7304 29 100 9，7304 29 300 1，7304 29 300 2，7304 29 300 3，7304 29 300 4，7304 29 300 9，7304 29 900 1，7304 29 900 9。

调查申请人：有6家俄罗斯企业和1家哈萨克斯坦企业，分别是：俄罗斯的车里雅宾斯克管道厂、第一乌拉尔新管材厂、伏尔加管材厂、北部管道厂、塔甘罗格金属厂、西纳尔管材厂，哈萨克斯坦的"管道金属公司—哈萨克管道工业"公司。2010~2013年，上述企业的产量占联盟统一关税区总产量的90%。

处理理由：欧亚经济委员会认为：2010~2013年，欧亚经济被调查商品进口总量增长59.7%（由35.19万吨到56.20万吨），但同期中国产商品进口量却增长了200%（由10.62万吨到32.78万吨），价格却下降了11%（2013.3美元/吨到1792.4美元/吨，同期的其他第三国同类商品进口均价从1793.9美元增加到2956.8美元/吨，中国商品价格相当于其他第三国价格的112%和61%）。中国商品占联盟同类商品进口总量的比重由30.2%提高到58.3%。

处理意见：征收5年反倾销税（2015年9月25~2020年9月24日），税率分别是：

对于递交反倾销问卷答复的企业：天津钢管厂31%；衡阳华菱钢管厂25.21%；无锡汉廷能源科技有限公司12.23%；上海海隆石油工业集团（石油钻具有限公司、南通海隆钢管公司、上海图博可特管道涂层公司）12.30%。与此同时，欧亚经济委员会接受了这些企业提出的价格承诺。对于每次出口交易，前述企业可以选择征收反倾销税（无价格和数量限制），或者适用价格承诺（即：在一定的出口数量范围内，以高于最低限价的价格进行出口，可以免于征收反倾销税）。

对于同意参与调查，但调查材料未被抽中的企业：胜利油田（孚瑞特石油装备公司、孚瑞特钢管公司）、江苏常宝钢管公司、江苏常宝普莱森钢

管公司、山东墨龙石油机械公司、山东东营威玛石油钻具公司、天津天钢石油专用管制造公司、天津滨海天成石油钻采器材、河北沧州达力普石油专用管道公司、安徽天大石油管道公司、攀钢成都钢铁有限公司、宝鸡石油钢管有限公司征收23.18%反倾销税。

其他中国企业均适用31%的反倾销税。

第二节　欧亚经济联盟反倾销调查的特点

欧亚经济联盟针对中国企业实施的贸易救济案中，影响较大的是关于油气井钻探和开采用无缝钢管的反倾销案。根据6家俄罗斯企业和1家哈萨克斯坦企业的投诉申请（2010~2013年这些企业的无缝钢管产量占联盟统一关税区总产量的90%），欧亚经济委员会于2014年3月31日决定对中国产油气井用无缝钢管启动反倾销调查（主要涉及21家中国企业），经过1年零1个月的调查和分析，于2015年4月20日公布最终调查结果，8月25日决定实施反倾销制裁措施。

本节以欧亚经济联盟对中国产油气井用无缝钢管的反倾销案为例，分析联盟关于倾销的界定和认定过程以及中国企业在应诉过程中的常见问题，总结欧亚经济联盟反倾销的特点。

一、调查机构和对象

根据欧亚经济联盟《针对第三国实施特别保障、反倾销和反补贴措施的议定书》（以下简称《议定书》）的规定，欧亚经济委员会内部市场保护司是联盟实施贸易救济的调查机构。

在针对中国的油气井用无缝钢管案中，欧亚经济委员会内部市场保护司于2014年3月31日决定启动调查后（在欧亚经济委员会官方网站发布启动调查公告之日），一方面，向中国商务部和16家中国企业以及9家俄罗斯油气企业（中国企业的合作对象）发出调查通知；另一方面，也向欧亚经济联盟成员国相关产业的生产商寄发调查函，以便收集调查所需资料，并到这些相关产业生产商所在地进行调查访问，对针对调查表提交的文件和资料进行核查研究。

欧亚经济委员会发出调查函后，中国企业的处理方式通常有三种：一是积极应对，配合欧亚经济委员会的调查，同时积极争取自己的权利。二是消极等待，对调查函置之不理。主要原因通常是本企业的案值小不值得应对，或希望政府、行业协会或大企业出面替自己应对。三是主动要求欧亚经济委员会将本企业列入调查范围。欧亚经济委员会发出调查函的对象主要是申请贸易救济调查的联盟企业在申请书中提及的中国企业，一些未被列入调查函发放范围的相关企业得知消息后，意识到此举将影响本企业在欧亚经济联盟的市场销售，主动与联盟调查机构联系，配合调查。

实践结果表明，企业是否配合调查，其处理结果差别很大。本案中，欧亚经济委员会决定征收5年反倾销税（2015年9月25日~2020年9月24日），但各企业的税率却并不一致。

对提交反倾销调查答复函的企业适用12.23%~31%的进口税率，与此同时，欧亚经济委员会接受这些企业提出的价格承诺。对于每次出口交易，这些企业可以选择征收反倾销税（无价格和数量限制），或者适用价格承诺（即在一定的出口数量范围内，以高于最低限价的价格出口，可以免于征收反倾销税）。

对同意参与调查但调查材料未被选中的企业适用23.18%的进口税率。欧亚经济联盟《议定书》第50条规定，对于没有被选中确定单独倾销幅度、但表示同意参加挑选并在调查过程中按期提交必要资料的中国生产商，针对其计算的倾销幅度为针对被选中的中国生产商所确定的单独倾销幅度的加权平均值。

对其他中国企业均适用31%的反倾销税。

二、同类商品的界定

同类商品的界定直接关系被调查商品范围、涉事企业的数量、案值规模、倾销幅度，因此成为各方争论的焦点之一。

《议定书》第2条规定：同类商品是与已成为被调查对象的商品或可能成为被调查对象的商品完全相同的商品或由于没有完全相同的商品而选择的其特性与被调查商品特性近似的其他商品；直接竞争商品是与已成为或可能成为被调查（或复审）对象的商品具有可比性的商品，根据其用途、使用、质量、技术特性以及其他基本属性，客户可替代或准备替代他们正在消费的、已成为或可能成为被调查（或复审）对象的商品。欧亚经济委员会内部市场保护司确定被调查商品范围时，主要依据联盟技术标准（ГОСТ）或其他技术标准文件（包括企业内部标准），比较两国关于商品制造的技术标准，认为具有可比性。

在本案中，欧亚经济委员会内部市场保护司认为，被调查的无缝钢管既可用于油气井钻探和开采，也可用于地质工程调查、岩心钻探和无岩心钻探中钻井以及固体矿产和水的勘探，具体包括钻杆、泵压管和套管。理由是：这三种产品之间具有互换性和技术一致性。

中国钢铁工业协会则认为，欧亚经济联盟关于使用同一生产线生产钻杆、泵压管和套管的说法存在错误，油气井钻探和开采用无缝钢管拥有不同技术特性的变形产品，有一系列钢管（如高强度钢管、钻杆等）不应属于调查对象，请求将上述钢管排除在调查对象之外。

中方的请求遭到拒绝。欧亚经济联盟的理由主要有三：第一，被赋予广泛的自由裁量权的调查机关有权独立决定被调查对象的范围。第二，确定商品为调查对象时，应考虑最终商品的主要物理特性和技术特性及其最终用途，与其使用的原材料无关。被调查的商品是油气井钻探和开采用无缝钢管，中国钢铁工业协会在评述中列出的钢管（包括钻杆）的技术特性、物理特性（无缝钢管）和用途（用于油气井钻探和开采）完全符合上述识别特征，可视为相同商品。第三，在将钻杆列为调查对象时，内部市场保护司考虑了申请人提交的有关钻杆、泵压管和套管的技术和工艺相同的数据，并参考了可以将上述钢管类型中的某一种用于其他用途的案例。

从本案可知，欧亚经济联盟对界定同类商品具有较大自由裁量权，界定时比较关注商品的物理性能和生产方法，而不是商品的用户。本案中，被调查商品不仅包括用于油气井钻探和开采的钢管，还有相关的套管和钻杆等高强度钢管等。由此，凡是生产并向欧亚经济联盟出口这些商品的企业均受波及（销售对象不局限于油气开采企业），这也是部分中国企业主动应诉的原因之一。

三、倾销幅度的确定

倾销简而言之就是企业的外销价格低于正常价值的不正当竞争行为。在本案中,双方争论的焦点问题有二:一是关于正常价值;二是关于数据采集期。

第一,关于正常价值。根据欧亚经济联盟《议定书》第53条,商品的正常价值是:调查期间在出口国国内市场上正常贸易过程的竞争条件下销售给非利害关系人买方的、在出口国关税区内使用的同类商品。正常价值的数据信息来源可以是发票、价格表、欧亚经济联盟成员国驻相关国家贸易代表处的数据、专业刊物、新闻媒体(包括互联网)、市场调查报告等。

实践中,调查机构认定的正常价值通常要高于企业自己计算的价值。正常价值越高,相对于出口销售价格的差额就越多,即倾销幅度越大。由于欧亚经济联盟主要实施俄制标准,与中国标准存在一定差异,这导致生产方法、工艺和财务制度不同,由此在确定正常价值时,计算调整项是各方争论的焦点之一,包括供货条件和特点、税收、贸易阶段、数量、物理特性以及任何其他差异,并提交这些因素对价格可比性产生影响的证据,如佣金、贷款、商品从库房运输至边境口岸或港口的运输费用、出口信用保险等。

出口退税是本案的重点之一。实践中,为了让商品更具竞争力,中国企业习惯从出口价格中去掉出口退税部分,以便降低出口价格。起初,欧亚经济联盟未考虑出口退税因素,认为商品定价(包括如何利用税收优惠政策)是企业自身经营行为,售价高则利润大,售价低则利润少,售价低于成本就是倾销。中国钢铁工业协会和相关企业则依据财政部的出口退税政策,充分说明和解释退税属于政策范畴,不是企业的个别行为。双方最后商定价格调整项是出口商品增值税的不予返还部分(即增值税税率为17%与出口时的增值税返还税率13%之间的4%的差额)。

另外值得注意的是,在计算商品利润率时,欧亚经济联盟通常针对企业的整体销售利润而言,而不是专门出口到欧亚经济联盟市场的利润率。如果企业实行差别化市场营销策略,如为打入新市场而对相关产品实行低成本和低利润策略,则可能整体拉低欧亚经济联盟计算的正常价值,反之则抬高正常价值。

第二，关于分析数据所采用的分析期和调查期。欧亚经济委员会调查报告的统计数据按起止期限（又称为调查申请报告的报告期）分为三类：往期（又称为分析期）数据，即申请书提交之日前一段时期的数据，通常指申请书提交前的3个日历年，必要时可延长至5年；调查期数据，即受理调查的当年官方统计数据；与调查期已发布数据同期的上一年度数据。在确定上述指标时，必须使用欧亚经济联盟成员国海关机构公布的官方统计数据。

由于市场环境不断变化，采纳不同时段的数据进行分析，得出的市场占有率、平均价格、销售规模等数据就会不同。本案中内部市场保护司将2010年1月1日~2013年12月31日确定为分析期，将2013年1月1日~2013年12月31日确定为调查期，用这两个时期的联盟市场趋势数据来确定是否存在倾销性进口及其是否导致联盟成员国产业受到损害。对此，中国钢铁工业协会指出，自2014年起，欧亚经济联盟统一关税区自中国进口的商品数量已经开始减少，中国商品在联盟市场上所占的份额也随之减少，因此没有必要使用反倾销措施。但欧亚经济联盟内部市场保护司仍以该期间的数据为依据作出调查结论。

四、产业损害因果关系的证明

产业受到损害或损害威胁的证据来自欧亚经济联盟相关产业的经济状况恶化的客观事实。证明倾销与产业受到损害二者间存在因果关系的分析指标主要有：市场份额；价格；其他因素，如补贴造成消费者改变消费偏好等。

本案双方争论的问题如下：一是如何保障价格对比时使用统一的贸易条件？二是如何确定中国商品是造成成员国产业受到损害的原因，而不是其他国家的商品？

首先，关于贸易水平调整项。

中国钢铁工业协会认为：在对比分析价格时，必须考虑贸易水平，即中国生产商和欧亚经济联盟生产商均能实施具有可比性的销售行为。如果这些销售行为是通过不同的销售方式并在不同的贸易水平上实施，则内部市场保护司必须采用相应的价格调整项。本案中，由于内部市场保护司未能分析联盟生产商降低价格后的销售量和提高价格后的销售量，因此，判断中国商品对联盟商品造成损害，即联盟商品存在"根本性"（规模性）价格降低的说法毫无根据，此举也违反了《适用1994年〈关税和贸易总协定〉第6条的协议》第12.2.2条规定。

欧亚经济联盟内部市场保护司则认为：根据《议定书》第70条（《适用1994年〈关税和贸易总协定〉第6条的协议》第3.2条），在分析倾销性进口对成员国市场同类商品价格产生影响时，联盟法律并未明确规定必须使用何种方法来分析。为分析是否存在价格降低的现象，内部市场保护司将中国商品CIF/CIP联盟边境交货价格与联盟生产并在联盟关税区内销售的商品价格（考虑运输费用）进行对比，钢管在技术特性上的差异通过各分类产品的价格比较方法来体现。可以说，内部市场保护司对中国产商品与联盟产商品进行的价格对比是以正面证据为基础，具有客观性，符合《议定书》和《适用1994年〈关税和贸易总协定〉第6条的协议》的规定。

其次，关于第三方的影响因素。

中国钢铁工业协会认为：内部市场保护司所说的联盟相关产业遭受损害，与中国商品的低价格无关。损害主要由其他因素造成，如自乌克兰的进口、俄罗斯加入WTO后进口关税大大降低、联盟成员国产业出口量减少、联盟成员国产业的产品不符合用户技术要求、与公司经营活动有关的原因等。

内部市场保护司则认为：欧亚经济联盟在评估损害原因时已考虑各种因素，在反倾销调查最终报告中均有所体现。另外从进口价格统计数据看，进口至欧亚经济联盟关税区的商品的加权平均价格（不计进口关税、反倾销税、海关费用和增值税）中，来自第三国的商品价格自2010年起始终呈上升趋势，但来自中国的进口商品的价格起初呈增长趋势，但2013年不升反降。从进口实物数量看，2010~2013年，欧亚经济联盟关税区商品进口总量增长59.7%，但同期来自中国的进口商品数量却增加了两倍多，来自第三国的进口量则不升反降。这意味着，来自中国的进口量增速远高于联盟总进口量增速，也侵占了原本来自第三国的份额，其原因就是中国的低价倾销。

从本案可知，欧亚经济联盟在判定倾销行为及其对联盟产业造成损害时,"只看结果,不看过程",具体方法由调查机关来确定。实践中,只要存在价格低和受损事实这两个证据,通常就可判定存在损害因果关系。其中价格低就是进口商品的价格低于其正常价值,通常直观感觉是进口商品的价格低于联盟市场同类商品的价格;受损害事实的直观证据就是联盟市场上成员国产业内生产商所生产的同类商品的价格或销量大幅降低,这些生产商的市场份额下降并被进口商品占领。

五、价格承诺

价格承诺是进口方的授权部门在认定存在倾销行为并作出初步裁决后,接受被调查商品的生产商(出口商)关于提高被调查商品的出口价格或停止以倾销价格出口的承诺,并决定不采取征收临时反倾销税或反倾销税等措施,中止或终止倾销调查程序。

本案最后的审议结果中,经过中国钢铁工业协会和部分企业努力,部分企业与欧亚经济联盟达成价格承诺协议。欧亚经济联盟同意接受参加确定单独倾销幅度选拔并在调查过程中如期提交所需材料的四家中国公司的价格承诺。原因是这些企业提交的调查材料完整,其答复函的资料能够确定商品的正常价值。原本中国钢铁工业协会希望所有中国企业都参加价格承诺,但遭欧亚经济联盟拒绝,理由是其他中国企业提交的材料不完整,无法确定也无法保证这些企业的价格承诺水平是否与其他中国公司商品的正常价值相符。

根据价格承诺,欧亚经济联盟根据这些公司在2011~2013年向欧亚经济联盟关税区供应商品的年平均数量,同意在价格承诺的框架内每家公司向联盟的出口量限额为每年7.9689万吨。对超出限额部分则依照欧亚经济联盟确定的倾销幅度征收反倾销税。价格承诺框架内的商品供应价格不应低于价格承诺中的最低价格。企业承诺的最低价格应在该价格承诺生效之日起一个月内(即2015年12月)调整到位,之后每6个月根据生产每吨商品的原材料价格变化进行调整。

实践中,价格承诺是公认的最佳解决方案。

表6—1 欧亚经济联盟正在实施的内部市场保护措施（截至2017年1月1日）

序号	立案编号	被调查商品	商品编码	措施类型	出口国	有效期至	欧亚经济委员会的最终决定	联盟法院的判决
1	AD-1	若干种钢管制品	7304 7305 7306	反倾销/反倾销税 针对不同编号的商品征收其价值18.9%、19.4%、19.9%、37.8%的反倾销税	乌克兰	2011.07.22～ 2021.06.01	09.12.2011 №859 02.06.2016 №48	
2	AD-3	滚动轴承（滚针轴承除外）	8482	反倾销/反倾销税 针对中国相关厂商征收反倾销税，其中无锡滚动轴承有限公司31.3%，其他企业41.5%	中国	2011.10.16～ 2018.01.20	22.06.2011 №705 04.12.2012 №244 17.09.2013 №197	
3	AD-8	聚合物涂层的金属轧材	7210 7212 7225	反倾销/反倾销税 鞍钢11.87% 大连浦项钢板公司10.34% 山东冠洲钢铁公司6.98% 其他中国厂商20.20%	中国	2012.07.01～ 2017.06.30	24.05.2012 №49 21.10.2014 №191	合议庭09.12.2014 по делу 2-4/4-2014 (1-7/8-2013) 上诉庭29.12.2014 по делу 2-4/4-2014 (1-7/8-2013)
4	AD-9	石墨电极	8545	反倾销/反倾销税 印度HEG Ltd公司征收16.04%，印度Graphite India Ltd和其他企业征收32.83%的反倾销税	印度	2013.01.16～ 2018.01.25	25.12.2012 №288	合议庭24.03.2014 по делу №2-4/3-2014 (1-7/6-2013) 上诉庭23.05.2014 по делу № 2-4/3-2014 (1-7/6-2013)

续表

第六章 针对中国的贸易救济措施 | 125

序号	立案编号	被调查商品	商品编号	措施类型	出口国	有效期至	欧亚经济委员会的最终决定	联盟法院的判决
5	AD-11	冷轧不锈钢无缝钢管	7304	反倾销/反倾销税 对浙江宝丰钢业公司和其他厂商征收19.15%的反倾销税。	中国	2013.05.15~2018.05.14	09.04.2013 №65	
6	AD-12	铸铁搪瓷浴盆	7324	反倾销/反倾销税 对所有中国相关厂商征收品价值51.87%的反倾销税。	中国	2013.05.26~2018.01.25	09.04.2013 №64 25.12.2012 №287	
7	AD-10	轻型商务车	8704	反倾销/反倾销税 针对土耳其厂商征收11.1%；针对意大利厂商征收23.0%；针对德国厂商征收29.6%。	德国 意大利 土耳其	2013.06.15~2018.06.14	14.05.2013 №113	合议庭07.10.2014 по делу №2-4/10-2014
8	AD-7	轧辊	8455	反倾销/反倾销税 征收26%的反倾销税	乌克兰	2015.02.28~2019.06.25	09.12.2011 №90 13.05.2014 №68 20.01.2015 №3	合议庭24.06.2013 по делу 1-7/2-2013 上诉庭21.10.2013 по делу 1-7/2-2013
9	AD-15	柠檬酸	2918	反倾销/反倾销税 山东潍坊英轩实业化有限公司4.20%，山东柠檬生化公司6.82%；江苏宜兴协联生物化学公司16.96%；其他企业生产的柠檬酸16.97%。	中国	2015.04.10~2020.04.09	10.03.2015 №15	

续表

序号	立案编号	被调查商品	商品编码	措施类型	出口国	有效期至	欧亚经济委员会的最终决定	联盟法院的判决
10	AD-14	不锈钢餐具和厨具	8211 8215	反倾销/反倾销税 广东鹤山标达钢塑制品公司15.41%； 广东新兴明苯金属制品公司27.16%； 广东新兴盈泰不锈钢制品公司22.91%； 广东新兴新港城不锈钢制品公司、广东新兴翔顺不锈钢餐厨具公司、广东利鸿基不锈钢实业公司24.17%； 其他企业27.16%。	中国	2015.06.19~ 2020.06.18	19.05.2015 №56	
11	AD-16	油气井用无缝钢管	7304	反倾销/反倾销税 天津钢管厂31%； 衡阳华菱钢管厂25.21%； 无锡汉廷能源科技公司12.23%； 上海海隆石油工业集团（石油钻具有限公司、南通海隆钢管公司、上海图博可特管道涂层公司）12.30%；	中国	2015.09.25~ 2020.09.24	18.08.2015 №101	

第六章 针对中国的贸易救济措施 127

续表

序号	立案编号	被调查商品	商品编码	措施类型	出口国	有效期至	欧亚经济委员会的最终决定	联盟法院的判决
11	AD-16	油气井用无缝钢管	7304	胜利油田（孚瑞特石油装备公司、孚瑞特钢管公司）、江苏常宝钢管公司、江苏常宝普莱森钢管公司、山东墨龙石油机械公司、山东东营威玛石油钻具公司、天津天钢石油专用管制造公司、天津滨海天成石油钻采器材、河北沧州达力普石油专用管道公司、安徽天大石油管道公司、攀钢成都钢铁有限公司、宝鸡石油钢管有限公司 23.18%；其他中国企业31%	中国	2015.09.25~2020.09.24	18.08.2015 №101	
12	AD-17	履带式推土机	8429	反倾销/反倾销税 山推工程机械公司11.31%；山西中联重科公司13.80%；宣化工程机械公司9.65%；广西柳工机械公司44.65%；其他中国企业44.65%。	中国	2015.12.18~2020.12.11	10.11.2015 №148	

续表

序号	立案编号	被调查商品	商品编码	措施类型	出口国	有效期至	欧亚经济委员会的最终决定	联盟法院的判决
13	AD-18	轮胎	4011	反倾销/反倾销税 三角轮胎公司14.79%； 风神轮胎公司19.86%； 山东万达宝通轮胎公司28.03%； 贵州轮胎公司33.90%； 德瑞宝轮胎公司35.35%； 朝阳浪马轮胎公司19.52%； 中国轮胎企业19.52%； 其他中国企业35.35%。	中国	2015.08.12~ 2020.12.17	17.11.2015 №154	
14	AD-19	钢制整轧轮	8607	反倾销/反倾销税 征收4.75%反倾销税。	乌克兰	2016.01.22~ 2021.01.21	22.12.2015 №170	
15	AD-21	不锈钢管	7304	反倾销/反倾销税 征收4.32%~18.96%的反倾销税。	乌克兰	2016.02.26~ 2021.02.25	26.01.2016 №6	

第六章 针对中国的贸易救济措施 129

续表

序号	立案编号	被调查商品	商品编码	措施类型	出口国	有效期至	欧亚经济委员会的最终决定	联盟法院的判决
16	AD-13	棒材	7213 7214 7227 7228	反倾销/反倾销税 征收 9.32%～10.11% 的反倾销税。	乌克兰	2016.04.30～2021.04.29	29.03.2016 №28	
17	AD-20	硅锰合金制品	7202	反倾销/反倾销税 征收 26.35% 的反倾销税。	乌克兰	2016.10.28～2021.10.27	02.07.2016 №58	

资料来源：欧亚经济委员会，http://www.eurasiancommission.org/ru/act/trade/podm/investigations/Measures.aspx.

附件1 针对第三国实施保障、反倾销和反补贴措施议定书

《欧亚经济联盟条约》附件8

第一章 总　则

1. 本《议定书》根据《欧亚经济联盟条约》（以下简称"条约"）第48条和第49条制定，以保护联盟内商品生产商的经济利益为目的，规定针对第三国实施保障、反倾销和反补贴措施。

2. 本《议定书》中所使用概念的界定：

同类商品——与已成为或可能成为调查对象的商品完全相同的商品，或由于没有完全相同的商品，而选择的与被调查商品特性近似的其他商品。

反倾销措施——根据欧亚经济委员会决定，对出口商征收包括临时反倾销税在内的反倾销税，或者接受出口商的自愿价格承诺，以抵制倾销进口的措施。

反倾销税——在实施反倾销措施时，由联盟成员国海关部门征收的独立于进口关税的税种。

倾销幅度——用百分数表示的、商品的正常价值减去其出口价格后的差额与其出口价格之比，或以绝对指标表示的、商品的正常价值与其出口价格之间的差额。

进口配额——限制商品进口至欧亚经济联盟关税区的数量和（或）价值。

反补贴措施——根据欧亚经济委员会的决议，通过征收反补贴税（包括临时反补贴税）或接受提供补贴的第三国授权机构或出口商作出的价格

承诺,以抵消出口国的专向补贴对欧亚经济联盟成员国产业产生的不良影响的措施。

反补贴税——在实施反补贴措施时,由欧亚经济联盟成员国海关部门征收的独立于进口关税的税种。

成员国产业损害——有证据证实的欧亚经济联盟成员国产业状况的恶化,表现为成员国同类商品产量下降、在成员国市场销量的减少、该商品生产的利润率降低,或者对该产业的库存、就业、工资水平以及投资产生负面影响等。

直接竞争商品——在用途、使用、质量和技术特性以及其他基本属性方面,与已成为或可能成为被调查对象(或复审调查对象)的商品具有可比性,使得购买者可用来替代或准备替代他们正在消费的、已成为或可能成为被调查(复审调查)对象的商品。

正常贸易过程——在第三国市场上按照不低于商品加权平均成本的价格进行的同类商品的买卖活动。加权平均成本在加权平均生产费用,以及加权平均商业、管理和公共支出费用的基础上确定。

付款人——由《欧亚经济联盟海关法典》相关规定所确定的人员。

临时反倾销税——调查机关在调查过程中,根据存在倾销进口事实,以及该倾销进口导致欧亚经济联盟成员国产业受到损害、损害威胁或阻碍成员国产业建设的初步结论,对进口至欧亚经济联盟海关区域内的商品所征收的关税。

临时反补贴税——调查机关在调查过程中,根据存在补贴进口事实,以及该补贴进口导致欧亚经济联盟成员国产业受到损害、损害威胁或阻碍成员国产业建设的初步结论,对进口至欧亚经济联盟海关区域内的商品所征收的关税。

临时特别关税——调查机关在调查过程中,根据存在进口增长事实,以及该进口增长导致欧亚经济联盟成员国产业受到损害或损害威胁的初步结论,对进口至欧亚经济联盟海关区域内的商品所征收的关税。

往期——自调查申请书提交之日起的前三个日历年,期间有必需的统计数据。

利害关系人——满足以下一个或多个标准的人员:
共同参与组建机构,并同时在该机构中就职或担任领导的人员;

合伙人，即具有合同协议关系，以盈利为目的、在联合行动中共同承担支出和损失的人；

同一机构的雇主和员工；

直接或间接拥有、控制或代持5%及以上有表决权的股份或股权；

人员中的一位直接或间接控制另一位；

两个人直接或间接控制第三人；

两个人共同直接或间接控制第三人；

有婚姻关系、亲属或姻亲关系、收养和被收养关系、监护和被监护关系的人。

直接控制是指法人或自然人具有通过下列一个或几个行为来影响法人决定的可能性：

履行法人执行机构的职能；

有权规定法人开展业务的条件；

支配法人法定资本（注册资本）中5%以上有表决权的股份（股权）。

间接控制是指法人或自然人具备通过自然人、法人，或者若干具有直接控制关系的法人来决定法人决议的可能性。

成员国产业受到严重损害——在往期内发生的、有证据证实的、成员国国内同类商品或直接竞争商品的生产状况恶化，表现为成员国产业的生产、贸易、财务等发生实质性恶化。

保障措施——为限制欧亚经济联盟关税区进口增长而采取的措施，根据欧亚经济委员会的决议以进口配额、特别配额、特别关税（包括临时特别关税）的方式实施。

特别配额——规定进入欧亚经济联盟关税区的商品进口量规模，在数量限制内进入欧亚经济联盟关税区的商品无需缴纳特别关税，而超出部分需缴纳特别关税。

特别关税——实施保障措施时，由欧亚经济联盟海关部门征收的独立于进口关税的税种。

补贴进口——商品在生产、出口或运输过程中，享受了第三国（出口国）专向补贴并进入欧亚经济联盟关税区的商品进口。

第三国——《欧亚经济联盟条约》成员国之外的国家和（或）国家集团，以及列入欧亚经济委员会批准的世界上的国家分类区域。

补贴机关——第三国（出口国）的国家机关或地方自治机关，或根据法律文件或根据实际情况受相关国家机关或者地方自治机关委托的人。

成员国产业受到损害威胁——有证据证实的成员国产业受到损害的不可避免性。

成员国产业受到严重损害威胁——有证据证实的成员国产业受到严重损害的不可避免性。

出口价格——商品进口至欧亚经济联盟关税区时支付的或应支付的价格。

第二章 调 查

第一节 调查的目的

3. 对进口商品实施保障、反倾销或反补贴措施之前，应先进行调查，以确定下列事实：

欧亚经济联盟进口增加并导致联盟成员国产业受到严重损害或严重损害威胁；

欧亚经济联盟关税区的进口具有倾销性或补贴性，并导致欧亚经济联盟成员国产业损害、受到损害威胁或对欧亚经济联盟成员国产业的建立和发展造成实质性阻碍。

第二节 调查机关

4. 调查机关在欧亚经济联盟国际条约和法律文件授权范围内活动。

5. 调查机关根据调查结果向欧亚经济委员会提交报告，内容包括：实施或延长保障、反倾销或反补贴措施的合理性，或者修改或取消保障、反倾销或反补贴措施的合理性，并应附上欧亚经济委员会相关决议草案。

6. 根据复审结果，对已实施的保障、反倾销或反补贴措施进行修改、取消或放宽。

7. 在本《议定书》第 15~22 条、78~89 条、143~153 条规定的情况下，实施调查的机构应在调查结束前向欧亚经济委员会提交报告，内容包括实施临时保障税、临时反倾销税或临时反补贴税的合理性，并应附上欧亚经济委员会相关决议草案。

8. 向调查机关提交的证据和材料，以及与实施调查机关的来往信函，均用俄文书写。用外文书写的文件原件应随附俄文译文（译文需经公证）。

第三章 保障措施

第一节 实施保障措施的一般原则

9. 保障措施针对从第三国（出口国）进口至欧亚经济联盟关税区的商品而实施，与其原产国无关，下列商品除外：

来自享受联盟关税优惠待遇的发展中国家或最不发达国家的第三国商品，自该国进口的商品不应超过联盟关税区该商品进口总量的3%，并需满足下列条件：从每个发展中国家或最不发达国家的商品进口不超过联盟关税区该商品总进口的3%，且从上述发展中国家或最不发达国家的总进口不应超过联盟关税区该商品总进口的9%。

来自2011年10月18日《独联体自由贸易区协议》签约国并履行该协议第8条规定的独联体国家的商品。

10. 如果依据本《议定书》第31、33、34条，调查机关的复审调查结果可断定来自发展中国家或最不发达国家的商品进口份额超过本《议定书》第9条规定的指标，则欧亚经济委员会可通过关于保障措施适用于来自本《议定书》第9条规定的、被排除使用保障措施的发展中国家或最不发达国家的第三国商品的决议。

11. 如果依据本《议定书》第31、33、34条，调查机关的复审调查结果可断定《独联体自由贸易区协议》第8条规定的条件未被执行，则欧亚经济委员会可通过关于保障措施适用于来自本《议定书》第9条规定的、被排除使用保障措施的2011年10月18日《独联体自由贸易区协议》签约国的独联体国家商品。

第二节 进口增长造成联盟成员国产业受到严重损害或严重损害威胁的认定

12. 为认定进口增长造成联盟成员国产业受到严重损害或严重损害威胁，调查机关在调查过程中应对以量化指标表示的、对联盟成员国产业经济状况产生影响的客观因素进行评估，包括：

（1）被调查商品进口增长速度和数量，用绝对指标，以及与联盟成员国内同类商品或直接竞争商品的总产量或总消费量的相对指标来表示。

（2）被调查商品在联盟成员国该同类商品或直接竞争商品总销售量中的占比。

（3）被调查进口商品与联盟成员国生产的同类商品或直接竞争商品的价格比较。

（4）联盟成员国生产的同类商品或直接竞争商品在成员国市场上的销量变化。

（5）联盟成员国同类商品或直接竞争商品的产量、产业劳动生产率、产能利用率、利润和亏损额、就业水平的变化。

13. 对进口增长导致联盟成员国产业受到严重损害或严重损害威胁的认定应以调查机关对所掌握的所有涉案证据和材料的分析结果为依据。

14. 除进口增长之外，调查机关还应对在该期间导致成员国产业受到严重损害或严重损害威胁的其他已知因素进行分析，上述损害不属于联盟关税区进口增长导致的联盟成员国产业受到严重损害或严重损害威胁。

第三节　实行临时特别关税

15. 在危急情况下，当推迟实施保障措施可能导致联盟成员国产业遭受后果难以消除的损害，欧亚经济委员可以调查机关的初步结论为依据，在相关调查结束之前通过决议，在不超过 200 个日历日的期限内征收临时特别关税。初步调查结论需提供明确的证据，证明被调查商品进口增加造成联盟成员国产业的严重损害或者受到严重损害威胁。调查行动应延续直至取得最终结论。

16. 调查机关应将可能实行临时特别关税的消息书面通知第三国（出口国）的授权机构及其他已知的利害关系人。

17. 如果第三国（出口国）的授权机构提出针对征收临时特别关税进行磋商，磋商应在欧亚经济委员会通过实行临时特别关税的决议之后开始。

18. 如果调查机关的调查结果认定实施保障措施缺乏依据，或根据本《议定书》第 272 条规定通过不实施保障措施的决议，则应依据本《议定书》附件的规定程序，将已征收的临时特别关税返还付款人。

调查机关应及时向联盟成员国海关机构通报有关实施保障措施缺乏依

据或欧亚经济委员会通过不实施保障措施的决议等信息。

19. 如果根据调查结果通过实施保障措施的决议（包括实行进口配额或特别配额），临时特别关税的期限计入保障措施的总期限内，而已征收的临时特别关税应自根据调查结果决定实施保障措施的决议生效之日起，按照本《议定书》附件的规定程序并参照本《议定书》第 20 条、21 条的规定计入和分配。

20. 如果调查结果认为，特别关税税率低于临时特别关税税率更合理，则已征收的临时特别关税金额中，与依照特别关税税率计算出的特别关税额相等的部分，应依照本《议定书》附件所规定的程序计入和分配。

临时关税金额中超出按特别关税税率计算出的特别关税金额的部分，应按照本《议定书》附件所规定的程序返还给付款人。

21. 如果调查结果认为，特别关税税率高于临时特别关税税率更合理，则特别关税金额与临时关税金额之间的差额不再征收。

22. 实行临时特别关税的决议通常在调查开始之日后的 6 个月内通过。

第四节　实施保障措施

23. 保障措施根据欧亚经济委员会决议实施，其实施程度和期限需能够防止或消除联盟成员国产业受到严重损害或受到严重损害威胁，以及缩短成员国产业对不断变化的经济状况条件的适应过程。

24. 如果保障措施以进口配额的方式实施，则该进口配额不应低于被调查商品在往期内的年均进口量（以数量或价值计）。下列情况除外：必需设置较低的进口配额以消除联盟成员国产业的严重损害或严重损害威胁。

25. 在向有意愿将被调查商品出口至联盟关税区的所有第三国分配进口配额时，也向其提供就进口配额分配问题进行磋商的机会。

26. 如果没有举行本《议定书》第 25 条规定的磋商，或者磋商期间没有达成协议，则向有意愿将被调查商品出口至联盟关税区的所有第三国分配进口配额时，按照往期内上述国家向联盟出口的被调查商品占联盟该商品进口总量或总金额的比重进行分配。

在此情况下，任何已经影响或可能影响该商品贸易进程的因素都应考虑在内。

27. 如果以百分数计算的被调查商品自个别第三国的进口增长与该商品

在提交实施调查申请书之日前3年内的进口总增长不成比例，则欧亚经济委员会在向第三国分配进口配额时，可参考自这些国家进口至联盟关税区的该商品的绝对指标和相对指标。

本条规定只适用于调查机关认定联盟成员国产业受到严重损害的情况。

28. 以进口配额形式的保障措施的实施程序由欧亚经济委员会决议规定。如果该决议规定实行进口许可证制度，则按照《欧亚经济联盟条约》第46条的规定程序发放许可证。

29. 如果保障措施以特别配额的形式实施，则该配额的额度、分配和实行按照本《议定书》第24~28条关于进口配额的规定执行。

第五节　保障措施的期限和修改

30. 除依据本《议定书》第31条规定延长实施期限的情况外，保障措施的期限不应超过4年。

31. 如果根据调查机关的复审调查结果认定，为防止联盟成员国产业受到严重损害或严重损害威胁，有必要延长保障措施的期限，且有证据证明，所适用的保障措施有助于联盟成员国相关产业适应不断变化的经济条件，则本《议定书》第30条所指的保障措施期限可由欧亚经济委员会通过决议而延长。

32. 当欧亚经济委员会通过延长实施保障措施期限的决议时，延长措施不得比该决议通过时仍有效的保障措施更为严格。

33. 如果保障措施的期限超过1年，欧亚经济委员会应在该期限内等期分阶段地弱化保障措施。

如果保障措施的期限超过3年，则在期限过半之前，调查机关应进行复审调查，并根据调查结果决定保障措施继续保持、弱化或者取消。

本条中的弱化保障措施是指扩大进口配额或特别配额的数量，或降低特别关税的税率。

34. 除本《议定书》第33条所指的复审调查之外，根据调查机关的建议或利害关系人的申请可进行下列目的的复审调查：

（1）根据已经发生变化的情况确定是否可以修改、放宽或取消保障措施，包括有证据证明在保障措施实施期间，作为保障措施实施对象的商品无法在联盟内生产。

（2）确定发展中国家或最不发达国家在联盟关税区商品总进口中的占比。

（3）确定 2011 年 10 月 18 日《独联体自由贸易区协议》的签约国是否完成该协议第 8 条规定。

35. 以本《议定书》第 34 条第 1 款所述内容为目的而进行复审调查的申请书，如果保障措施已经实施不少于 1 年，则调查机关可接收该申请书。

36. 进行复审调查时，如果适用与首次调查有关的规定，需考虑相关区别。

37. 保障措施的总期限，包括临时特别关税的期限和保障措施的延长期，不得超过 8 年。

38. 针对同一商品再次实施的保障措施，与上次保障措施的时间间隔不能少于上次保障措施实施期限，且两次间隔时间不得少于 2 年。

39. 实施期限不超过 180 个日历日的保障措施不受本《议定书》第 38 条规定的约束。该保障措施可对同一商品在上次保障措施实施之日起 1 年以后继续实施，且在新的保障措施生效之日前 5 年内，对该商品实施保障措施不超过 2 次。

第四章　反倾销措施

第一节　实施反倾销措施的一般原则

40. 如果商品的出口价格低于其正常价值，则该商品为倾销进口商品。

41. 以确定是否存在倾销进口为目的的资料分析的调查期限由调查机关决定。该期限通常为提交调查申请书之日前有统计数据的 12 个月。在任何情况下，该期限都不得少于 6 个月。

第二节　确定倾销幅度

42. 倾销幅度由调查机关在下列对比基础上确定：

（1）商品的加权平均正常价值与商品的加权平均出口价格；

（2）单独交易的商品正常价值与单独交易的商品出口价格；

（3）商品的加权平均正常价值与单独交易的商品出口价格，当商品价格因购买人、地区、供货时间而出现实质性差异时。

43. 用于比较的商品进口价格与其正常价值应处于同一交易阶段,并且商品出售应尽量发生在同一时间。

44. 在比较商品出口价格与其正常价值时,应考虑使用下列能够对价格比较产生影响的因素进行调整:在供货条件和特点、征税、贸易阶段、量化指标、物理特性方面的差异,以及其他任何有证据证明能够影响价格比较的差异。

调查机关应确定不重复使用上述差异进行调整,也不应改变商品出口价格与正常价值之间的比较结果。为保障对商品的出口价格与正常价值进行应有的比较,调查机关有权向利害关系人询问必要的信息。

45. 如果在第三国(出口国)市场的正常贸易过程中没有同类商品的买卖交易,或正常贸易过程中同类商品的销售量低,或由于第三国(出口国)市场上的特殊情况而无法获得该商品的出口价格与其在第三国(出口国)市场上的销售价格的比较,则商品的出口价格应与该商品从第三国(出口国)出口至其他第三国(条件是同类商品的价格具有代表性)的价格相对比,或者与该商品在原产国的生产成本相对比(考虑必要的管理、贸易、一般费用和利润)。

46. 如果商品从非原产国的第三国进口至欧亚经济联盟关税区,则该商品的出口价格应与该第三国市场上同类商品的可比价格进行比较。

如果商品只是从第三国转运而出口到欧亚经济联盟关税区,或者商品的生产未发生在该第三国,或者在该第三国没有同类商品的可比价格,则商品的出口价格应与其原产国的同类商品可比价格进行比较。

47. 在对比商品出口价格与其正常价值时,应将其值从一种货币换算为另一种货币,换算时使用商品出售当天的货币官方汇率。

如果出售外汇与商品的出口供应之间具有直接关联,并且发生的时间相符,则使用出售外汇时的汇率。

调查机关无需考虑汇率波动,在调查过程中应给予出口商至少 60 个日历日的时间,以便其在调查期间可以根据汇率变动来调整出口价格。

48. 调查机关需为每一位已提交用来确定倾销幅度所需材料的已知商品出口商和(或)生产商(其)确定其单独的倾销幅度。

49. 如果由于商品出口商、生产商或进口商的数量众多、商品的多样性或其他原因,调查机关不能为每位已知商品出口商和(或)生产商确定单独的倾销幅度的话，在不妨碍调查的情况下，调查机关可对其中部分利害关系人单独确定倾销幅度，或者为每一个数据具有代表性且可调查的第三国（出口国）的抽样商品确定倾销幅度。

调查机关经与被调查商品的外国出口商、生产商和进口商协商后，选取用于确定单独倾销幅度的利害关系人。

即使调查机关根据本条规定采取了限额确定倾销幅度，对于未列入被选行列，但在调查期限内提交了能够单独确定倾销幅度资料的外国出口商或生产商，除因外国出口商和（或）生产商的数量较多，单独审议会影响调查机关相关调查进度情况外，调查机关仍需确定单独倾销幅度。

调查机关不得拒绝这些外国出口商和（或）外国生产商自愿提交的应答反馈资料。

50. 如果调查机关根据本《议定书》第49条的规定采取了限额确定倾销幅度，对于那些未被选中确定单独倾销幅度，但是表示愿意参加挑选并在调查过程中按时提交了所需材料的外国出口商和（或）生产商，针对其计算的倾销幅度不应高于针对被选中的倾销进口商品的外国出口商和（或）生产商所确定的单独倾销幅度的加权平均值。

51. 如果被调查商品的出口商或生产商没有在规定期限内按照规定方式向调查机关提交材料，或者提交的材料无法审核或不符合实际情况，则调查机关可根据所掌握的其他材料确定倾销幅度。

52. 除为每一位提交了用于确定单独倾销幅度资料的已知商品出口商和（或）生产商确定单独倾销幅度外，调查机关还可根据在调查过程中确定的最高倾销幅度，为被调查商品的所有其他出口商和（或）生产商确定统一的倾销幅度。

第三节　确定商品正常价值

53. 商品的正常价值由调查机关根据调查期间同类商品在第三国（出口国）国内市场上正常贸易过程中的销售价格确定，并且购买人是该第三国（出口国）境内与生产商和出口商无利害关系的人，其购买目的为在该第三国（出口国）境内使用。

如果同类商品在第三国（出口国）国内市场上的购买人是作为该第三国（出口国）境内的生产商和出口商的利害关系人，并且可以确定上述关系对外国生产商和（或）出口商的价格政策不产生影响，则在确定商品的正常价值时可考虑该销售价格。

54. 如果在第三国（出口国）国内市场上同类商品在正常贸易过程中的销量不低于自该第三国（出口国）进口至欧亚经济联盟关税区内商品总量的 5%，则该销售规模可用于确定商品的正常价值。

正常贸易过程中同类商品的稍低销量也可用于确定商品的正常价值，如果有证据证明该销量足够用于对商品出口价格与同类商品的正常贸易价格进行比较。

55. 在根据本《议定书》第 53 条规定确定商品的正常价值时，在第三国（出口国）国内市场上出售给购买人的商品价格是在调查期间出售给购买人的同类商品的加权平均价格，或是调查期间商品出售给不同购买人的每次单独交易的价格。

56. 同类商品以低于其单位生产成本（考虑管理、贸易和一般费用）的价格在第三国（出口国）国内市场销售或者从第三国（出口国）销售至其他第三国，如果调查机关确认该销售行为发生在调查期间，销售量大且售价不能弥补该期间的所有费用，则该价格在确定该商品的正常价值时可不予考虑。

57. 如果同类商品的出售价格低于其单位生产成本（考虑管理、贸易和一般费用），但高于商品在调查期间的单位加权平均成本（考虑管理、贸易和一般费用），则该价格被视为能够补偿调查期间全部费用。

58. 同类商品以低于其单位生产成本（考虑管理、贸易和一般费用）的价格出售，在下列情况下可被视为大量出售：在确定商品正常价值的参照交易中，如果同类商品的加权平均价格低于其单位生产成本（考虑管理、贸易和一般费用），或者按照低于该成本的价格所销售的数量在参照交易销量中的占比不低于 20%。

59. 同类商品的单位生产成本（考虑管理、贸易和一般费用）根据商品出口商或生产商提交的资料进行计算，条件是：这些数据符合第三国（出口国）会计核算和会计报表的通用规则与规范，能够完全反映商品生产和销售的相关费用。

60. 调查机关应审查所有已掌握的能够证明管理、贸易和一般费用正确分配的证据，包括被调查商品的出口商或生产商提交的数据。该费用的分配办法应是商品出口商或生产商实际使用的方法,包括确定相应折旧期、投资扣除、抵消与发展生产有关的其他费用等。

61. 对生产费用、管理、贸易和一般费用进行调整时应考虑与发展生产相关的一次性费用,或组织生产期间的业务活动对调查期间的费用产生影响的情况。该调整应能体现生产期结束时的费用,如果生产期超过调查期,则选取发生在调查期内的生产的最后阶段。

62. 产业的管理费用、贸易费用、一般费用和利润等具有代表性的总体量化指标,根据同类商品在正常贸易过程中生产和销售的实际数据确定,该数据由倾销进口商品的出口商或生产商提供。如果这些总体量化指标不可能用上述方法确定,则根据下列数据确定：

(1) 被调查商品的出口商或生产商在第三国（出口国）国内市场生产和销售同一类型商品实际获得和花费的金额；

(2) 被调查商品的其他出口商或生产商在第三国（出口国）国内市场生产和销售同类商品实际获得和花费的加权平均数；

(3) 用其他方法确定,条件是：用该方法确定的利润不高于同一类型商品其他出口商或生产商在第三国（出口国）国内市场销售时通常所能获得的利润。

63. 如果倾销进口的第三国（出口国）国内市场的价格由国家直接调节或对外贸易由国家垄断,则商品的正常价值可根据合适的其他第三国【用于调查目的时,与上述第三国（出口国）具有可比性的国家】的同类商品的价格或计算价值来确定,或者根据同类商品从其他第三国出口时的价格确定。

如果根据本条不可能确定商品的正常价值,则可根据欧亚经济联盟关税区内同类商品的、考虑利润因素后的调整支付价格或应付价格来确定。

第四节　商品出口价格的确定

64. 商品的出口价格根据其在调查期间的销售价格数据确定。

65. 如果缺乏倾销进口商品的出口价格,或者调查机关出于以下原因怀疑该商品出口价格资料的真实性：商品的出口商和进口商为利害关系人（包括各方都与第三方有关联关系）或针对该商品的出口价格存在共谋的限制性贸易事实,则该商品的出口价格可根据该进口商品第一次被转售给独立购买人的价格计算。如果进口商品没有被转售给独立购买人，或者虽被转售但未经欧亚经济联盟关税区，则按照调查机关确定的方法计算。在此情况下，为对比商品的进口价格与其正常价值，还应考虑商品从进口到转售期间内的支出（包括关税和其他税）和利润。

第五节 倾销进口致联盟成员国产业受到损害的认定

66. 本节中联盟成员国产业受到损害可理解为成员国产业受到损害、损害威胁，或者对成员国产业的建立和发展造成实质性阻碍。

67. 倾销进口导致联盟成员国产业损害的认定以对倾销进口量的分析结果和该进口对同类商品在成员国市场的价格和联盟成员国国内同类商品生产商所产生的影响为依据。

68. 以确定联盟成员国产业是否受到损害为目的而对资料进行分析的调查期限，由调查机关确定。

69. 在对倾销进口量进行分析时，调查机关应确定被调查商品的倾销进口是否有实质性增加（绝对指标或相对于成员国同类商品的生产或消费）。

70. 在分析倾销进口对联盟成员国市场上同类商品价格的影响时，调查机关应确定：

（1）倾销进口商品的价格是否明显低于联盟成员国市场上同类商品的价格；

（2）倾销进口是否导致联盟成员国市场上同类商品的价格明显降低；

（3）倾销进口是否明显阻止了联盟成员国市场上同类商品的在没有该进口情况下应有的价格增长。

71. 如果调查对象是同时自两个以上第二国进口至欧亚经济联盟关税区的商品，则调查机关可在确定以下事实的情况下对该进口的总体影响进行评估：

（1）自每个第三国进口的被调查商品的进口倾销幅度超过最小允许倾销幅度，参照本《议定书》第223条规定，该商品自每个第三国的进口量都不是少量进口；

（2）参照进口商品之间的竞争条件和进口商品与联盟成员国所产同类商品之间的竞争条件，可以对商品进口的总体影响进行评估。

72. 分析倾销进口对联盟成员国产业的影响，应评估所有与联盟成员国产业现状有关的经济因素，包括：

联盟成员国产业原有经济状况在受到倾销进口和补贴进口影响之后的恢复程度；

联盟成员国市场上已经和将来可能发生的商品生产萎缩、销量降低、市场份额减少、利润缩小、生产率降低、投资收入减少、产能利用率降低；

影响联盟成员国市场上商品价格的因素；

倾销幅度；

已经或将来可能发生的对商品生产增长速度、商品库存、就业水平、工资、吸引投资能力和金融状况的负面影响。

在此情况下，无论是一个还是多个因素，都不能对倾销进口导致联盟成员国产业损害的认定起决定性作用。

73. 倾销进口与联盟成员国产业受到损害之间存在因果关系的结论应建立在对调查机关所掌握的所有相关证据和资料进行分析的基础上。

74. 调查机关还应对调查期间其他可能对联盟成员国产业造成损害的已知因素进行分析。

与案件有关的因素包括：按照非倾销价格进口的商品数量和价格、需求减少或消费结构的变化、限制性贸易惯例、技术成果以及联盟成员国产业的出口指标和生产率。

这些因素所导致的联盟成员国产业损害不应计入欧亚经济联盟关税区倾销进口所致成员国产业损害。

75. 如果已有的材料能够将联盟成员国同类商品依照其生产过程、销售及利润等标准划分开，则关于倾销进口对联盟成员国产业影响的评估适用于该联盟成员国同类商品。

如果已有材料不足以划分同类商品，则关于倾销进口对联盟成员国产业影响的评估可适用于包括同类商品在内且拥有必要材料的最小范围的商品组或商品名录。

76. 在认定联盟成员国产业由于倾销进口受到损害威胁时，应考虑所有已掌握的情况，其中包括下列因素：

（1）倾销进口的增长速度，证明倾销进口具有进一步增长的现实可能性；

（2）倾销商品的出口商拥有足够的出口能力，或其出口能力将不可避免地明显增强，具备增加该商品倾销进口的现实可能性，另外，其他出口国也拥有增加该商品出口的能力；

（3）被调查商品的价格水平，前提是：该价格水平能够导致联盟成员国市场内同类商品价格降低或受到限制，以及被调查商品的需求增长下降或遭受限制；

（4）出口商拥有被调查商品的库存。

77. 在下面情况下，可作出成员国产业受到损害威胁的决议：在调查过程中，调查机关根据对本《议定书》第 76 条所述因素的分析结果得出结论，如果不实施反倾销措施，则倾销进口持续并导致联盟成员国产业受到损害的后果将不可避免。

第六节 征收临时反倾销税

78. 如果调查机关在调查结束前获取的资料能够证明存在倾销进口并造成联盟成员国产业损害，则欧亚经济委员会可依据本《议定书》第 7 条所述的报告，通过有关实施反倾销措施的决议，以征收临时反倾销税的方式，防止联盟成员国产业在调查期间由于倾销进口而受到损害。

79. 调查开始之日起的 60 个日历日内不得征收临时反倾销税。

80. 临时反倾销税的税率应能够足以消除联盟成员国产业受到的损害，但不得超过初步计算的倾销幅度。

81. 如果临时倾销税的税率等于初步计算的倾销幅度，则临时倾销税期限不应超过 4 个月。但经在被调查的倾销商品进口中占大部分份额的出口商申请，该期限可延长至 6 个月。

82. 如果临时倾销税的税率低于初步计算的倾销幅度，则临时倾销税的期限不应超过 6 个月。但经在被调查的倾销商品进口中占大部分份额的出口商申请，该期限可延长至 9 个月。

83. 如果调查机关的调查结果认定实施反倾销措施缺乏依据，或者依据本《议定书》第 272 条的规定通过不实施反倾销措施的决议，则应按照本《议定书》附件规定的程序将临时反倾销税返还付款人。

调查机关应将实施反倾销措施缺乏依据或欧亚经济委员会通过不实施反倾销措施的决议及时通报给联盟成员国海关部门。

84. 如果调查结果认定联盟成员国产业受到损害威胁或成员国产业的建

立和发展受到实质性阻碍,并据此通过实施反倾销措施的决议,则应按照本《议定书》附件规定的程序,将临时反倾销税返还付款人。

85. 如果调查结果认定成员国产业受到损害或损害威胁(如果不实施临时反倾销税,则必然造成联盟成员国产业损害),并据此通过实施反倾销措施的决议,则自实施反倾销措施决议生效之日起,应按照本《议定书》附件并参照本《议定书》第 86 和 87 条的规定计入和分配临时反倾销税。

86. 如果调查结果认为应实施比临时反倾销税更低的反倾销税税率,则按照反倾销税规定税率计算出的相应的反倾销税金额应按本《议定书》附件规定的办法列入和分配。

已征收的临时反倾销税金额中超出按照反倾销税规定税率计算出的应征金额的部分,应按本《议定书》附件规定的程序返还付款人。

87. 如果调查结果认为应实施比临时反倾销税更高的反倾销税税率,则反倾销税与临时反倾销税之间的差额不予征收。

88. 临时反倾销税的征收与调查同时进行。

89. 实施临时反倾销税的决议通常自调查开始之日起 7 个月之内通过。

第七节 被调查商品出口商的价格承诺

90. 如果调查机关收到被调查商品的出口商关于修改该商品价格或停止以低于该商品正常价值的价格向欧亚经济联盟关税区出口的书面价格承诺(如果联盟成员国国内有与出口商有关联关系的人,该利害关系人必需声明支持价格承诺),并且调查机关得出结论,实施上述价格承诺能够消除倾销进口所导致的产业损害,则欧亚经济委员会可通过有关接受该价格承诺的决议。在此情况下,调查机关可暂停或终止调查,且不实施临时反倾销税或反倾销税。

承诺的价格应不高于足以抵消倾销幅度所需的水平。

如果商品提价幅度足以消除联盟成员国产业损害,则该提价幅度可低于倾销幅度。

91. 在调查机关作出存在倾销进口及该倾销进口导致联盟成员国产业损害的结论之前,欧亚经济委员会不得通过有关接受价格承诺的决议。

92. 如果被调查商品现有出口商或潜在出口商数量众多,或出于其他原因,调查机关认为不能接受价格承诺,则欧亚经济委员会不得通过有关接受价格承诺的决议。

调查机关应尽可能向出口商说明拒绝接受承诺的原因,并给予其对此进行解释的机会。

93. 调查机关向每位作出价格承诺的出口商发送提供价格承诺非保密版本的询证函,以便能够将其提供给利害关系人。

94. 调查机关可以建议,但不可要求出口商作出价格承诺。

95. 欧亚经济委员会通过接受价格承诺的决议之后,反倾销调查可根据商品出口商的申请或调查机关的决定而延长。

如果调查机关的调查结果认为不存在倾销进口或倾销进口没有导致联盟成员国产业损害的结论,则已作出价格承诺的出口商自动解除该价格承诺义务,但如果上述结论在很大程度上是由于存在价格承诺而得出,则价格承诺不得自动解除。如果得出的结论在很大程度上是由于价格承诺,则欧亚经济委员会可通过有关该价格承诺在必要的期限内继续有效的决议。

96. 如果调查机关的调查结果认定存在倾销进口且导致联盟成员国产业损害,则根据本《议定书》有关价格承诺的条件和规定,出口商作出的价格承诺继续有效。

97. 调查机关有权向已被欧亚经济委员会接受价格承诺的出口商索要有关价格承诺执行情况的资料,以及对这些资料进行核查的同意书。

如果出口商没有在规定的时间内向调查机关提供资料,并且不同意对这些资料进行核查,则被视为违反价格承诺。

98. 如果发生出口商违反或撤回价格承诺的情况,欧亚经济委员会可通过有关以征收临时反倾销税(如果调查尚未结束)或反倾销税(如果调查的最终结论证明有征收反倾销税的依据)等方式实施反倾销措施的决议。

如果出口商违反其作出的价格承诺,可给予其就该违反行为进行解释的机会。

99. 在欧亚经济委员会关于接受价格承诺的决议中,应规定根据本《议定书》第 98 条规定所实施的临时反倾销税或反倾销税的税率。

第八节 实施和征收反倾销税

100. 反倾销税的实施对象是造成联盟成员国产业损害的所有出口商所供应的倾销进口商品(根据本《议定书》第 90~99 条规定,其价格承诺已被欧亚经济委员会接受的出口商所供应的商品除外)。

101. 反倾销税幅度应足够用于消除成员国产业损害,但不得超过计算出的倾销幅度。

如果反倾销税幅度足以消除成员国产业损害,则欧亚经济委员会可通过决议,征收的反倾销税低于计算得出的倾销幅度。

102. 对于每一位已单独计算出倾销幅度的倾销进口商品的出口商和生产商,欧亚经济委员会可对其规定单独反倾销税税率。

103. 除本《议定书》第 102 条所述的单独反倾销税税率,对于没有为其单独计算倾销幅度的其他所有第三国出口商和生产商,欧亚经济委员会以调查过程中计算出的最高倾销幅度为基础,确定统一反倾销税税率。

104. 对于在临时反倾销税实施之日前 90 个日历日内已进入海关手续办理阶段,且条件符合征收反倾销税的商品,如果调查机关的调查结果认定该商品存在下列事实,可适用征收反倾销税:

(1) 该商品过去曾有过导致产业损害的倾销进口;或者进口商了解或者应该了解出口商按照低于其正常价值的价格供货且该商品进口可能导致联盟成员国产业损害;

(2) 成员国产业损害的原因是在相对较短时间内急剧增长的倾销进口,该进口的持续时间和进口量以及其他情况(包括快速增长的进口商品库存)可显著降低反倾销税的实施效果,但在调查结束之前需给予该商品的进口商解释的机会。

105. 调查机关通过《欧亚经济联盟条约》规定的正式渠道发布有关根据本《议定书》第 104 条可能对被调查商品实施反倾销税的通知。

发布调查通知的决议由调查机关根据联盟成员国相关产业的申请书(申请书应提供足够的、能满足本《议定书》第 104 条所述证据)或者调查机关在掌握证据后主动提议通过。

有关反倾销调查的通知在依照本条规定正式发布之前,对于正在办理海关手续的商品,即使符合征收反倾销税的条件,也不得征收反倾销税。

106. 联盟成员国的法律可规定向利害关系人发布有关根据本《议定书》第 104 条可能实施反倾销税的其他通知办法。

第九节 反倾销税的期限和修改

107. 反倾销措施根据欧亚经济委员会的决议实施,实施幅度和期限必需能够消除成员国产业由于倾销进口受到的损害。

108. 反倾销措施的期限自该措施实施之日或复审结束之日起不得超过5年。复审原因是情况发生变化（调查包括对倾销进口以及由该进口造成的成员国产业损害进行分析），或是反倾销措施的期限结束。

109. 因反倾销措施期限结束而进行的复审依据按照本《议定书》第186～198条规定提交的书面申请实施，也可根据调查机关的主动提议实施。

因反倾销措施期限结束而进行的复审，其申请书中应包括下列资料证据：如果反倾销措施终止，倾销进口就可能恢复或持续下去并导致联盟成员国产业受到损害。

因反倾销措施期限结束而进行复审的申请书应在反倾销措施期限结束的6个月之前提交。

复审应在反倾销措施期限结束之前开始，并在开始之日起的12个月内结束。

在根据本条进行的复审结束之前，反倾销措施可根据欧亚经济委员会的决议而延长。在反倾销措施的延长期限内，反倾销税税率按因复审而延长实施的反倾销税税率征收，征收程序依照临时反倾销税的征收程序。

根据因反倾销措施期限结束而进行复审的结果，如果调查机关认定实施反倾销措施缺乏依据或根据本《议定书》第272条通过不实施反倾销措施的决议，则在反倾销措施延长期间按征收临时反倾销税的程序征收的反倾销税应按本《议定书》附件规定的程序返还付款人。

关于实施反倾销措施缺乏依据或欧亚经济委员会通过不实施反倾销措施的决议，调查机关应及时向联盟成员国海关部门通报。

根据因反倾销措施期限结束而进行复审的结果，如果认定倾销进口可能恢复或持续并造成联盟成员国产业损害，欧亚经济委员会可延长反倾销措施的实施期限。自欧亚经济委员会关于延长实施反倾销措施的决议生效之日起，延长实施反倾销措施期间内已按征收临时反倾销税程序征收的反倾销税，应按照本《议定书》附件规定的程序计入和分配。

110. 如果反倾销税的征收时间已经超过1年，可根据利害关系人的申请或调查机关的提议而进行复审，以确定继续实施反倾销措施是否合理和（或）根据情况的变化对其进行修改（包括修改单独反倾销税税率）。

以情况变化为由而申请复审的申请书应能证明：

已不需要通过继续实施反倾销措施，来抵制倾销进口和消除倾销进口造成的联盟成员国产业损害；

现行的反倾销措施超过用于抵制倾销进口和消除倾销进口造成的联盟成员国产业损害的所需程度；

现行的反倾销措施不足以用来抵制倾销进口和消除倾销进口造成的联盟成员国产业损害。

依据本条规定而进行的复审，应在自调查开始之日起12个月内结束。

111. 复审的目的可以是为在调查期间没有供应过倾销进口商品的出口商或生产商确定单独倾销幅度。此类复审由调查机关根据上述出口商或生产商提交的申请书执行，申请书应包括：该出口商或生产商向欧亚经济联盟关税区供应的商品为被调查商品，商品出口商或生产商与已被实施反倾销措施的出口商和生产商没有关联；或他们承担向联盟关税区大量供应该商品的合同义务，终止或撤销该合同义务将对出口商或生产商造成巨大亏损或遭受罚款性制裁。

因出口商或生产商向欧亚经济联盟关税区供应被调查商品而单独确定倾销幅度的复审期间，在没有根据复审结果通过决议之前，该出口商或生产商无需缴纳反倾销税。在此情况下，对于在复审期间进口（已进口）至联盟关税区的该商品，应按照《欧亚经济联盟海关法典》规定的程序并参照本条规定，缴纳反倾销税的保证金。

调查机关应及时向联盟成员国海关机构通报复审的开始日期。

缴纳反倾销税的保证金是与按照本《议定书》第103条规定以及依照反倾销措施的统一税率所计算出的反倾销税金额相同的资金。

如果根据复审结果通过有关实施反倾销税的决议，则在复审期间应缴纳反倾销税。自根据复审结果实施反倾销税的决议生效之日起，应按照反倾销税税率确定的金额，将保证金计入反倾销税的缴纳账户。

如果复审结果认为，实施较高的反倾销税税率比用于计算反倾销税保证金的税率更合理，则不再补征复审结果确定的税率与反倾销税统一税率之间的差额。

保证金中高出按照规定反倾销税税率计算出的反倾销税金额的部分，应依照《欧亚经济联盟海关法典》规定的程序返还付款人。

本条规定的复审时间应尽可能缩短，不得超过12个月。

112. 本《议定书》第六章有关实施反倾销调查和提交证据的规定，适用于本《议定书》第107～113条规定的复审，但需注意相关差别。

113. 本《议定书》第107～112条的规定适用于本《议定书》第90～99条关于出口商的价格承诺，但需注意相关差别。

第十节　逃避反倾销措施的认定

114. 本节中的逃避反倾销措施是指为避免缴纳反倾销税而改变供货方式，或出口商逃避执行其价格承诺。

115. 为认定是否存在逃避反倾销措施行为，可根据利害关系人的申请或调查机关的主动提议，启动复审。

116. 本《议定书》第115条所指的申请书应包含下列证据：

（1）逃避反倾销措施；

（2）削弱反倾销措施的行动效果，并影响联盟成员国市场上同类商品的生产、销售、和价格；

（3）逃避反倾销措施导致出现商品（包括该商品的部件和（或）派生商品）的倾销进口。在此情况下，调查过程中确定的商品及其部件或派生商品的正常价值（欧亚经济委员会据此调查结果决定实施反倾销措施）需相应调整，以便对比使用。

117. 以认定逃避反倾销措施为目的的复审应在其开始之日起的9个月内结束。

118. 在依据本《议定书》第115～120条规定进行复审调查期间，欧亚经济委员会可按照征收临时反倾销税的程序，对从第三国（出口国）倾销进口至欧亚经济联盟关税区的被调查商品的部件和（或）派生商品、以及从其他第三国（出口国）倾销进口至联盟关税区的被调查商品和（或）其部件和（或）派生商品征收反倾销税。

119. 如果依据本《议定书》第115～120条规定进行复审，而调查机关根据调查结果不能认定存在逃避反倾销措施行为，则根据本《议定书》第118条规定的、依照临时反倾销税程序征收的反倾销税应按本《议定书》附件规定的程序返还付款人。

如果不能认定存在逃避反倾销措施行为，调查机关应及时向联盟成员国海关机构通报。

120. 如果依据本《议定书》第 115~120 条进行的复审结果能够认定存在逃避反倾销措施行为，则欧亚经济委员会可将反倾销措施适用于从第三国（出口国）倾销进口至联盟关税区的商品部件和（或）派生商品，以及从其他第三国（出口国）倾销进口至联盟关税区的商品和（或）其部件和（或）派生商品。自欧亚经济委员会实施本节所述反倾销措施决议生效之日起，依照临时反倾销税程序征收的反倾销税应按照本《议定书》附件规定的程序计入和分配。

第五章　反补贴措施

121. 本《议定书》的补贴是指：

（1）补贴机关提供的、为补贴接受者带来补充优势且在第三国（出口国）境内实施的财政资助，其形式包括：

直接转入资金（包括以补助、借款和购买股份的方式）或承担转入资金的义务（包括为借款提供担保）；

冲销资金或者第三国（出口国）的应收收入被全部或部分放弃收取（包括通过税收抵免的方式）。下列情况除外：对出口商品免收在国内消费同类商品时征收的税费，或降低此税费，或将此已实际支付的税费全部或部分返还；

优惠或无偿提供商品或服务，下列情况除外：商品或服务用于支持和发展公共设施，即与具体生产商和（或）出口商无关的设施；

优惠购买商品；

（2）任何形式的收入或价格支持，为接受补贴者带来更多优势，造成的直接或间接结果是第三国（出口国）的商品出口增加或该第三国的同类商品进口减少。

第一节　将第三国（出口国）的补贴
列入专向补贴的原则

122. 如果第三国（出口国）的补贴机关或法律法规只允许个别机构使用补贴，则该第三国（出口国）的补贴为专向补贴。

123. 本节中的个别机构是指第三国（出口国）的具体生产商和（或）出口商，或具体产业，或生产商和（或）出口商或产业的集团（联盟、联合会)。

124. 如果被允许使用补贴的个别机构位于属于补贴机关管辖范围的特定地理区域内,则该补贴为专向补贴。

125. 如果第三国(出口国)的法律法规或补贴机关设置通用的客观标准或条件,确定并严格遵守可无条件获得补贴及补贴幅度的权利(包括依照从事生产的员工人数或产量为标准),则该补贴不属于专向补贴。

126. 在任何情况下,如果第三国(出口国)提供补贴的同时还伴有下列情况,则该补贴为专向补贴:

(1) 限定使用补贴的个别机构数量;

(2) 个别机构优先使用补贴;

(3) 向个别机构提供不成比例的大额补贴;

(4) 补贴机关以优惠(特惠)方式向个别机构提供补贴。

127. 在下列情况下,第三国(出口国)的任何补贴都是专向补贴:

(1) 根据第三国(出口国)的法律法规或实际结果,商品出口成为获得补贴的唯一条件或者若干条件之一;或者虽然第三国(出口国)的法律法规规定该补贴与商品出口无关,但实际上却与已经发生的或未来可能发生的商品出口或出口收益有关,则该补贴被视为实际上与商品出口有关。而向企业提供补贴的事实本身并不是本条款所指的、与商品出口有关的补贴。

(2) 根据第三国(出口国)的法律法规或实际结果,使用第三国(出口国)所产商品替代进口商品是获得补贴的唯一条件或者若干条件之一。

128. 调查机关有关将第三国(出口国)的补贴列入专向补贴的决议应有证据支撑。

第二节 确定专向补贴额的原则

129. 专向补贴的幅度根据补贴接受者获得的收益幅度来确定。

130. 专向补贴接受者获得的收益幅度根据下列原则确定:

(1) 从补贴机关获得投资不应被视为收益,前提是该投资符合第三国(出口国)境内通常的投资实践(包括提供风险投资);

(2) 从补贴机关获得贷款不应被视为收益,前提是贷款人应偿还的该国家贷款与其在第三国(出口国)借贷市场上的商业贷款之间没有利息差别。否则，两种贷款之间的利息差额即被视为收益；

（3）从补贴机关获得贷款担保不应被视为收益，前提是贷款人应偿还的该有担保贷款与没有政府担保的商业贷款之间没有利息差别。否则，两种贷款之间的利息差额（考虑佣金因素）即被视为补贴；

（4）从补贴机关获得商品或服务、或者商品采购不应被视为收益，前提是商品或服务的价格未低于相应报酬，或商品采购的价格未高于相应报酬。相应报酬应根据该商品和服务在第三国（出口国）市场上的买卖条件确定，包括价格、质量、可得性、流动性、运输及其他买卖条件。

第三节　补贴进口造成成员国产业损害的认定

131. 本节中的联盟成员国产业损害应理解为对联盟成员国产业造成的损害、损害威胁，或对联盟成员国产业建立形成阻碍。

132. 对补贴进口造成的成员国产业损害的认定应基于对补贴进口的数量、该进口对联盟成员国市场上同类商品的价格影响，以及对联盟成员国国内同类商品生产商的影响等因素的分析。

133. 以确定补贴进口造成联盟成员国产业损害为目的而对资料进行分析的调查期限，由调查机关决定。

134. 在分析补贴进口规模时，调查机关应确定被调查商品的补贴进口是否有实质性增加（以联盟成员国同类商品生产或消费的绝对指标或相对指标表示）。

135. 如果同期进行的调查对象是来自多个第三国至欧亚经济联盟关税区的补贴进口，则调查机关可在确定下列情况后，对该进口产生的总体影响进行评估：

（1）每个第三国对该被调查商品的补贴幅度均超过其价值的1%，且根据本《议定书》第228条规定，自每个国家的补贴进口数量都较大。

（2）根据各补贴进口商品之间的竞争条件以及各补贴进口商品与联盟成员国同类商品之间的竞争条件，对商品的补贴进口影响进行综合评估具有可行性。

136. 在分析补贴进口对联盟成员国市场上同类商品的价格产生影响时，调查机关应确认：

（1）补贴进口商品的价格是否明显低于联盟成员国市场上的同类商品

价格；

（2）补贴进口是否造成联盟成员国市场上同类商品价格的明显降低；

（3）补贴进口是否明显抑制了联盟成员国市场上同类商品在没有该进口情况下应有的价格提高。

137. 分析补贴进口对联盟成员国产业造成的影响时，需对所有与联盟成员国产业状况相关的经济因素进行评估。这些因素包括：

（1）已发生或将来可能发生的商品在联盟成员国市场上的生产、销售和市场份额萎缩，利润、劳动生产率下降，投资收益或产能利用效率减少；

（2）影响联盟成员国市场上的商品价格的因素；

（3）已发生或将来可能发生的对资金周转、商品库存、就业水平、工资、生产增速及吸引投资能力的不利影响。

138. 如果已有资料允许按某些标准划分同类商品的生产，比如同类商品的生产过程、生产商的销售情况、利润等，则可适当根据成员国同类商品生产情况来评估补贴进口对联盟成员国产业的影响。

如现有资料不允许划分同类商品的生产，则可在已有相关资料基础上，根据包含同类商品的最小商品组别的生产情况，或根据包含同类商品的商品目录来评估补贴进口对联盟成员国产业的影响。

139. 对补贴进口造成的产业损害进行认定时，调查机关应考虑以下因素：

（1）补贴的特点、补贴幅度及其对贸易的影响；

（2）补贴进口的增长速度，以便证明该进口具有进一步增长的可能性；

（3）补贴进口商品出口商的出口能力，或其出口能力增长明显不可避免，以便证明该商品的补贴进口增长具有现实可能性。同时应考虑其他出口市场增加该商品出口的能力；

（4）补贴进口商品的价格水平，如果该价格可能导致联盟成员国市场同类商品价格降低或受到抑制，以及导致对该补贴进口商品的需求增长；

（5）出口商的补贴进口商品的库存。

140. 如调查机关通过对本《议定书》第139条所述因素进行分析后得出的调查结论是，如果不实施反补贴措施，补贴进口的持续及其给联盟成员国产业带来的损害将不可避免，则可以认定存在造成联盟成员国产业损害的威胁。

141. 补贴进口与联盟成员国产业受到损害之间存在因果关系的结论应以调查机关对所掌握的所有与案件有关的证据和资料进行分析的基础上。

142. 除补贴进口外，调查机关还应分析在同一时期导致联盟成员国产业损害的其他已知因素。这些因素造成的联盟成员国产业损害不应归入因补贴进口造成的产业损害之列。

第四节　征收临时反补贴税

143. 如果调查机关在调查结束前获得的信息证实存在补贴进口并造成联盟成员国产业损害，则欧亚经济委员会可依据本《议定书》第7条通过决议，以征收临时反补贴税的办法，实施最长期限为4个月的反补贴措施，以防止调查期间补贴进口给联盟成员国产业造成损害。

144. 临时反补贴税不得在调查开始之日起60个日历日内征收。

145. 临时反补贴税应等于初步计算得出的第三国对出口商品的单位专向补贴幅度。

146. 如果调查机关的调查结果认定没有实施反补贴措施的依据，或根据本《议定书》第272条通过不实施反补贴措施的决议，则征收的临时反补贴税应按照本《议定书》附件规定的程序返还付款人。

如果根据认定没有实施反补贴措施的依据，或根据本《议定书》第272条通过不实施反补贴措施的决议，调查机关应及时向联盟成员国海关机构通报。

147. 如果调查结果认定联盟成员国产业受到损害威胁或联盟成员国产业建立受到实质性阻碍而通过实施反补贴措施的决议，则临时反补贴税应按照本《议定书》附件规定的程序返还付款人。

148. 如果调查结果认定联盟成员国产业受到损害或损害威胁，且如果不征收临时反补贴税，联盟成员国产业一定会受到损害，由此而通过实施反补贴措施的决议，则自反补贴措施决议生效之日起，已征收的临时反补贴税应按照本《议定书》附件规定的程序，并参照本《议定书》第149和150条的规定计入和分配。

149. 如果调查结果认为应实施比临时反补贴税更低的反补贴税税率，则按照反补贴税规定税率计算出的相应的临时反补贴税金额应按本《议定书》附件规定的程序计入和分配。

临时反补贴税金额中超出按照反补贴税规定税率计算金额的部分,应按本《议定书》附件规定的程序返还付款人。

150. 如果调查结果认为应实施比临时反补贴税更高的反补贴税税率,则反补贴税金额与临时反补贴税金额之间的差额不予征收。

151. 临时反补贴税的征收与调查同时进行。

152. 临时反补贴税根据本《议定书》第 164~168 条征收。

153. 征收临时反补贴税的决议通常自调查开始之日起 7 个月之内通过。

第五节　提供补贴的第三国或被调查商品出口商的自愿承诺

154. 如果欧亚经济委员会决定接受提供补贴的第三国或被调查商品出口商自愿作出的如下(书面)承诺,调查机关可在尚未征收临时反补贴税或最终反补贴税的情况下暂停或终止调查:

第三国(出口国)同意取消或减少补贴,或者实施其他相应措施消除补贴造成的后果;

被调查商品出口商同意修改该商品价格(出口商在联盟成员国有利害关系人时,还应保证该利害关系人支持其所修改价格的承诺),调查机关对出口商的承诺进行分析之后,认为接受该承诺能够消除联盟成员国产业受到的损害。

根据这些承诺,被调查商品的提价幅度不应高于第三国(出口国)给予出口商品的单位专向补贴幅度。

如果被调查商品的提价幅度足以消除对联盟成员国产业的损害,该提价幅度可以低于第三国(出口国)给予出口商品的单位专向补贴幅度。

155. 在调查机关尚未就是否存在补贴进口及联盟成员国产业损害等问题得出初步结论之前,欧亚经济委员会不得通过有关接受承诺的决议。

在本《议定书》第 154 条第 3 款所述被调查商品出口商的承诺得到第三国(出口国)授权机构的同意之前,欧亚经济委员会不得通过有关接受承诺的决议。

156. 如果被调查商品现有出口商或潜在出口商数量众多,或出于其他原因,调查机关认为不能接受承诺,则欧亚经济委员会不得通过有关接受承诺的决议。

调查机关应尽可能向出口商说明拒绝接受承诺的原因，并给予出口商对此进行解释的机会。

157. 调查机关要求每个作出承诺的第三国（出口国）的出口商和授权机构提供有关承诺的非保密版本，以便能够提供给利害关系人。

158. 调查机关可建议被调查商品的第三国（出口国）或出口商接受承诺，但不得要求其接受承诺。

159. 如果欧亚经济委员会通过接受承诺的决议，反补贴调查仍可根据第三国（出口国）或调查机关的申请继续进行。

如果调查机关的调查结果认为不存在补贴进口或不存在补贴进口导致联盟成员国产业损害的结论，则已作出自愿承诺的出口商自动解除该承诺义务，但如果上述结论在很大程度上是由于存在自愿承诺而得出，则承诺不得自动解除。如果得出的结论在很大程度上是由于自愿承诺，则欧亚经济委员会可通过有关该承诺在必要的期限内继续有效的决议。

160. 如果调查机关的结论认定存在补贴进口以及该补贴进口造成联盟成员国产业损害，则根据自愿承诺的存在条件及本《议定书》的规定，该承诺继续有效。

161. 如果欧亚经济委员会已接受自愿承诺，调查机关则有权要求第三国（出口国）或出口商提供其履行承诺的有关情况资料及允许对这些资料进行核查的同意书。

第三国（出口国）或出口商不按照调查机关规定的期限提供有关资料以及允许对这些资料进行核查的同意书，将被视为违反其所作的承诺。

162. 如果第三国（出口国）或出口商违反或撤回自愿承诺，欧亚经济委员会可通过决议，以征收临时反补贴税的方式实施反补贴措施（如果调查尚未结束）或征收反补贴税（如最终调查结果证实存在征收反补贴税的依据）。

如果第三国（出口国）或出口商违反自愿承诺，应向其提供对此进行解释的机会。

163. 欧亚经济委员会在其关于接受自愿承诺的决议中，应按照本《议定书》第162条规定，确定临时反补贴税或反补贴税。

第六节 实施和征收反补贴税

164. 如果第三国（出口国）已经撤销专向补贴，则欧亚经济委员会不得作出有关征收反补贴税的决议。

165. 如果提供专向补贴的第三国（出口国）接到磋商建议后拒绝进行磋商或磋商未果，则征收反补贴税。

166. 反补贴税针对造成联盟成员国产业损害的所有出口商提供的补贴进口商品（欧亚经济委员会已接受其自愿承诺的出口商提供的商品除外）。

对于个别进口商提供的商品，欧亚经济委员会可规定单独的反补贴税税率。

167. 反补贴税税率不应高于第三国（出口国）给予出口商品的单位专向补贴幅度。

如果补贴是根据不同的补贴项目提供，则应计算其累计金额。

如反补贴税税率足以消除对联盟成员国产业的损害，则该税率可低于第三国（出口国）的专向补贴幅度。

168. 调查机关在确定反补贴税税率时应考虑联盟成员国消费者的书面意见及征收反补贴税可能对消费者经济利益产生的影响。

169. 对于在临时反补贴税实施之日前90个日历日内已进入海关手续办理阶段，且条件符合征收反补贴税的商品，如果调查机关的调查结果认定该商品存在下列事实，可适用征收反补贴税：

（1）享受专向补贴的商品在相对较短时间内进口急剧增长所造成的损害将难以消除；

（2）必需针对本条1）中所述进口商品征收反补贴税，以防止联盟成员国产业再次受到损害。

170. 调查机关在调查开始后，通过《欧亚经济联盟条约》规定的正式渠道发布有关根据本《议定书》第169条可能对被调查商品征收反补贴税的通知。

发布调查通知的决议由调查机关根据联盟成员国相关产业的申请书（申请书应提供足够的、能满足本《议定书》第169条所述证据）或者调查机关在掌握证据后主动提议通过。

有关反补贴税调查的通知在依照本条规定正式发布之前，对于正在办理海关手续的商品，即使符合征收反补贴税的条件，也不得征收反补贴税。

171. 联盟成员国的法律法规可规定向利害关系人发出有关根据本《议定书》第169条可能对被调查商品征收反补贴税的通知的其他办法。

第七节　反补贴措施的实施期限及其修改

172. 反补贴措施根据欧亚经济委员会的决议实施，实施的程度及期限需能够消除补贴进口造成的联盟成员国产业损害。

173. 反补贴措施的期限自该措施实施之日起或自复审调查结束之日起不得超过 5 年。复审调查的原因是情况发生变化，需对补贴进口以及由该进口造成的联盟成员国产业损害进行分析，或是反补贴措施的期限结束。

174. 因反补贴措施期限结束而进行的复审调查依据按照本《议定书》第 186~198 条规定提交的书面申请实施，也可根据调查机关的主动提议实施。

因反补贴措施期限结束而进行的复审调查，其申请书中应包括下列资料：如果反补贴措施终止，补贴进口就可能恢复或持续下去并造成联盟成员国产业受到损害。

因反补贴措施期限结束而进行的复审调查的申请书应在反补贴措施期限结束前的 6 个月内提交。

复审调查应在反补贴措施期限结束之前开始，并在其开始之日起的 12 个月内结束。

在根据本条进行的复审调查结束之前，反补贴措施可根据欧亚经济委员会的决议而延长。在反补贴措施的延长期限内，按因复审调查而被延长实施的反补贴措施规定的税率、并依照临时反补贴税的征收程序征收反补贴税。

根据因反补贴措施期限结束而进行的复审调查结果，如果调查机关认定没有实施反补贴措施的依据，或根据本《议定书》第 272 条规定通过有关不实施补贴措施的决议，则在反补贴措施延长实施期间按临时反补贴税征收程序征收的反补贴税应按照本《议定书》附件规定的程序返还付款人。

如果调查机关认定没有实施反补贴措施的依据，或欧亚经济委员会通过有关不实施反补贴措施的决议，调查机关应及时向联盟成员国海关机构通报。

根据因反补贴措施期限结束而进行的复审调查结果，如果认定补贴进口可能恢复或持续并造成联盟成员国产业受到损害，欧亚经济委员会可决议延长实施反补贴措施。自欧亚经济委员会关于延长实施反补贴措施的决议生效之日起，延长实施反补贴措施期间内按临时反补贴税征收程序征收的反补贴税，应按照本《议定书》附件规定的程序计入和分配。

175. 如果反补贴税的征收时间已超过1年，可根据利害关系人的申请或调查机关的提议进行复审调查，以确定继续实施反补贴措施是否合理和（或）根据变化了的情况对其进行修改（包括修改单独反补贴税税率）。

因情况发生变化而申请复审调查，其申请书中应包含以下证明材料：

已无需通过继续实施反补贴措施，来抵制补贴进口和消除联盟成员国产业因补贴进口而受到的损害；

现有的反补贴措施超过用于抵制补贴进口和消除联盟成员国产业因补贴进口所受损害的所需程度；

现有的反补贴措施不足以用来抵制补贴进口和消除联盟成员国产业因补贴进口而受到的损害。

由于情况变化而申请的复审调查，应自复审调查开始之日起12个月内结束。

176. 本《议定书》第六章有关提交证据和实施调查的规定适用于本《议定书》第172~178条规定的复审调查，但需注意相关差别。

177. 本《议定书》第172~178条的规定适用于本《议定书》第154~163条规定的第三国（出口国）或出口商作出的承诺，但需注意相关差别。

178. 针对属于反补贴措施实施对象、但因除拒绝合作之外的其他原因而未加入调查的出口商，复审调查机关可根据该出口商申请，对其单独确定反补贴税税率。

第八节　逃避反补贴措施的认定

179. 本节中的逃避反补贴措施是指通过改变供货方式，逃避缴纳反补贴税或逃避执行自愿承诺。

180. 根据利害关系人的申请，或根据调查机关的主动提议，可启动复审调查，以认定逃避反补贴措施。

181. 本《议定书》第180条所指的申请书应包含下列证据：

（1）逃避反补贴措施；

（2）因逃避反补贴措施而削弱反补贴措施的行动效果，影响联盟成员国市场上同类商品的生产和（或）销售和（或）价格；

（3）商品包含其部件和（或）其派生商品的生产商和（或）出口商因获得专向补贴而维持效益。

182. 在依据本《议定书》第179~185条规定进行复审调查期间，欧亚经济委员会可按照临时反补贴税的征收程序对从第三国（出口国）补贴进口至欧亚经济联盟关税区的商品部件和（或）派生商品，以及从其他第三国（出口国）补贴进口至联盟关税区的商品和（或）其部件和（或）派生商品征收反补贴税。

183. 如果依据本《议定书》第179~185条规定进行复审调查，而调查机关根据调查结果不能认定逃避反补贴措施，则根据本《议定书》第182条规定以临时反补贴税征收程序征收的反补贴税应按本《议定书》附件规定的程序返还付款人。

调查机关应及时向联盟成员国海关机构通报不能认定逃避反补贴措施的情况。

184. 如果依据本《议定书》第179~185条进行复审调查的结果能够认定逃避反补贴措施，则欧亚经济委员会可将反补贴措施适用于从第三国（出口国）补贴进口至联盟关税区的商品部件和（或）派生商品，以及从其他第三国（出口国）补贴进口至联盟关税区的商品和（或）其部件和（或）派生商品。自欧亚经济委员会实施本条所述的反补贴措施决议生效之日起，以临时反补贴税征收程序征收的反补贴税应按照本《议定书》附件规定的程序计入和分配。

185. 以认定逃避反补贴措施为目的的复审调查，应自调查开始之日起的9个月内结束。

第六章　调　　查

第一节　调查依据

186. 为确定是否存在进口增长及其造成的联盟成员国产业严重损害或严重损害威胁，以及是否存在倾销进口或补贴进口及其对联盟成员国产业造成的损害、损害威胁或对联盟成员国产业建立造成实质性阻碍，由调查机关依据书面申请或由调查机关主动提议进行调查。

187. 本《议定书》第186条所指的申请可由以下申请人提交：

（1）同类商品或直接竞争商品（申请实施保障措施时）或同类商品（申请实施反倾销或反补贴措施时）的联盟成员国的生产商或其授权的代表；

（2）联盟成员国的生产商联合会，或者该联合会授权的代表。该联合会大部分成员生产的同类商品或直接竞争商品（申请实施保障措施时）或同类商品（申请实施反倾销或反补贴措施时）在联盟成员国总产量中的占比不低于25%。

188. 本《议定书》第187条所述的生产商和联合会的授权代表的权限应有证书证明，证书原件应与申请书一同提交调查机关。

189. 本《议定书》第186条所述的申请书应附有获得联盟成员国国内同类商品或直接竞争商品生产商支持的证据。若证据符合以下条件，申请可被受理：

（1）联盟成员国同类商品或直接竞争商品的其他生产商加入申请的文件。这些生产商与申请人的产量之和应在联盟成员国同类商品或直接竞争商品总产量中的占比不低于25%（申请实施保障措施时）；

（2）文件能够证明，支持申请的生产商的产量在联盟成员国同类商品总产量中的占比不低于25%，同时，支持申请的生产商（包括申请人）的产量之和在已对申请发表意见（支持申请或反对申请）的联盟成员国同类商品生产商总产量中的占比超过50%（申请实施反倾销或反补贴措施时）。

190. 本《议定书》第186条所述申请应包括以下内容：

（1）申请人的情况资料。包括：在提交申请日的前三年内，联盟成员国有关产业的同类商品或直接竞争商品（申请实施保障措施时）或者同类商品（申请实施反倾销或反补贴措施时）的产量及产值；支持申请的联盟成员国的生产商所生产的同类商品或直接竞争商品（申请实施保障措施时）或者同类商品（申请实施反倾销或反补贴措施时）的产量和产值，以及他们在联盟成员国同类商品或直接竞争商品（申请实施保障措施时）或者同类商品（申请实施反倾销或反补贴措施时）的产量和产值中的占比；

（2）关于对进口至联盟关税区的，被建议实施保障措施、反倾销措施和反补贴措施的被调查商品的描述，标出其商品海关编码；

（3）根据海关统计资料写出本条（2）中所述商品的原产国或出口国名称；

（4）本条（2）中所述商品的在第三国（出口国）内的已知生产商和（或）出口商资料，该商品在联盟成员国内的已知进口商和主要消费者资料；

（5）往期内及随后一段时期内（即在申请书提交时能获得代表性统计数据的时期）进入联盟关税区的，被建议实施保障措施、反倾销措施和反补贴措施的商品的进口数量变化资料；

（6）往期内及随后一段时期内（即在申请书提交时能获得代表性统计数据的时期），同类商品或直接竞争商品（申请实施保障措施时）或者同类商品（申请实施反倾销或反补贴措施时）自联盟关税区的出口量变化资料。

191. 除本《议定书》第190条所述资料外，根据申请书中所建议实施的措施，申请人还需提供：

（1）在申请保障措施时，需提供有关商品进口增长及联盟成员国产业受到严重损害或严重损害威胁的证据、实施保障措施的建议并说明实施强度和实施期限、保障措施实施期间联盟成员国产业为适应国外竞争而应采取的措施计划；

（2）在申请反倾销措施时，需提供有关商品出口价格和正常价值的资料、商品倾销进口对联盟成员国产业造成损害或损害威胁或联盟成员国产业建立受到根本性阻碍的证据、实施反倾销措施的建议并说明实施强度和实施期限；

（3）有关存在第三国（出口国）专向补贴的资料，如有可能，提供有关补贴数量的资料；补贴进口对联盟成员国产业造成损害或损害威胁或联盟成员国产业建立受到根本性阻碍的证据；实施反补贴措施的建议并说明实施强度和实施期限。

192. 对联盟成员国产业造成损害或损害威胁的证据（申请保障措施时）、倾销进口或补贴进口对联盟成员国产业造成损害或损害威胁或联盟成员国产业建立受到根本性阻碍的证据（申请反倾销或反补贴措施时）均应以能够说明往期内及随后一段时期内（即在申请书提交时能获得代表性统计数据的时期，包括有关商品产量、销售量、商品在联盟成员国市场所占份额、商品生产成本、价格、产能利用率、就业情况、劳动生产率、利润、生产盈利率、联盟成员国产业投资规模等数据）联盟成员国产业经济状况的、以数量和（或）价值计算的客观因素为依据。

193. 申请书提供的资料需附上资料来源。

194. 为便于比对，申请书中的指标应使用统一的货币和数量单位。

195. 为申请书提供有关资料的生产商的主管以及负责会计统计和报表的人员应确保与该生产商直接相关的资料准确无误。

196. 申请书及其非保密版本附件（如申请书中含有保密信息）应按照本《议定书》第 8 条的规定提交调查机关，并在到达调查机关之日进行登记。

197. 向调查机关提交申请之日即为在调查机关登记之日。

198. 如有以下情形，关于实施保障措施、反倾销或反补贴措施的申请将被拒绝：

提交申请时不提供本《议定书》第 189~191 条规定的资料；

申请人提供的本《议定书》第 189~191 条规定的资料不可靠；

没有提供申请书的非保密版本。

不得以其他理由拒绝申请。

第二节　启动调查及进行调查

199. 调查机关在决定开展调查之前，应将关于收到依照本《议定书》第 187~196 条规定提交的、要求实施保障措施反倾销或反补贴措施的申请书的信息书面通知第三国（出口国）。

200. 调查机关在决定展开调查之前，应在申请书登记之日起的 30 个日历日内，根据本《议定书》第 189~191 条规定，对该申请书是否提供足够且可信的证据和资料进行研究。如果调查机关需要获得更多补充资料，该期限可延长，但不得超过 60 个日历日。

201. 调查开始之前或调查过程中，申请人可撤回申请书。

如果申请书在调查开始之前被撤回，则被视为没有提交。

如果申请书在调查过程中被撤回，则调查终止，并不得实施保障措施、反倾销或反补贴措施。

202. 在决定开展调查之前，申请书中的资料不得向外披露。

203. 调查机关需在本《议定书》第 200 条所述期限结束之前通过有关开始调查或拒绝调查的决议。

204. 如决定开始调查，调查机关应书面通知第三国（出口国）授权机构及其他已知利害关系人，并在决议通过后的10个工作日内按照《欧亚经济联盟条约》规定的方式发布有关启动调查的公告。

205. 联盟的互联网官方网站发布有关启动调查公告之日即为调查开始之日。

206. 调查机关只有在掌握了进口增长及其导致有关产业受到严重损害或严重损害威胁，或者倾销进口或补贴进口及其导致联盟成员国相关产业受到损害、损害威胁或产业建立受到实质性阻碍的证据之后，方可决定展开调查（包括自行提议）。

如果证据不足，则不能展开调查。

207. 如果调查机关在对申请书进行研究之后，认为根据本《议定书》第190~191条规定提交的资料不能证明联盟关税区存在商品进口增长、倾销进口或补贴进口和（或）由此造成联盟成员国产业损害或受到损害威胁、倾销进口或补贴进口造成联盟成员国产业建立受到实质性阻碍、进口增长造成联盟成员国产业受到严重损害或严重损害威胁，则可拒绝进行调查。

208. 如调查机关决定拒绝进行调查，应在通过决议后的10个日历日内以书面方式通知申请人有关拒绝的理由。

209. 利害关系人有权在本《议定书》规定的期限内提出参加调查的书面申请。从申请书在调查机关登记之日起，该利害关系人即成为调查参与人。

自调查开始之日起，申请人和表示支持申请的联盟成员国生产商即成为调查参与人。

210. 利害关系人有权在不妨碍调查进程的期限内提交用于调查的必需资料（包括保密版本），并注明资料来源。

211. 调查机关有权要求利害关系人提供调查需要的补充信息。

调查机关也可向联盟成员国的其他机构和组织发出此类询证函。

上述询证函由调查机关的领导（其副职）签发。

自询证函被转交利害关系人的授权代表之时起，或该询证函自邮寄之日的7个日历日后，该询证函即被视为被利害关系人接收。

利害关系人的回复函应在收到询证函之日起的30个日历日内提交调查机关。

如果回复函在本条第五段所述日期结束后的7个日历日内到达调查机

关，即可视为被调查机关接收。

如果利害关系人提交的信息在上述期限结束后到达，则该资料有可能不被调查机关考虑。

根据利害关系人理由充足的书面申请，调查机关可延长回复函的提交期限。

212. 如利害关系方拒绝向调查机关提供调查所需资料，或者不在规定期限内提供有关资料，或者提供的资料不真实，使得调查难度增加，该利害关系人即被视为不合作，调查机关可根据自己掌握的资料得出初步和最终调查结论。

如果相关利害关系人能够证明完全执行调查机关询证函的资料提交规定不现实或者物质消耗太大，则不提交电子版形式的所需材料，或不按照调查机关询证函规定的电子版格式提交材料不应被调查机关定性为拒绝合作。

如果调查机关出于本条第一段以外的原因不考虑利害关系人提交的材料，应将通过该决议的原因和依据通知利害关系人，并给予其一定时间就此进行解释。

调查机关在作出初步或最终结论时，以及在确定商品的正常价值时（进行反倾销调查时），如果适用本条第一段的规定并使用一些资料（包括申请人提交的资料），则应在不增加调查难度和不耽误调查期限的情况下，利用从第三方渠道或利害关系人处获得的信息对这些资料进行核查。

213. 在开展反倾销或反补贴调查的决议通过之日起，调查机关应在最短时间内向第三国（出口国）的授权机构和已知出口商发出申请书的副本或非保密版本（在申请书包含保密信息的情况下），并根据其他利害关系人的请求向其提供该副本。

如果已知出口商的数量众多，则申请书的副本或非保密版本只发给第三国（出口国）的授权机构。

根据保障调查参与人的请求，调查机关向其提供申请书副本或非保密版本（在申请书包含保密信息的情况下）。

在维护资料保密性的前提下，经调查参与人请求，调查机关可向其提供由任何利害关系人提供的、与调查对象有关的书面证据资料。

调查机关在调查过程中可向调查参与人提供了解其他非保密涉案资料

的机会。

214. 根据利害关系人的请求，调查机关可就调查对象提供咨询。

215. 在调查过程中，所有利害关系人都有机会维护自己的利益。为此，调查机关需根据利害关系人的请求，向所有利害关系人提供会面的机会，使其能够提出反对意见和辩护。提供此类机会应考虑资料的保密性。不应要求所有的利害关系人参加会面，任何利害关系人的缺席都不应导致其利益受到损害。

216. 使用被调查商品的消费者、消费者社会团体的代表、国家机关、地方自治机构及其他人都有权向调查机关提交与案件有关的材料。

217. 有关的调查期限不应超过：

（1）基于要求实施保障措施的申请书的调查自开始后 9 个月，调查机关可延长该期限，但不得超过 3 个月；

（2）基于要求实施反倾销或反补贴措施的申请书的调查自开始后 12 个月，调查机关可延长该期限，但不得超过 6 个月。

218. 调查不得妨碍被调查商品办理海关手续。

219. 欧亚经济委员会审议本《议定书》第 5 条所述的调查结果报告和相关决议草案之日即为调查结束之日。

如果调查机关作出的最终结论认为，实施、修改或取消保障措施、反倾销或反补贴措施缺乏依据，则调查机关公布相关消息的日期即为调查结束日期。

如果已征收临时特别关税、临时反倾销税或临时反补贴税，则调查应在相关临时措施的期限届满之前完成。

220. 如果调查机关在调查过程中认定，不存在本《议定书》第 3 条第二段或第三段规定的依据，则调查结束，且不实施保障措施、反倾销或反补贴措施。

221. 如果根据欧亚经济委员会批准的竞争情况评价方法，本《议定书》第 186 条所述的支持调查申请的某一生产商（考虑其加入《欧亚经济联盟条约》第八章规定的群体）在调查开始前的 2 个日历年间在联盟关税区内同类商品或直接竞争商品（实施保障措施前调查）或者同类商品（实施反倾销或反补贴措施前调查）的产量份额表明，该生产商在联盟相关商品市场占据主导地位（考虑其加入群体的情况），则欧亚经济委员会负责监督跨国市场上是否遵守一般竞争规则的下属部门可根据调查机关的请求，就保障措施、反倾销或反补贴措施可能对联盟相关商品市场的竞争环境的影响进行评估。

第三节 反倾销调查的特殊性

222. 如果调查机构认定的倾销幅度小于倾销幅度最低允许值，或者已经发生或可能发生的倾销进口数量或该进口造成的联盟成员国产业损害或损害威胁或产业建立受到实质性阻碍不明显，则可终止反倾销调查且不实施反倾销措施。

倾销幅度最低允许值是指倾销幅度不高于2%。

223. 如果若干国家中的每个国家的倾销进口都未达到进入联盟关税区的被调查商品进口总量的3%，且各国倾销进口合计不超过联盟关税区被调查商品进口总量的7%，则从某个第三国（出口国）倾销进口的商品数量小于进入联盟关税区的被调查商品进口总量的3%时，则此类倾销进口视为少量进口。

224. 调查机关在就倾销调查结果通过决议之前，应在考虑资料保密性的前提下，将根据调查结果作出的主要结论通知利害关系人，并给予其解释的机会。

利害关系人进行解释的期限由调查机关规定，不得少于15个日历日。

第四节 反补贴调查的特殊性

225. 在开始审议申请书之后和决定展开调查之前，调查机关应向被建议实施反补贴措施的商品的第三国（出口国）提出磋商建议，以查清专向补贴是否存在、金额大小和后果，并达成双方都能接受的解决办法。

此类磋商可在调查期间进行。

226. 本《议定书》第225条所述的磋商不妨碍通过展开调查的决议和实施反补贴措施。

227. 如果调查机关认定，第三国（出口国）的专向补贴是最低的或者已经发生或可能发生的补贴进口数量或该进口造成的成员国产业损害或损害威胁或产业建立受到实质性的阻碍不明显，则可终止反补贴调查且不实施反补贴措施。

228. 如果专向补贴低于被调查商品价值的1%，则该金额被视为最低补贴。

如果从某个国家补贴进口的商品数量小于联盟关税区同类商品进口总量的3%，且若干国家中每个国家的补贴进口都小于联盟关税区同类商品进口总量的1%，同时各国补贴进口合计不超过联盟关税区同类商品进口总量的3%，这类补贴进口为少量进口。

229. 对于享受欧亚经济联盟关税优惠的发展中国家和最不发达国家，如果调查机关认定，第三国（出口国）对补贴进口商品提供的专向补贴总额经计算不超过单位商品价值的2%，或者从该国进口的该商品不超过联盟关税区该商品进口总量的4%，且进口总量中来自发展中国家和最不发达国家的该商品进口量合计不超过9%，其中每个国家均不超过进口总量的4%，那么，即可终止调查。

230. 调查机关在对补贴调查结果通过决议之前，应在考虑资料保密性的前提下将根据调查结果作出的主要结论通知利害关系人，并向其提供解释的机会。

利害关系人进行解释的期限由调查机关规定，不得少于15个日历日。

第五节 倾销或补贴进口时成员国产业的特殊定义

231. 在实施反倾销或反补贴调查时，联盟成员国产业是指《欧亚经济联盟条约》第49条规定的定义，本《议定书》第232和233条规定的情况除外。

232. 如果联盟成员国同类商品生产者同时又是被假定为倾销进口或补贴进口商品的进口商，或者与被假定为倾销进口或补贴进口商品的出口商或进口商有关联，在此情况下，联盟成员国产业是指联盟成员国国内同类商品的其余生产商。

下列情况下，联盟成员国的同类商品生产商被视为与被假定为倾销进口或补贴进口商品的出口商或进口商有关联：

联盟成员国的同类商品的个别生产商直接或间接控制被调查商品的出口商或进口商；

被调查商品的个别出口商或进口商直接或间接控制联盟成员国同类商品的生产商；

联盟成员国的同类商品的个别生产商和被调查商品的出口商或进口商直接或间接受第三方控制；

联盟成员国的同类商品的个别生产商和被调查商品的外国生产商、出口商或进口商直接或间接控制第三方，且调查机关有证据认为该生产商的行为与其他非关联人的行为有明显差别。

233. 界定联盟成员国产业时，这些联盟成员国的国土可被看作是存在两个以上（含两个）的竞争市场的地域，如果其中一个竞争市场内的联盟成员国生产商将其80%以上的所产同类商品都销售到该竞争市场并用于消费和再加工，并且其他竞争市场的同类商品生产商在很大程度上无法满足该竞争市场对同类商品的需求，则该竞争市场可被视作独立的联盟成员国产业。

如果倾销进口或补贴进口的被调查商品在上述某一个竞争市场上集中销售，并给这一竞争市场内所有或几乎所有联盟成员国同类商品生产商造成损害，在此情况下，即使联盟成员国产业的主体部分未遭受损害，仍可确定该倾销进口或补贴进口对联盟成员国造成损害或损害威胁或联盟成员国的产业建立遭到实质性阻碍。

234. 如果依照本《议定书》第233条规定的意义界定联盟成员国产业，则根据调查结果通过有关实施反倾销或反补贴措施决议时，该措施适用于联盟关税区的所有该类商品进口。

在此情况下，首先应给予出口商机会，使其停止以倾销价格（倾销进口时）或补贴价格（补贴进口时）向联盟关税区出口商品，或者建议出口商对出口条件作出相应承诺。经过以上程序后若该机会未被出口商利用，方可征收反倾销税或反补贴税。

第六节 听 证

235. 在本《议定书》规定的期限内，根据任何调查参与人提交的书面请求，调查机关需举行听证。

236. 调查机关应通知各调查参与人举行听证的时间和地点，以及听证过程中将审理的问题。

听证应安排在发出有关通知后的15个日历日内举行。

237. 调查参与人或其代表，或其邀请前来举证的人员，有权参与听证。

听证过程中调查参与人可以就调查有关的问题陈述自己的意见并出示相关证据。调查机关代表有权向与会者提出涉及事实的实质性问题。调查参与人也可互相提问并应予以回答。参与听证各方不应泄露保密信息。

238. 调查参与人在听证过程中提出的口头资料，如能在听证举行后15个日历日内以书面方式提交给调查机关，调查中将予以考虑。

第七节　调查过程中的资料收集

239. 在有关开展反倾销或反补贴调查的决议通过之后，调查机关向已知的被调查商品出口商和（或）生产商发送他们需答复的问题清单。

问题清单还应发送给联盟成员国的同类商品或直接竞争商品生产商（实施保障调查时）或同类商品生产商（实施反倾销或反补贴调查时）。

必要情况下，问题清单还可发送给被调查商品的进口商和消费者。

240. 本《议定书》第239条所述的、需向其发送问题清单的人员，应在收到该清单后的30个日历日内将答复函提交给调查机关。

根据本《议定书》第239条所述人员的合理书面请求，调查机关可延长答复期限，但延长时间不得超过14个日历日。

241. 问题清单自直接交给商品出口商和（或）生产商代表之日，或者在邮寄后的7个日历日后，即被视为送达。

如果问题清单的回复函以保密版本和非保密版本形式在本《议定书》第240条规定的30天期限或延长期限结束之日起7天内到达调查机关，则该答复函被视为已被调查机关收到。

242. 调查机关应确认利害关系人在调查过程中所提交资料的准确性和可靠性。

为核实调查过程中获得的资料，或为获得更多的涉案资料，调查机关在必要时可进行以下检查：

在征得被调查商品的外国出口商和（或）生产商的同意且第三国方面收到正式核查通知后没有提出反对意见的情况下，可在第三国境内进行核查；

在征得被调查商品的相关出口商和（或）同类商品或直接竞争商品的生产商同意后，在联盟成员国境内进行核查；

核查需在收到根据本《议定书》第239条规定发出的问题清单的回复

函之后进行。在回复函发出之前,如果没有来自相关第三国的反对意见,且外国生产商或出口商自愿同意核查的情况除外。

核查开始前,在征得相关调查参与人的同意后,可向其发送需向核查工作人员提交的文件和资料清单。调查机关需通知第三国有关拟核查的外国出口商或生产商的地址、名称及核查时间。

核查过程中,为确定问题清单回复函中的信息的真实性,可询问其他必要的文件和资料。

如果调查机关打算邀请非本机关的专家参加核查,则应提前通知需参与核查的调查参与人。只有在出现因违反核查信息保密规则而可能实施制裁的情况下,才可允许这些专家参与核查。

243. 为对调查过程中获取的资料进行核查,或为获取更多的涉案资料,调查机关有权向利害关系人派驻代表、收集资料、与利害关系人协商和谈判、了解商品的样品,以及采取其他必要的调查手段。

第八节 向成员国授权机关、外交和贸易代表处提交资料

244. 本节中的联盟成员国授权机关是指被授权管理海关、统计、税收、法人注册和其他领域事务的联盟成员国的国家权力(管理)机关及其地域性(地方)机构。

245. 联盟成员国授权机关、驻第三国外交和贸易代表处需向调查机关提供本《议定书》规定的、调查机关征询的、为启动和实施保障、反倾销和反补贴行动所需的、为根据调查结果提出建议所需的、为监督保障、反倾销和反补贴措施实施效果所需的、为检查欧亚经济委员会接受的承诺遵守情况所需的材料。

246. 联盟成员国授权机关、驻第三国外交和贸易代表处有义务:

(1) 自收到调查机关的询证函之日起 30 个日历日内,向其提交所掌握的资料,或通知其无法提交资料并解释原因。根据调查机关的合理请求,应在尽可能短的时间内提交其所需资料。

(2) 保证所提交资料的完整性和可靠性,并在必要情况下进行补充和修改。

247. 联盟成员国授权机关、驻第三国外交和贸易代表处需按时向调查机关提交其职权范围内的资料,包括:

（1）外贸统计数据；

（2）各种海关手续的商品报关单数据，说明商品进（出）口的数量和价值、商品名称、供货条件、原产国（发货国、目的地国）、发货人和收货人的名称及其他统计信息。

（3）被调查商品和联盟成员国相关产业的内部市场信息（包括商品产量、产能利用率、商品销量、成本、联盟成员国企业的利润和费用、商品在联盟成员国市场的价格、生产利润率、员工人数、投资、商品生产商名单等）；

（4）根据针对被调查商品市场的相关调查结果以及联盟成员国企业生产活动的预测，对可能实施或不实施的保障、反倾销或反补贴措施的后果进行评估的资料。

248. 本《议定书》第247条所述的资料清单并非最终清单，在必要情况下，调查机关有权要求提供其他资料。

249. 本节所涉及问题的来往信函以及根据调查机关要求提交的资料均需使用俄语书写。含有外国名称的某些项目（指标）可使用拉丁字母。

250. 提交资料时应优先使用电子载体，如果不能使用电子载体提供资料，则使用纸质载体。以表格形式询问的资料，需以调查机关指定的表格形式提供。如果不能以此种方式提供，联盟成员国授权机关、驻第三国外交和贸易代表处应通知调查机关，并以其他方式提供所询问的资料。

251. 向联盟成员国授权机关、驻第三国外交和贸易代表处发出的询证函应为书面形式并使用调查机关的公文纸，应说明提交资料的目的、法律依据和期限，并由调查机关领导（或其副职）签字。

252. 联盟成员国授权机关、驻第三国外交和贸易代表处应免费提供调查机关询问所需资料。

253. 如果需要转交资料，则使用各机构之间协商好的、可送达的、能保障资料完好性并能防止信息被未经授权访问的方式。如果使用传真发送资料，其原件也应随后寄送。

第九节　保密资料

254. 在向调查机关提交联盟成员国法律法规规定的、除国家秘密（国家机密）之外的具有保密性质的资料（包括商业、税务和其他保密信息），或限制传播的专有信息时，需遵守联盟成员国法律法规的有关规定。

调查机关需为这些资料提供必要的保护措施。

255. 利害关系人向调查机关提交的资料，若有依据证明公开这些资料会使竞争中的第三方受益，或给资料提供者带来不良后果，或给资料来源者带来不良后果，则这些资料将被视为保密信息。

256. 提供保密资料的利害关系人应提供一份该资料的非保密版本。

非保密版本的内容应足以使人理解保密资料的实质内容。

如果利害关系人无法提供保密资料的非保密版本，则应详细说明理由。

257. 若调查机关认为利害关系人提出的有关需对其资料保密的理由不成立，或利害关系人不提供保密信息的非保密版本，且对此没有合理解释或提出的理由不足为据，则调查机关可不考虑这些资料。

258. 没有已提交保密资料的利害关系人或本《议定书》第 244 条所述的联盟成员国授权机关、驻第三国外交和贸易代表处的书面同意，调查机关不得将该保密资料披露或转交第三方。

如果调查参与人、利害关系人或本《议定书》第 244 条所述的联盟成员国授权机关、驻第三国外交和贸易代表处提交的保密资料被为获取个人利益而披露、使用或者滥用，调查机关的相关负责人和工作人员可被剥夺由欧亚经济联盟框架内的国际条约所规定的特权和豁免，并按照欧亚经济委员会批准的程序追究责任。

本《议定书》允许调查机关公开包含欧亚经济委员会通过决议的主要原因及证据等内容的资料。公开的程度应符合在欧亚经济联盟法院解释这些原因或证据时所需要的程度。

关于调查机关使用和保护保密资料的程序由欧亚经济委员会确定。

第十节　利害关系人

259. 调查中的利害关系人是：

（1）同类商品或直接竞争商品（保障调查时）或同类商品（反倾销或反补贴调查时）的联盟成员国生产商；

（2）成员大部分是联盟成员国生产同类商品或直接竞争商品（保障调查时）或同类商品（反倾销或反补贴调查时）的、联盟成员国的生产商联合会；

（3）其成员产量合计占联盟成员国同类商品或直接竞争商品（保障调查时）或同类商品（反倾销或反补贴调查时）总产量25%以上的、联盟成员国的生产商联合会；

（4）被调查商品的出口商、外国生产商或进口商，或者大部分成员是该被调查商品的出口国或原产国的生产商、出口商或进口商组成的联合会；

（5）商品的第三国（出口国）或原产国的授权机关；

（6）联盟成员国的被调查商品的消费者（如果他们是在生产产品过程中使用该商品）和消费者联合会。

（7）消费者社团（如果该商品主要由自然人消费）。

260 调查过程中，利害关系人可独立行动或通过自己授权的代表行动。

如果利害关系人通过其授权代表活动，则所有与调查有关的事项，调查机关只通过该代表通知利害关系人。

第十一节 根据调查通过决议的公告

261. 调查机关应将下列根据调查结果而通过的决议的公告在欧亚经济联盟的互联网官方网站上公布：

启动调查；

征收临时特别关税、临时反倾销或临时反补贴税；

根据本《议定书》第 104 条规定可能征收反倾销税，或根据本《议定书》第 169 条规定可能征收反补贴税；

保障调查结束；

调查结束，调查机关根据调查结果得出结论，认为存在征收反倾销税或反补贴税的依据，或接受相关承诺具有合理性。

由于接受相关承诺而结束或停止调查；

调查结束，调查机关根据调查结果得出结论，认为实施保障、反倾销或反补贴措施缺乏依据；

其他根据调查结果作出的决议。

上述公告应发送第三国（出口国）授权机关和其他调查机关已知的利害关系人。

262. 启动调查的公告自调查机关通过相关决议之日起 10 个工作日内公布。有关启动调查的决议的内容包括：

（1）对被调查商品的完整描述；

（2）第三国（出口国）的名称；

（3）对能够证明联盟关税区存在进口增长并造成联盟成员国产业受到严重损害或严重损害威胁的资料进行简短叙述（通过启动保障调查决议时）；

（4）对能够证明联盟关税区存在倾销进口或补贴进口增长并造成联盟成员国产业受到损害或损害威胁或产业建立受到实质性阻碍的资料进行简短叙述（通过启动反倾销或反补贴调查决议时）；

（5）利害关系人提交意见和调查资料的地址；

（6）调查机关接受利害关系人参加调查申请的期限，为25个日历日；

（7）调查机关接受调查参与人要求举行听证申请的期限，为45个日历日；

（8）调查机关接受利害关系人的书面解释和调查资料的期限，为60个日历日。

263. 征收临时特别关税、临时反倾销税或临时反补贴税的公告，自欧亚经济委员会通过该决议之日起3个工作日内公布。公告应包括下列内容：

（1）被调查商品的出口商名称，或第三国（出口国）名称（如果不知道出口商名称）；

（2）实施海关监管所需的被调查商品的描述；

（3）存在倾销进口的肯定性结论的依据，说明倾销幅度并对依据进行描述，以便选择正确方法来计算和对比商品的正常价值与出口价格（征收临时反倾销税时）；

（4）存在补贴进口的肯定性结论的依据，对存在补贴的事实进行描述并指出经计算的单位商品补贴幅度（征收临时反补贴税时）；

（5）认定联盟成员国产业遭到严重损害或损害、遭到严重损害或损害威胁或产业建立受到实质性阻碍的依据；

（6）认定进口增长、倾销进口或补贴进口与联盟成员国产业受到严重损害或损害、严重损害威胁或损害威胁或产业建立受到根本性阻碍之间具有因果关系的依据；

（7）存在进口增长的肯定性结论的依据（征收临时特别关税时）。

264. 根据本《议定书》第104条规定可能征收反倾销税的公告或根据

本《议定书》第169条规定可能征收反补贴税的公告应包括下列内容：

（1）实施海关监管所需的被调查商品的描述；

（2）被调查商品的出口商名称，或第三国（出口国）名称（如果不知道该出口商名称）；

（3）对证明符合本《议定书》第104条和第169条规定的资料进行简要描述；

265. 结束保障调查的公告由调查机关自调查结束之日起3个工作日内公布，公告应包括调查机关根据对所掌握资料进行分析而得出的主要结论。

266. 如果调查结束后，调查机关根据调查结果认为应征收反倾销税或反补贴税或接受相关承诺具有合理性，则关于调查结束的公告应在调查结束之日起3个工作日内公布，并应包括下列内容：

（1）调查机关最终结论和调查结果的说明；

（2）指出该结论的事实依据；

（3）本《议定书》第263条所述信息；

（4）指出调查过程中采纳或不采纳被调查商品出口商或进口商的论据及要求的理由；

（5）说明根据本《议定书》第48~51条规定所通过的决议的原因；

267. 由于接受相关承诺而结束或停止调查的公告应在调查结束或停止之日起3个工作日内公布，公告应包含上述承诺的非保密版本。

268. 如果调查结束后，调查机关根据调查结果认为实施保障、反倾销或反补贴措施缺乏依据，则关于调查结束的公告应在调查结束之日起3个工作日内公布，并应包括下列内容：

（1）调查机关最终结论和调查结果的说明；

（2）指出本条（1）中所述结论的事实依据；

269. 如果调查结束后，调查机关根据调查结果并参照本《议定书》第272条规定而通过不实施措施的决议，则该公告应自决议通过之日起3个工作日内公布。公告应解释欧亚经济委员会通过不采取保障、反倾销或反补贴措施决议的原因，并指出通过该决议的事实依据及结论。

270. 调查机关应向世贸组织的主管部门提交所有1994年4月15日关于《建立世界贸易组织的马拉喀什协定》所规定提交的公告材料。

271. 本《议定书》第261~270条规定适用于有关启动和结束复审调查

的公告，同时需考虑相关差异。

第七章　不实施保障、反倾销和反补贴措施

272. 即使是采取保障、反倾销或反补贴措施符合本《议定书》规定的标准和程序，欧亚经济委员会也有权根据调查结果，通过有关不采取保障、反倾销或反补贴措施的决议。

欧亚经济委员会只能在对利害关系人提交的所有资料进行分析后，调查机关得出结论认为采取保障、反倾销或反补贴措施可能使联盟成员国利益受到损害的情况下通过上述决议。如果通过决议的依据发生变化，该决议可以重新审议。

273. 本《议定书》第272条第二段所述结论应以联盟成员国产业利益、被调查商品的联盟成员国消费者（如果他们在生产产品过程中使用该商品）、该消费者组成的联合会、被调查商品的消费者社团（如果该商品主要由自然人消费），以及被调查商品进口商的总体评价为基础。在此情况下，此类结论只有在根据本《议定书》第274条规定为上述人员提供就该问题进行解释的机会后才可得出。

在作出结论过程中，应特别注意进口增长、倾销进口或补贴进口对正常贸易过程和联盟成员国相关商品市场以及联盟成员国产业状况产生的负面影响。

274. 为适用本《议定书》第272条的规定，同类商品或直接竞争商品（保障调查时）或同类商品（反倾销或反补贴调查时）的联盟成员国生产商、生产商联合会、被调查商品的进口商和进口商联合会、被调查商品的联盟成员国消费者（如果他们在生产产品过程中使用该商品）、此类消费者的联合会、消费者社团（如果该商品主要由自然人消费）均有权在本《议定书》第262条规定的公告公布期限内针对该问题提交解释和资料。上述解释和资料及其非保密版本也应提供给本条所述的、有权做出回应的其他利害关系人。

根据本条规定提交的资料，如果客观事实能够证明其真实性，应视其与资料来源无关。

第八章 结　语

第一节　对有关实施保障、反倾销和反补贴措施的决议提交司法诉讼的要求

275. 关于请求裁决欧亚经济委员会有关实施特殊保障、反倾销和反补贴措施的决议有效或无效的诉讼事项的程序和要求，由《欧亚经济联盟法院章程》（《欧亚经济联盟条约》附件2）和《欧亚经济联盟法院条例》规定。

第二节　联盟法院决议的执行

276. 欧亚经济联盟法院通过的、与实施特殊保障、反倾销和反补贴措施决议有关的裁决由欧亚经济委员会采取必要措施来执行。如果联盟法院裁决欧亚经济委员会的决议不符合《欧亚经济联盟条约》和（或）联盟框架内的国际条约，欧亚经济委员会可根据调查机关的提议，按照《欧亚经济联盟条约》和（或）联盟框架内的国际条约的规定，进行复审调查（作为执行联盟法院裁决的必要组成部分）。

复审调查时，若适用首次调查的规定，需考虑相关区别。

本条规定的复审调查的期限通常不超过9个月。

第三节　调查程序的行政管理

277. 为实施本《议定书》，欧亚经济委员会应通过有关启动、进行、结束和（或）停止调查的程序的决议，欧亚经济委员会通过的决议不得改变《欧亚经济联盟条约》的规定或与之相抵触。

附件 2　特别关税、反倾销税、反补贴税的计入和分配条例

第一节　总　　则

1. 本《条例》规定根据《欧亚经济联盟条约》第四章规定而征收的特别关税、反倾销税、反补贴税在联盟成员国之间的计入和分配的办法。上述办法也适用于根据《欧亚经济联盟海关法典》规定的条件和程序而征收的特别关税、反倾销税和反补贴税的罚金（利息）。

2. 本《条例》所使用的概念适用《进口关税（具有同等效力的其他关税、税和费）的计入、分配及划入联盟成员国预算收入的办法的议定书》（《欧亚经济联盟条约》附件5）、《针对第三国实施保障、反倾销和反补偿措施议定书》（《欧亚经济联盟条约》附件8）和《欧亚经济委员会海关法典》的界定。

第二节　特别关税、反倾销税、反补贴税的金额的计入与核算

3. 自欧亚经济委员会实施保障、反倾销、反补贴措施的决议生效之日起，针对进口至联盟关税区的被调查商品所征收的特别关税、反倾销税、反补贴税（临时特别关税、临时反倾销税、临时反补贴税除外）的金额（其缴纳义务自相关措施实施之日起履行），应按照《进口关税（具有同等效力的其他关税、税和费）的计入、分配及划入联盟成员国预算收入的办法的议定书》（《欧亚经济联盟条约》附件5）并参照本《条例》规定而计入、分配和划入联盟成员国预算。

4. 如果某一联盟成员国未在规定期限内将应分配的特别关税、反倾销

税、反补贴税的金额转入或未完全转入联盟其他成员国的预算,且该联盟成员国授权机关没有发出关于缺乏特别关税、反倾销税、反补贴税的金额的消息,则适用《进口关税（具有同等效力的其他关税、税和费）金额的计入、分配及划入联盟成员国预算收入的办法议定书》(《欧亚经济联盟条约》附件5）第20～28条关于在联盟成员国间计入和分配进口关税的规定。

5. 特别关税、反倾销税、反补贴税的金额应以联盟成员国的本币计价,并计入《欧亚经济联盟海关法典》规定的联盟成员国授权机关的统一账户（包括征收上述关税时）。

6. 特别关税、反倾销税、反补贴税的金额应由付款人向《欧亚经济联盟海关法典》及其他结算（支付）文件（说明书）规定的联盟成员国授权机关的统一账户支付。

7. 除用于缴纳海关税费及其罚金（利息）的账户以外,特别关税、反倾销税、反补贴税的金额不得计入其他账户。

8. 除向出口至联盟关税区外的石油及某些石油加工品（石油产品）征收的进口关税和出口关税外,根据《欧亚经济联盟海关法典》规定而需缴纳至联盟成员国授权机关的统一账户的税、费和其他支付也可计入用于征收特别关税、反倾销税、反补贴税的账户。

进口关税的金额可计入用于付款人缴纳特别关税、反倾销税、反补贴税的账户。

9. 授权机关应单独计算：

（1）授权机关单一账户中的特别关税、反倾销税、反补贴税的收入金额（返还金额、缴纳账户的进款金额）；

（2）转入联盟其他成员国账户的以外币计价的特别关税、反倾销税、反补贴税的分配金额；

（3）分配给联盟成员国并计入该联盟成员国预算的特别关税、反倾销税、反补贴税的金额；

（4）来自联盟其他成员国并进入本国预算的特别关税、反倾销税、反补贴税的金额；

（5）计入联盟成员国预算的利息,该利息因该联盟成员国违反本《条例》而不执行、不完全执行和（或）不及时执行特别关税、反倾销税、反补贴税的分配和转账义务而造成；

（6）被暂停转入联盟其他成员国账户的以外币计价的特别关税、反倾销税、反补贴税金额。

10. 在各联盟成员国的预算执行报告中，应单独体现本《条例》第 9 条所述的收入金额。

11. 在日历年最后一个工作日进入授权机关统一账户的特别关税、反倾销税、反补贴税金额，也应体现在年度财政预算执行报告中。

12. 联盟成员国应在本年度的两个工作日内，将上一日历年最后一个工作日应分配的特别关税、反倾销税、反补贴税的金额转入该成员国预算和联盟其他成员国的外币账户，并在本年度的财政预算执行报告中有所体现。

13. 在日历年最后一个工作日由联盟其他成员国授权机关转入联盟成员国预算账户的、因分配特别关税、反倾销税、反补贴税而获得的收入，应在本年度预算执行报告中得以体现。

14. 除依照《欧亚经济联盟海关法典》规定而支付海关税费、特别关税、反倾销税、反补贴税以及罚金（利息）外，授权机关统一账户中的资金不得用于执行司法裁决或其他支付。

15. 联盟成员国海关部门征收的临时特别关税、临时反倾销税、临时反补贴税以本币计算，缴入（征收）该联盟成员国法律规定的账户。

16. 在《针对第三国实施保障、反倾销和反补偿措施议定书》（《欧亚经济联盟条约》附件8）规定的情况下，自欧亚经济委员会实施（延长实施、扩展至组成部件和（或）派生商品）特别关税、反倾销税、反补贴税的决议生效之日起30个工作日内，已缴纳（征收）的临时特别关税、临时反倾销税、临时反补贴税，以及依照临时反倾销税、临时反补贴税程序征收的反倾销税、反补贴税应计入特别关税、反倾销税、反补贴税，并计入征收上述税种的联盟成员国授权机关的统一账户。

在《针对第三国实施保障、反倾销和反补偿措施议定书》（《欧亚经济联盟条约》附件8）规定的情况下，自欧亚经济委员会实施反倾销税的决议生效之日起30个工作日内，已经缴纳的反倾销税的保证金应计入反倾销税，并计入征收该税种的联盟成员国授权机关的统一账户。

第三节　特别关税、反倾销税、反补贴税的返还

17. 在符合《针对第三国实施保障、反倾销和反补偿措施议定书》

(《欧亚经济联盟条约》附件8）规定的情况下，已征收的临时特别关税、临时反倾销税、临时反补贴税，以及按临时反倾销税、临时反补贴税征收办法征收的反倾销税和反补贴税应按照缴纳（征收）该税的联盟成员国的法律规定的程序（如果《欧亚经济联盟海关法典》没有其他规定）返还付款人。

18. 特别关税、反倾销税、反补贴税的返还应根据征收该税的联盟成员国的法律规定执行（如果《欧亚经济联盟海关法典》没有其他规定），并应参照本《条例》的规定。

19. 除本《条例》第20条规定的情况外，向付款人返还特别关税、反倾销税、反补贴税应在当天从联盟成员国授权机关的统一账户转出。转出的额度应等于联盟成员国授权机关统一账户收到的特别关税、反倾销税、反补贴税金额，以及在决算日转入特别关税、反倾销税、反补贴税缴纳账户的金额，同时需考虑国家银行（中央银行）因决算日而未能执行的特别关税、反倾销税、反补贴税的返还金额。

20. 向付款人返还特别关税、反倾销税、反补贴税，应在决算日将上述税额从哈萨克斯坦共和国授权机关的统一账户转入付款人账户，额度为哈萨克斯坦共和国授权机关统一账户在返还（转账）日收到（转入）的特别关税、反倾销税、反补贴税金额。

21. 需返还和（或）转入付款人账户的特别关税、反倾销税、反补贴税的金额，应在联盟成员国之间分配特别关税、反倾销税、反补贴税收入之前确定。

22. 如果资金数量不够返还和（或）转入付款人账户，则根据本《条例》第19条和第20条规定，此次返还和（或）转账由联盟成员国在以后的工作日执行。

由于不及时向付款人返还特别关税、反倾销税、反补贴税而应付的罚款（利息）应从相关联盟成员国的预算中支付，并不包括在特别关税、反倾销税、反补贴税金额之内。

第四节　授权机关间的信息交换

23. 授权机关之间交换实施本《条例》所必需的信息，应根据欧亚经济委员会的决议以规定的程序、方式和期限内进行。

附件 3　针对中国生产的油气井钻探和开采用无缝钢管的反倾销调查最终报告

（非保密版本）

引　言

本报告的内容包括欧亚经济委员会内部市场保护司根据针对中国生产的油气井钻探和开采用无缝钢管的反倾销调查结果作出的结论。

调查的依据是 2008 年 1 月 25 日通过的《针对第三国使用特别保障、反倾销和反补贴措施协定》（以下简称《协定》）以及 2014 年 5 月 29 日签署的《欧亚经济联盟条约》附件 8《针对第三国使用特别保障、反倾销和反补贴措施议定书》（以下简称《议定书》）[①]。

本报告根据欧亚经济委员会内部市场保护司掌握的材料编制。

第一节　调查程序

1.1　调查开始

欧亚经济委员会内部市场保护司的反倾销调查根据司长于 2014 年 3 月 28 日签署的《开始对进口至欧亚经济联盟统一关税区的中国产油气井钻探和开采用无缝钢管的反倾销调查的命令》开始。该命令根据车里雅宾斯克轧管厂股份公司、第一乌拉尔斯克新钢管厂股份公司、伏尔加钢管厂股份

[①]　2008 年 1 月 25 日通过的《针对第三国使用特别保障、反倾销和反补贴措施协定》自《欧亚经济联盟条约》生效之日 2015 年 1 月 1 日起失效。

公司、北方钢管厂股份公司、塔甘罗格冶金厂股份公司、TMK钢管工业公司、西纳尔钢管厂股份公司（以下称企业申请人）所提交申请书的审议结果而制定。在对申请书的审议过程中，内部市场保护司发出了对企业申请人的补充调查表。

根据《议定书》第205条，在因特网欧亚经济委员会官方网站发布启动调查公告之日，即2014年3月31日为调查开始之日。

根据欧亚经济委员会2012年3月7日第1号决议批准的《欧亚经济委员会就实施特别保障、反倾销和反补贴措施问题通过决议和制定决议草案章程》第2.2条，开始调查的通知和非保密版本的申请书由欧亚经济联盟成员国①国家授权机关的2014年4月4日第14-166号公函发出。

根据《议定书》第204条，开始调查的通知还寄往下列机构：

• 中国商务部（内部市场保护司2014年4月1日第14-159号公函及其附件非保密版本申请书）；

• 内部市场保护司已知的油气井钻探和开采用无缝钢管中国出口商和（或）生产商（内部市场保护司2014年4月4日第14-168号公函）：

江苏常宝钢铁有限公司；

衡阳华菱钢管有限公司；

天津钢管制造有限公司（TPCO）；

无锡西姆莱斯石油专用管制造有限公司；

宝钢集团有限公司；

江苏胜大石油设备制造股份有限公司；

山东墨龙石油机械股份有限公司；

东营威玛石油钻具有限公司；

江阴德玛斯特钻具有限公司；

江苏融泰石油科技股份有限公司；

江阴市长江钢管有限公司；

江阴朗博特钻杆制造有限公司；

山东明珠石油装备制造有限公司；

---

① 由于调查开始于2014年3月31日，文中所述欧亚经济联盟成员国和欧亚经济联盟指俄、白、哈三国。

附件3 针对中国生产的油气井钻探和开采用无缝钢管的反倾销调查最终报告

上海海隆石油钻具有限公司；

天津赛尔特石油钻具有限公司；

山东胜油钻采机械有限公司。

- 内部市场保护司已知的欧亚经济联盟内油气井钻探和开采用无缝钢管用户（内部市场保护司2014年4月4日第14-167号公函）：

俄罗斯石油公司；

俄罗斯天然气工业股份公司；

卢克石油公司；

苏尔古特石油天然气股份公司；

巴什基尔国家石油公司；

斯拉夫石油公司；

诺瓦泰克股份公司；

鞑靼石油股份公司；

罗斯石油公司。

1.2 有关人员和资料收集

调查开始之时已掌握油气井钻探和开采用无缝钢管（以下统称为商品）的大量用户和（或）出口商的资料，为了通过必须挑选为其确定单独倾销幅度的外国出口商和（或）生产商的决议并使该挑选符合《议定书》第49条规定，内部市场保护司向中国出口商和（或）生产商提供申请被挑选确定单独倾销幅度的机会。

为此须向内部市场保护司提供的相关资料清单见反倾销调查开始通知书。在提交指定资料时，商品的中国出口商和（或）生产商可以使用欧亚经济委员会网站上规定的表格，以便内部市场保护司通过必须挑选为其确定单独倾销幅度的外国出口商和（或）生产商的决议并使该挑选在反倾销范围内进行。

下列商品的外国生产商和（或）出口商提交了填写后的表格并申请被挑选确定单独倾销幅度：

中国石油技术开发公司；

天津钢管制造有限公司（TPCO）；

衡阳华菱钢管有限公司；

汉廷能源科技（无锡）有限公司；

胜利油田孚瑞特石油装备有限责任公司、胜利油田孚瑞特石油钢管有限公司（互为利害关系人）；

宝山钢铁股份有限公司；

江苏常宝钢管有限公司；

山东墨龙石油机械股份有限公司；

东营威玛石油钻具有限公司；

天津天钢石油专用管制造有限公司；

上海海隆石油钻具有限公司；

达力普石油专用管有限公司；

安徽天大石油管材股份有限公司；

攀钢集团成都钢钒有限公司；

宝鸡石油钢管有限责任公司。

上述公司获得调查参与者资格。根据《议定书》第213条，开始调查申请书的非保密版本也随调查参与者登记通知书一起发送给有关各方。

根据对表格中提交材料的分析，内部市场保护司作出结论，对每一位调查范围内的已知商品出口商和（或）外国生产商确定单独倾销幅度是不可取的。根据《议定书》第49条挑选了下列中国商品出口商和（或）生产商确定单独倾销幅度：

天津钢管制造有限公司（TPCO）；

衡阳华菱钢管有限公司；

汉廷能源科技（无锡）有限公司；

宝山钢铁股份有限公司。

向上述公司发送了针对外国生产商和（或）出口商的反倾销调查表。

从下列公司收到了针对外国生产商和（或）出口商的反倾销调查表答复函：

天津钢管制造有限公司（参与天津钢管制造有限公司所产商品销售的利害关系人包括：天津钢管（集团）公司，天津钢管国际经济贸易总公司，圆通贸易有限公司，这些公司也提供了反倾销调查表的答复函）；

衡阳华菱钢管有限公司（参与商品生产和销售的利害关系人包括下列公司：华菱衡阳连轧管有限公司，衡阳钢管集团国际贸易有限公司，这些公司也提供了反倾销调查表的答复函）；

汉廷能源科技（无锡）有限公司（参与汉廷能源科技（无锡）有限公司所产商品销售的利害关系人有 Bestlink 公司，该公司也提供了反倾销调查表的答复函）；

上海海隆石油钻具有限公司（参与商品生产和销售的利害关系人包括：南通海隆钢管有限公司，海隆集团有限公司，上海图博可特石油管道涂层有限公司，海隆罗斯有限责任公司，海隆石油钢管有限责任公司，海隆能源有限公司，海隆石油钢管有限公司，海隆美国有限责任公司，这些公司也提供了反倾销调查表的答复函）。

需要说明的是，上海海隆石油钻具有限公司和上述利害关系人自愿填写了反倾销调查表。

宝山钢铁股份有限公司没有提交反倾销调查表答复函，根据《议定书》第212条，内部市场保护司视该公司为不合作公司，不计算单独倾销幅度。

为了更详细了解天津钢管制造有限公司（TPCO）、衡阳华菱钢管有限公司、汉廷能源科技（无锡）有限公司、上海海隆石油钻具有限公司及其利害关系人提交的商品外国生产商和（或）出口商反倾销调查表答复函中的资料，内部市场保护司向上述公司发送了补充调查表。编制本报告时将补充调查表中的资料考虑在内。

为使调查参与者能够实施保护自己利益的权利，内部市场保护司向天津钢管制造有限公司（TPCO）、衡阳华菱钢管有限公司、汉廷能源科技（无锡）有限公司、上海海隆石油钻具有限公司发送了保密版本的单独倾销幅度计算。

编制本报告时将上述公司对倾销幅度计算的陈述考虑在内。

为了获取调查所必需的资料，内部市场保护司访问欧亚经济联盟的下列公司发送了联盟成员国生产商及利害关系人产业损害确定调查表：

车里雅宾斯克轧管厂股份公司；

第一乌拉尔斯克新钢管厂股份公司；

伏尔加钢管厂股份公司；

北方钢管厂股份公司；

塔甘罗格冶金厂股份公司；

TMK 钢管工业公司；

西纳尔钢管厂股份公司。

下列公司提交了针对欧亚经济联盟成员国生产商及其参与商品销售的利害关系人编制的联盟产业损害确定调查表答复函：

车里雅宾斯克轧管厂股份公司；

第一乌拉尔斯克新钢管厂股份公司；

伏尔加钢管厂股份公司；

北方钢管厂股份公司；

塔甘罗格冶金厂股份公司；

TMK 钢管工业公司；

西纳尔钢管厂股份公司；

TMK 贸易大厦股份公司；

TMK – 哈萨克斯坦责任有限公司；

乌拉尔钢管贸易大厦公司。

为了更详细了解联盟成员国生产商调查表答复函中的资料，内部市场保护司又向上述联盟成员国生产商发送了补充调查表，在编制本报告时这些调查表的内容也考虑在内。

为了对联盟产业内企业提交的资料进行核查，内部市场保护司在 2014 年 9 月 29 日~10 月 1 日对塔甘罗格冶金厂股份公司进行了《议定书》第 242 条规定的核查回访；为了分析参与商品销售的利害关系人在填写调查表答复函时所用的原始资料，对 TMK 贸易大厦股份公司进行了回访。

调查过程中，根据《议定书》第 213 条，企业申请人代表、中国钢铁工业协会代表（2014 年 11 月 21 日）阅读了非保密版本的调查材料（2014 年 10 月 29 日，2015 年 7 月 9 日）。

根据调查参与者的申请，2014 年 11 月 20 日举行了公开听证会，参加听证会的有下列调查参与者和（或）其全权代表：TMK 股份公司、TMK 贸易大厦股份公司、车里雅宾斯克轧管厂股份公司、企业申请人委托代表；以下公司的代表人：山东墨龙石油机械股份有限公司、宝山钢铁股份有限公司、胜利油田孚瑞特石油装备有限责任公司、中国石油技术开发公司、江苏常宝钢管有限公司、衡阳华菱钢管有限公司、天津钢管制造有限公司以及中国钢铁工业协会的代表和中国驻俄罗斯大使馆的代表。

中国钢铁工业协会是中国冶金行业的企业联合会，也是下列公司反倾销调查的全权代表：宝山钢铁股份有限公司、东营威玛石油钻具有限公司、

附件3　针对中国生产的油气井钻探和开采用无缝钢管的反倾销调查最终报告

汉廷能源科技（无锡）有限公司、衡阳华菱钢管有限公司、上海海隆石油钻具有限公司、天津天钢专用石油管材制造有限公司、胜利油田孚瑞特石油装备有限责任公司、江苏常宝钢管有限公司、中国石油技术开发公司。

公开听证会过程中陈述的资料，都在规定的期限内由中国钢铁工业协会和企业申请人提交内部市场保护司。

1.3　调查的延期

根据《议定书》第217条，内部市场保护司司长于2015年3月30日签署的命令可将反倾销调查期限延长三个月【至2015年6月30日（含）】。相关通知于2015年3月30日在欧亚经济联盟网站上发布。调查延期的通知还发往下列机构：

- 中国商务部（内部市场保护司2015年4月1日第14-231号公函）；
- 内部市场保护司已知的商品的中国出口商和（或）生产商（内部市场保护司2015年4月1日第14-230号公函），包括：

中国石油技术开发公司；

天津钢管制造有限公司（TPCO）；

衡阳华菱钢管有限公司；

汉廷能源科技（无锡）有限公司；

胜利油田孚瑞特石油装备有限责任公司，胜利油田孚瑞特石油钢管有限责任公司；

宝山钢铁股份有限公司；

江苏常宝钢管有限公司；

山东墨龙石油机械股份有限公司；

东营威玛石油钻具有限公司；

天津天钢专用石油管材制造有限公司；

上海海隆石油钻具有限公司；

达力普石油专用管有限公司；

安徽天大石油管材股份有限公司；

攀钢集团成都钢钒有限公司；

宝鸡石油钢管有限责任公司；

江苏胜大石油设备制造股份有限公司；

江阴德玛斯特钻具有限公司；

江苏融泰石油科技股份有限公司；

江阴常钢制管公司；

江阴朗博特钻杆制造有限公司；

山东明珠石油装备制造有限公司；

天津赛尔特石油钻具有限公司；

山东胜油钻采机械有限公司。

• 内部市场保护司已知的欧亚经济联盟内商品用户（内部市场保护司2015年4月1日第14－390号公函），包括：

俄罗斯石油公司；

俄罗斯天然气工业股份公司"；

卢克石油公司；

苏尔古特石油天然气股份公司；

巴什基尔国家石油公司；

斯拉夫石油公司；

诺瓦泰克股份公司；

鞑靼石油股份公司；

罗斯石油公司。

• 内部市场保护司已知的欧亚经济联盟内商品生产商（内部市场保护司2015年4月1日第14－229号公函），包括：

企业申请人；

KSP-Steel 公司。

根据内部市场保护司司长于2015年6月26日签署的第8号命令，反倾销调查期限再延长3个月（至2015年9月30日）。相关通知于2015年6月29日在欧亚经济联盟网站上发布。调查延期的通知还发往下列机构：

• 中国商务部（内部市场保护司2015年6月30日第14－391号公函）；

• 内部市场保护司已知的商品的中国出口商和（或）生产商（内部市场保护司2015年6月30日第14－393号公函），包括：

中国石油技术开发公司；

天津钢管制造有限公司（TPCO）；

衡阳华菱钢管有限公司；

汉廷能源科技（无锡）有限公司；

胜利油田孚瑞特石油装备有限责任公司，胜利油田孚瑞特石油钢管有限责任公司；

宝山钢铁股份有限公司；

江苏常宝钢管有限公司；

山东墨龙石油机械股份有限公司；

东营威玛石油钻具有限公司；

天津天钢专用石油管材制造有限公司；

上海海隆石油钻具有限公司；

达力普石油专用管有限公司；

安徽天大石油管材股份有限公司；

攀钢集团成都钢钒有限公司；

宝鸡石油钢管有限责任公司；

江苏胜大石油设备制造股份有限公司；

江阴德玛斯特钻具有限公司；

江苏融泰石油科技股份有限公司；

江阴常钢制管公司；

江阴朗博特钻杆制造有限公司；

山东明珠石油装备制造有限公司；

天津赛尔特石油钻具有限公司；

山东胜油钻采机械有限公司。

• 内部市场保护司已知的欧亚经济联盟内商品用户（内部市场保护司2015年6月30日第14-390号公函），包括：

俄罗斯石油公司；

俄罗斯天然气工业股份公司；

卢克石油公司；

苏尔古特石油天然气股份公司；

巴什基尔国家石油公司；

斯拉夫石油公司；

诺瓦泰克股份公司；

鞑靼石油股份公司；

罗斯石油公司。
- 内部市场保护司已知的欧亚经济联盟内商品生产商（内部市场保护司 2015 年 6 月 30 日第 14－390 号公函），包括：

企业申请人；

KSP-Steel 公司。

1.4　分析期

内部市场保护司将 2013 年 1 月 1 日～2013 年 12 月 31 日的数据来确定存在倾销性进口并导致联盟成员国产业受到损害（以下称调查期）。

在分析联盟成员国产业状况时，考虑了 2010 年 1 月 1 日～2013 年 12 月 31 日期间的成员国市场趋势（以下称分析期）。

1.5　计算

本报告内的主要计算是在 MS Excel 文件中完成的，数据来自国家权力执行机构、欧亚经济联盟内相关人员、外国商品出口商和（或）生产商，精度达到吨/千克、美元、卢布、元。为了使本报告表内的数据更加一目了然，数据以吨、千美元等单位表示。某些以数据表示的指标精确至小数点后一位或两位。由于 MS Excel 文件计算时小数点后数字可以精确到 10 位或更多，以四舍五入值确定计算值（指标动态、占比和比例等）。

1.6　企业申请人信息

欧亚经济联盟内油气井钻探和开采用无缝钢管的产量以及企业申请人的产量见表 1—1。

表 1—1

指标	单位	2010 年	2011 年	2012 年	2013 年
联盟成员国商品产量	千吨	保密内容			
企业申请人商品产量	千吨	保密内容			
企业申请人在联盟商品总产量中的占比	%	平均 90.0%			

在确定欧亚经济联盟成员国内商品产量时使用了下列数据：

企业申请人的商品产量数据：车里雅宾斯克轧管厂股份公司，第一乌拉尔斯克新钢管厂股份公司，伏尔加钢管厂股份公司、北方钢管厂股份公司、西纳尔钢管厂股份公司、塔甘罗格冶金厂股份公司、TMK 钢管工业公司

附件3　针对中国生产的油气井钻探和开采用无缝钢管的反倾销调查最终报告

(欧亚经济联盟成员国生产商调查表答复函);

KSP Steel 公司的产量数据（内部市场保护司发送给所有已知生产商的调查表答复函）。

应当指出，内部市场保护司已掌握的哈萨克斯坦共和国统计署、白俄罗斯共和国国家统计委员会的信息证明，在欧亚经济联盟成员国内，没有对被调查商品进行统计监测。此外，根据白俄罗斯冶金厂股份公司提交的信息（内部市场保护司发送给所有已知生产商的调查表答复函中关于产量的数据），白俄罗斯冶金管理控股公司没有生产被调查商品。

表内数据显示，2010~2013年企业申请人生产的油气井钻探和开采用无缝钢管的产量在欧亚经济联盟总产量中占比超过90.0%。

这样，企业申请人符合《议定书》第189条关于支持申请的生产商申请人和生产商的规定。

1.7　有关各方对内部市场保护司调查结果报告的陈述

根据《议定书》第214条，内部市场保护司向有关各方通报根据调查结果作出的主要结论（见欧亚经济委员会网站公布的内部市场保护司2015年4月20日№2015/6/AD16《对中国产油气井钻探和开采用无缝钢管的反倾销调查结果报告》），并给予有关各方进行陈述的机会。在规定的陈述期限内，收到来自中国钢铁工业协会、上海海隆钻具有限公司、东营威玛石油钻具有限公司、汉廷能源科技（无锡）有限公司的陈述。

针对内部市场保护司的调查结果报告，中国钢铁工业协会依据自己以前的陈述，认为有一系列钢管不应属于调查对象（见本报告第2章），请求将上述钢管排除在调查对象之外。该请求遭到拒绝。在对自己上一次陈述的补充材料中，中国钢铁工业协会参照世贸组织上诉机构《关于美国对日本产部分热轧钢的反倾销措施案报告》第195段，认为只有以正面证据为基础并客观分析联盟产业状况，才符合《议定书》和世贸组织《适用1994年〈关税和贸易总协定〉第6条的协议》的规定。中国钢铁工业协会再次引用上次陈述中的理由（详见本报告第2章），作为将系列钢管排除在调查对象之外的依据，同时指出，内部市场保护司关于使用统一生产线生产钻具、泵压管和套管的说法实际上存在错误。钻杆与泵压管和套管的可比性应从最终用户的视角，而不是从生产工艺过程的角度来审视，并应考虑它们的物理特性、技术特性和用途；至于钻杆与泵压管和套管的互换性，由于套管可用于油气井开采,中国钢铁工业协会指出,该开采方法并非唯一,且没有广泛使用。

对此,内部市场保护司研究了欧亚经济联盟已有的实施反倾销措施纠纷解决案例。欧亚经济共同体法院在 2014 年 3 月 24 日针对第 2-4/3-2014(1-7/6-2013)号案件的《关于 HEG 和 Graphite India v Council 公司对欧亚经济委员会 2012 年 12 月 25 日第 2882 号决议提出异议申请的决议》中指出,根据《协定》①第 2 条(《议定书》第 2 条)和《适用 1994 年〈关税和贸易总协定〉第 6 条的协议》第 2 条,被赋予广泛的自由裁量权的调查机关有权独立决定哪些商品属于被调查对象。该法律地位在欧盟法院的决议中得到阐述(关于 2007 年 9 月 27 日 C-351/04 Ikea Whole sale 案件,2011 年 12 月 16 日 T-423/09 大石桥三强耐火材料有限公司案件)。欧亚经济共同体法院还指出,欧盟法院过去作出的决议显示,确定商品为调查对象时,应考虑最终商品的主要物理特性和技术特性及其最终用途,与其使用的原材料无关(1991 年 5 月 7 日 Nakajima All Precision Co. Ltd. v. Council of the European Communities 案件,2008 年 12 月 17 日 HEG 和 Graphite India v Council 公司案件)。

内部市场保护司指出,在该调查项下的商品指的是油气井钻探和开采用无缝钢管。根据该定义,根据技术特性、物理特性(无缝钢管)和用途(用于油气井钻探和开采)可将商品视为相同商品。

中国钢铁工业协会陈述中列出的钢管,包括钻杆,其技术和物理特性(无缝钢管)及用途(用于油气井钻探和开采)完全符合上述识别特征。综上所述,内部市场保护司认为有理由将钻杆列为调查对象。

作为补充,内部市场保护司在将钻杆列为调查对象时考虑了申请人提交的有关钻杆、泵压管和套管的技术和工艺相同的数据,并参考了可以将上述钢管类型中的某一种用于其他用途的案例。

内部市场保护司认为,关于对联盟成员国产业状况进行行业分析的必要性,已经在调查范围内对联盟成员国产业状况进行了分析,并在本报告中有所反映,该分析完全符合《适用 1994 年〈关税和贸易总协定〉第 6 条

---

① 指 2008 年 1 月 25 日通过的《针对第三国使用特别保障、反倾销和反补贴措施协定》及其 2011 年 10 月 18 日的补充和修正案(简称《协定》)。

的协议》和《议定书》的规定,包括以正面证据为基础对联盟成员国产业状况进行客观分析的要求。其中,考虑到商品各变形产品基于技术特性(如钢管分类:钻杆、泵压管和套管、外径、钢材强度、连接类型、管端镦类型、是否有锁、涂层)的价格差异),内部市场保护司对联盟生产的商品与自中国进口至联盟关税区的商品价格进行了对比,对比针对 PTCN 各分类进行(详见本报告第 5.2 部分以及本报告附件《商品各变形产品监督码扩展编码形成办法》)。

中国钢铁工业协会认为,对钻杆征收的反倾销税应等于仅针对钻杆计算的倾销幅度,即在本次调查范围内针对上海海隆石油钻具有限公司的计算。东营威玛石油钻具有限公司也提交了类似的陈述。

对此,内部市场保护司指出,对于没有被选中确定单独倾销幅度、但表示同意参加挑选并在调查过程中按期提交了必要资料的中国生产商(见本报告第 3.4.5 条的清单),根据《议定书》第 50 条,针对其计算的倾销幅度为针对被选中的中国生产商所确定的单独倾销幅度的加权平均值。考虑到前面所述的被调查商品的确定方法,内部市场保护司认为,无论是针对某个种类的钢管,还是某家中国生产商,没有理由,也没有法律依据用上述方法为其确定不同的倾销幅度。

中国钢铁工业协会在自己的陈述中还指出,欧亚经济委员会网站公布的《内部市场保护司针对中国生产的油气井钻探和开采用无缝钢管的反倾销调查结果报告》中(2015 年 4 月 20 日第 2015/6/AD16 号通告),反映欧亚经济联盟关税区商品市场和联盟成员国产业状况的系列指标值以保密形式列出是不合法的。

对此,内部市场保护司指出,上述指标根据两家集团公司下属企业的数据确定,公布其总值就会让其中一家计算出另一家的数据。

商品成本和加权平均价格与生产商的财政指标和经营业绩相关,该信息属于商业机密。根据内部市场保护司掌握的资料和生产商提交的资料,此类信息的公开将导致中国生产商对欧亚经济联盟成员国市场营销政策的变化,为中国生产商提供竞争优势,将对作为申请人的企业利益及其市场地位带来损害。

中国钢铁工业协会指出,由于自中国进口的商品数量减少,2014 年欧亚经济联盟关税区绝对指标中,中国商品在联盟市场的份额也减少,没有必要使用反倾销措施。

针对该陈述，内部市场保护司指出，该调查项下的分析期为2010～2013年，内部市场保护司分析了所掌握的联盟关税区进口数据和2010～2013年联盟产业状况数据，联盟关税区内存在倾销性进口和该进口造成的联盟成员国产业受到损害的结论是以该期间内的数据为依据作出的。

中国钢铁工业协会还指出，申请书和《内部市场保护司针对中国生产的油气井钻探和开采用无缝钢管的反倾销调查结果报告》中，列出的利润指标变化与TMK钢管工业公司和车里雅宾斯克轧管厂提交的年度报告信息不符。

根据内部市场保护司掌握的信息，TMK公司的年度报告包括大量的指标：公司所有工厂（分别位于俄罗斯、欧洲、美国和近东）的各类产品，而据此作出关于联盟成员国产业内个别企业状况的结论是不正确的。此外还必须指出，除油品用无缝钢管外，TMK公司的俄罗斯工厂还生产工业用无缝焊接管线管和无缝焊接管、工业用干线焊接管、大口径干线焊接管。因此，内部市场保护司认为，根据TMK公司年度报告的综合数据得出的其财政经济指标的正向趋势不能反映TMK公司内部在被调查商品方面的真实财政情况。

此外，根据年度报告，油气工业用无缝钢管（OCTG部门）的销售量呈下降趋势（2013年与2012年相比销售量下降2%）[1]。

针对内部市场保护司对中国商品进口对联盟市场同类商品价格产生影响的分析，中国钢铁工业协会指出，该分析不符合《适用1994年〈关税和贸易总协定〉第6条的协议》第3.2条和《议定书》第70条的规定。按照中国钢铁工业协会的说法，没有分析联盟生产商降低价格的销售量和提高价格的销售量，关于存在"根本性"（规模性）价格降低毫无根据。中国钢铁工业协会参考仲裁团在关于中国对来自美国的鸡肉产品实施反倾销和反补贴措施案（7.481, 7.482段）的报告中援引《适用1994年〈关税和贸易总协定〉第6条的协议》第3.2条，指出在对价格降低进行分析时，必须考虑贸易水平，即中国生产商和联盟生产商均能实施具有可比性的销售行为。如果这些销售行为在不同贸易水平上实施，则内部市场保护司必须

---

[1] https://www.tmk-group.ru/media_ru/news/99/2175/15_03_05_TMK_IFRS_FY2014_ru.pdf

采用相应的价格调整项。

中国钢铁工业协会请求内部市场保护司作出说明，是否对中国生产商CIF价格用相关经销商的利润率进行修正？中国生产商和联盟生产商的销售行为在哪个贸易水平上实施？为使其在同一贸易水平上，采用什么方法对价格进行修正？分析价格降低时所考虑的联盟生产商的销售以什么方式供货？中国钢铁工业协会认为，由于内部市场保护司在确定欧亚经济联盟关税区商品倾销性进口与联盟成员国产业受到损害之间存在因果关系时，将价格降低的事实视为非常重要的因素，而在内部市场保护司的报告中缺乏上述信息，违反了《适用1994年〈关税和贸易总协定〉第6条的协议》第12.2.2条规定。

针对中国钢铁工业协会的以上陈述，内部市场保护司认为必须指出，根据《议定书》第70条（《适用1994年〈关税和贸易总协定〉第6条的协议》第3.2条），在分析倾销性进口对成员国市场同类商品价格产生影响时，调查机关对下列问题进行了认定：

1. 倾销性进口商品的价格是否大大低于成员国市场上同类商品的价格；

2. 倾销性进口是否导致成员国市场上同类商品的价格大大降低；

3. 倾销性进口是否大大阻碍了成员国市场上同类商品在没有该倾销性进口情况下应有的价格增长。

上述情况没有规定使用何种方法来分析商品倾销性进口与联盟成员国产业受到损害之间存在因果关系。正如仲裁团在关于泰国对来自波兰的角材、型材及铁或非合金钢和H型钢实施反倾销税案的报告中所指出的，该方法首先由调查机关来确定①。

仲裁团在关于欧盟针对来自中国的一些钢铁紧固件的最终反倾销措施报告中指出，《适用1994年〈关税和贸易总协定〉第6条的协议》第3.2条对调查机关认定是否存在价格明显降低的方法没有作出明确规定。价格降低可以用国内产业生产的同类产品价格与倾销进口商品价格对比的方式来表现。但是《适用1994年〈关税和贸易总协定〉第6条的协议》第3.2条没有包括该协议第2.4条针对价格比较调整项的类似规定。该协议第3.1

---

① 仲裁团关于泰国对来自波兰的角材、型材及铁或非合金钢和H型钢实施反倾销税案的报告，WT/DS122/R, п. 7.159。

条关于客观分析和正面证据的规定对调查机关的行为进行了限制，但这并不意味着，《适用 1994 年〈关税和贸易总协定〉第 6 条的协议》第 2.4 条针对价格对比调整项的规定可以适用于对价格降低是否存在的分析。

在本次调查项下，为了分析是否存在价格降低的现象，内部市场保护司将中国商品 CIF/CIP 联盟边境交货价格【该价格根据天津钢管制造有限公司、衡阳华菱钢管有限公司、衡阳华菱连轧管有限公司、汉廷能源科技（无锡）有限公司、上海海隆钻具有限公司及其参与在欧亚经济联盟关税区商品销售的利害关系公司在反倾销调查表答复函中提交的 CIF/CIP 联盟边境交货商品价值和供货数量数据确定，包括向独立买方的销售（没有用利害关系人贸易公司的收益率进行补充修正）并考虑加权平均关税和海关费】与联盟生产并在联盟关税区内销售的商品价格（考虑根据联盟生产商在相关调查表答复函确定的运输费用）进行对比。此时，钢管在技术特性上的差异用 PTCN 各分类产品的价格比较方法来体现。至于影响价格对比的贸易阶段、贸易水平和其他因素，内部市场保护司指出，使用上述价格的条件是：这些价格是内部市场保护司所掌握的彼此之间最具有可比性的。综上所述，内部市场保护司对中国产商品与联盟产商品进行的价格对比是以正面证据为基础的，具有客观性，符合《议定书》和《适用 1994 年〈关税和贸易总协定〉第 6 条的协议》的规定。

中国钢铁工业协会陈述理由认为，联盟成员国产业受到损害是由其他因素造成，如自乌克兰的进口、俄罗斯加入 WTO 后进口关税大大降低、联盟成员国产业出口量减少、联盟成员国产业的产品不符合用户技术要求、与公司经营活动有关的原因等。

对此，内部市场保护司指出，以前已经分析过上述因素对联盟成员国产业状况的影响，这在本报告第 5.3.2（关于欧亚经济联盟成员国产业商品出口）、第 5.3.3（俄罗斯加入 WTO 后进口关税降低）、第 5.3.4（关于联盟成员国产业的产品不符合用户技术要求，与公司经营活动有关的原因）、第 5.3.5（关于自乌克兰的进口）中有所体现。内部市场保护司在本报告第 2 章关于不将中石油阿克纠宾油气股份公司的系列钢管业务作为调查对象的申请的分析中，分析了中油阿克纠宾油气股份公司的招标结果。

上海海隆钻具有限公司针对计算，向内部市场保护司提交了陈述。陈述指出，在填写调查表时，有一个商品变形产品被错误划分 PTCN 分类，该

PTCN 分类不能正确反映钢材的强度：商品变形产品所使用的钢材并不符合 PTCN 分类中的 API 7.1 标准，而是符合 API 5DP 标准。因此，在计算上海海隆钻具有限公司、南通海隆钢管有限公司、上海图博可特石油管道涂层有限公司的单独倾销幅度时，应考虑该变形产品的销售。

对于该陈述，内部市场保护司指出，对于调查表答复函的修改发生在规定期限结束之后，由于调查期限有限，内部市场保护司不能对上述商品变形产品的 PTCN 分类划分是否正确进行核查并填写到答复函的相应部分里。因此，内部市场保护司没有理由对上海海隆钻具有限公司、南通海隆钢管有限公司、上海图博可特石油管道涂层有限公司的单独倾销幅度进行重新计算。

汉廷能源科技（无锡）有限公司向内部市场保护司提交了对其单独倾销幅度计算的陈述，该陈述涉及的问题是：为了公正对比上海图博可特石油管道涂层有限公司的利润率，对出口价格的修正是否正确；CIF/CIP 联盟边境供货的出口价格计算。该陈述完全重复了汉廷能源科技（无锡）有限公司在调查项下曾经提交的陈述。对该陈述的分析见本报告第 3.4.3.5。根据分析结果，内部市场保护司认为，没有理由为汉廷能源科技（无锡）有限公司重新计算单独倾销幅度。

江苏曙光华阳钻具有限公司、江苏依莱特石油科技有限公司、东营威玛石油钻具有限公司对内部市场保护司报告中的主要调查结论的评述在规定期限结束后提交。

内部市场保护司分析了陈述中提出的下列问题：欧亚经济联盟企业没有 NS-1 证书，不应将内过渡带不小于 120mm 的钻杆列为调查对象。根据内部市场保护司从企业申请人获取的资料，虽然企业申请人不具备 NS-1 证书，但是其生产能力能够完成 NS-1 证书对钢管产品的额外要求。此外，TMK 公司在 2014 年生产了内过渡带不小于 120mm 的钻杆并销售给欧亚经济联盟的大型用户，因此，内部市场保护司没有理由不将该钻杆列为调查对象。

第二节　商品描述

被调查商品是中国生产的油气井钻探和开采用无缝钢管。用于油气井钻探和开采的无缝钢管，也可用于地质工程调查、岩心钻探和无岩心钻探中钻井以及固体矿产和水的勘探。

被调查商品包括下列种类钢管：

（1）泵压管；

（2）套管；

（3）钻杆。

泵压管用于油气井和其他井开采中液体和气体在套管内部的运输，以及维修和升降工作。泵压管可用于石油、天然气和凝析气的开采、保持地层压力和有效利用地层水。泵压管的制造具有下列结构和配件：高密封、耐寒、耐腐蚀、端部镦锻成形、有聚合材料密封件、有明显套管标记、标准结构。

套管用于油气井及其它井建设和开采中的固定（用于固定井壁及后续井的使用）。套管的制造具有下列结构和配件：高强度、耐寒、耐腐蚀、运行可靠、有高密封螺纹连接、专门用途、标准结构。

钻杆用于油气工业的钻探和开采。钻杆作为钻柱的一部分，是位于井底的钻头与地面钻探设备之间的连接部件。

加重的主动钻杆不属于被调查商品。

成为被调查商品的油气井钻探和开采用无缝钢管的分类是《欧亚经济联盟对外经济活动商品名录》中的：7304 22 000 1、7304 22 000 2、7304 22 000 9、7304 23 000 1、7304 23 000 2、7304 23 000 9、7304 24 000 1、7304 24 000 2、7304 24 000 3、7304 24 000 4、7304 24 000 5、7304 24 000 6、7304 24 000 9、7304 29 100 1、7304 29 100 2、7304 29 100 3、7304 29 100 9、7304 29 300 1、7304 29 300 2、7304 29 300 3、7304 29 300 4、7304 29 300 9、7304 29 900 1、7304 29 900 9。

在本报告中，《欧亚经济联盟对外经济活动商品名录》分类仅供参考。

欧亚经济联盟生产的商品和中国生产的商品具有相同的用途，即油气井的钻头和开采。

欧亚经济联盟所生产商品的技术特性根据下列表中确定：

1）泵压管：ГОСТ 633－80、ГОСТ Р 53365－2009、ГОСТ Р 53366－2009、ГОСТ Р 52203－2004、ISO 11960－2004、API Spec. 5CT 以及其他技术标准文件（包括企业内部标准）；

2）套管：ГОСТ 632－80、ГОСТ Р 53365－2009、ГОСТ Р 53366－

2009、API Spec. 5CT 以及其他技术标准文件（包括企业内部标准）；

3）钻杆：ГОСТ Р 50278 - 92、ГОСТ Р 54383 - 2011、API Spec. 5DP，以及其他技术标准文件（包括企业内部标准）。

中国生产商品的技术特性根据下列标准确定：

（1）泵压管和套管：API Spec. 5CT 以及其他技术标准文件（包括企业内部标准）；

（2）钻杆：API Spec. 5DP 以及其他技术标准文件（包括企业内部标准）。

对标准 ГОСТ 632 - 80、ГОСТ 633 - 80、ГОСТ Р 53365 - 2009、ГОСТ Р 53366 - 2009、ГОСТ Р 52203 - 2004、ISO 11960 - 2004、API Spec. 5CT、ГОСТ Р 50278 - 92、ГОСТ Р 54383 - 2011、API Spec. 5DP 的分析证明，按照上述欧亚经济联盟标准和中国标准生产钢管的钢材在拉伸强度和屈服强度范围指标上具有可比性，详见本报告中的表 2—1 和表 2—2。

内部市场保护司指出，商品的尺寸参数（壁厚、直径）由上述标准确定并处于相同范围内。连接方式（指套管和泵压管）、顶锻方式、是否加锁（指钻杆）由上述标准确定，具有相近的技术特性。

根据对上述商品制造标准的比较结果，内部市场保护司认为，上述欧亚经济联盟产业内企业和中国企业制造商品的标准技术文件具有可比性。

应当指出，除了以上标准列举的商品，联盟成员国生产商和中国境内的商品生产商还可以使用根据企业标准制造的其他型号钢材和其他螺纹连接方式。用其他钢材和其他连接方式制造的商品必须是特殊条件下使用的管材（高抗压强度管，耐硫化氢管，特殊螺纹连接管，深度钻探用高强度套管，低温条件用套管等）（详见下文）。

调查过程中，中国钢铁工业协会根据内部市场保护司举行的公开听证会的结果提交了对被调查商品的陈述。

中国钢铁工业协会要求对将下列产品归类于被调查商品作出解释：

（1）根据 API Spec 7.1 标准加工的加重型钻杆（heavy weight drill pipe）

参考企业申请人的解释，内部市场保护司指出，根据 API Spec 7.1 标准加工的钻杆，无论是作为整体件（完整件）（integral heavy weight drill pipe），还是作为焊接结构（welded heavy weight drill pipe），都不属于被调查商品。

表 2—1 套管和泵压管

型号	ГОСТ Р 53366–2009 类型	屈服强度（兆帕）最小	屈服强度（兆帕）最大	拉伸强度（兆帕）最小	ГОСТ 632–80，ГОСТ 633–80，ГОСТ Р 52203–2004 型号	类型	屈服强度（兆帕）最小	屈服强度（兆帕）最大	拉伸强度（兆帕）最小	API 5CT 型号	类型	屈服强度（兆帕）最小	屈服强度（兆帕）最大	拉伸强度（兆帕）最小
H40	—	276	552	414	—	—	—	—	—	H40	—	276	552	414
J55	—	379	552	517	—	—	—	—	—	J55	—	379	552	517
K55	—	379	552	655	Д	—	379	552	655	K55	—	379	552	655
K72	—	490	—	687	К	—	490	—	687	—	—	—	—	—
N80	1、Q	552	–758	689	E	—	552	758	689	N80	1、Q	552	–758	689
M65	—	448	586	586	—	—	—	—	—	M65	—	448	586	586
L80	1、9Cr、13Cr	552	655	655	—	—	—	—	—	L80	1、9Cr、13Cr	552	655	655
C90	1 和 2	621	724	689	—	—	—	—	—	C90	1	621	724	689
C95	1 和 2	655	862	758	Л	—	655	862	758	R95	—	655	758	724
T95	1 和 2	655	758	724	—	—	—	—	—	T95	1	655	758	724
—	—	—	—	—	M	—	758	965	862	C110	—	758	826	793
P110	—	758	965	862	—	—	—	—	—	P110	—	758	965	862
Q125	1～4	862	1034	931	—	—	—	—	—	Q125	1	862	1034	931
Q135	—	930	1137	1000	P	—	930	1137	1000	—	—	—	—	—

附件3　针对中国生产的油气井钻探和开采用无缝钢管的反倾销调查最终报告

表 2—2　钻杆

	ГОСТ Р 54383-2011				API 5DP				ГОСТ Р 50278-92			
		屈服强度（兆帕）		拉伸强度（兆帕，最小）		屈服强度（兆帕）		拉伸强度（兆帕，最小）		屈服强度（兆帕）		拉伸强度（兆帕，最小）
型号	类型	最小	最大		型号	类型	最小	最大	型号	类型	最小	最大
D	379	-	655	-	-	-	-	-	379	-	655	-	379
E	517	724	689	E	517	724	689	E	517	-	689	-	517
X	655	862	724	X	655	862	724	Д	655	724	862	Д	655
G	724	931	793	G	724	931	793	Л	724	792	930	М	724
X	931	1138	1000	S	931	1138	1000	P		999	1138		930

(2) 独立联轴器和套管式保护装置

内部市场保护司认为，独立联轴器和套管式保护装置（螺纹保护装置）不属于被调查商品。联轴器是带有内螺纹的圆柱体，用于连接两节带有螺纹连接的管[①]。螺纹保护装置用于保护螺纹和管端不受损坏，以及在日常的装卸、运输和保存期间防止灰尘和泥土进入[②]。

(3) 射孔枪枪身

中国钢铁工业协会指出，射孔枪用于井下射孔（射穿岩层或油气层），射孔枪类似于无螺纹和联轴器的套管，但是对射孔枪外形尺寸精度的要求与普通套管相比更加严格。

内部市场保护司解释，射孔枪不属于被调查商品，但射孔枪枪身是用属于被调查商品的钢管制成的。传统上，套筒射孔枪使用强度为 J55 - P110、直径为 73~114mm 的泵压管，目前也有使用"绿色"泵压管的。欧亚经济联盟境内有 TMK 钢管工业公司下属的三家工厂（"Sinara"钢管厂股份公司、伏尔加钢管厂股份公司，北方钢管厂股份公司）和第一乌拉尔新钢管厂股份公司生产此类钢管。

中国钢铁工业协会提出，不应将下列钢管的变形产品列入被调查商品：高抗压强度套管，耐硫化氢套管和泵压管，带特殊螺纹连接的套管和泵压管，用于深钻的高强度套管，耐低温套管，铬含量大于 10.5% 的套管和泵压管，外径大于 13 3/8 英寸的钢管，预应变热绝缘泵压管和套管、钻杆，以及带有双支架锁的钻杆和有内部防腐涂层的钻杆。

中国钢铁工业协会还指出，由于存在两个不同的市场——高强度钢管[③]市场和标准钢管市场。高强度钢管不应该成为被调查商品，其物理特性、技术特性和用途区别于按照 API 标准制造的普通钢管。因此，这两种钢管之间不存在可替代性。

高强度钢管可用于普通钢管无法保障连续工作的艰苦条件和腐蚀环境，通常以特殊订货方式销售。

---

① ГОСТ Р 53366 - 2009 标准第 3 条，API 5CT 标准第 3 条。
② ГОСТ Р 53366 - 2009 标准第 12.2 条，API 5CT 标准第 12.2 条。
③ 中国钢铁工业协会将下列钢管列为高强度管：高抗压强度套管，耐硫化氢套管和泵压管，带特殊螺纹连接的套管和泵压管，用于深钻的高强度套管，耐低温套管，铬含量大于 10.5% 的套管和泵压管。

中国钢铁工业协会提出，如果内部市场保护司作出结论认为上述钢管属于被调查商品，则要求对联盟成员国产业状况进行行业分析。

对此，内部市场保护司指出，在本次调查范围内，被确定为被调查商品的是"油气井钻探和开采用无缝钢管"。按照中国钢铁工业协会的想法，该商品拥有不同技术特性的变形产品，它们都属于高强度钢管。但是，其物理特性（钢制）、生产方法（无缝）和使用范围（用于油气井的钻探和开采）完全符合上述定义。而且上述钢管在联盟境内也有生产（详见下文）。

内部市场保护司按照《议定书》的规定对联盟成员国商品生产的产业状况进行了分析。《议定书》并没有规定对联盟成员国产业状况进行"行业"分析。与此同时，内部市场保护司在对商品生产的产业状况进行分析时，将商品的进口价格与联盟境内生产商品的价格进行了对比，而且对比是针对商品的不同技术特性的变形产品进行的（见本《报告书》第5.2条）。

内部市场保护司分析了中国钢铁工业协会关于将上述类型钢管从被调查商品范围排除而归属于欧亚经济联盟内生产或不生产的同类变形产品的请求。

根据分析结果，内部市场保护司指出，企业申请人认为，所有上述钢管的变形产品，即中国钢铁工业协会请求将其排除在被调查商品之外的，都在联盟境内生产并供应给消费者。作为证据提供了上述钢管各变形产品2010~2014年的生产和供货数据，以及企业申请人对联盟成员国生产商调查表的答复函。联盟企业生产的产品的技术特性与中国生产同类商品相同或相近，企业申请人提交了商品生产标准作为证明。

应当指出，排除利用汉廷公司闭锁技术生产的高抗压强度套管、耐硫化氢套管和泵压管、在含硫化氢介质中工作的套管和耐腐蚀泵压管的请求，在对中石油阿克纠宾油气股份公司的调查过程中也曾提出。

针对高抗压强度套管，中石油阿克纠宾油气股份公司指出，这类钢管用于复杂地质条件下的工作，包括由粘土和盐岩构成的不稳定岩层。高抗压套管用于防止套管在井内由于土壤变形而破裂。对TMK公司生产钢管与中国天津钢管制造有限公司生产的T和TT级钢管技术特性的比较表明，天津钢管制造有限公司生产的钢管在抗皱强度指标上高出TMK公司生产的钢管（保密数据）。

针对耐硫化氢套管和泵压管，中石油阿克纠宾油气股份公司指出，这类钢管用于含少量和中量腐蚀性硫化氢介质的石油和天然气资源的开采，具有耐硫化应力腐蚀开裂的特性。

中石油阿克纠宾油气股份公司认为，2013年曾举行了两次高抗压套管和耐硫化氢泵压管的采购招标，根据招标结果，没有任何一家联盟内生产商供应上述钢管变形产品。就2013.OK-3292号招标而言，中石油阿克纠宾油气股份公司解释说，TMK公司的投标不符合招标文件的条件，因为TMK公司生产的闭锁连接件类型不符合招标文件中的参数。

关于中石油阿克纠宾油气股份公司排除高抗压套管作为被调查商品的陈述，内部市场保护司指出，TMK公司生产的高抗压钢管的技术特性是中石油阿克纠宾油气股份公司从公开资料中得到的（TMK公司官方网站上的产品目录）。而且，根据TMK向内部市场保护司提供的资料，TMK公司生产的钢管符合高抗压要求，对此，TMK公司提供技术标准文件作为证据。

针对将用于含硫化氢介质工作的套管和泵压管排除在被调查商品之外的陈述，TMK公司认为，该公司生产的钢管同样适用于含硫化氢介质的工作。TMK公司提交了技术标准文件证明这些钢管的技术特性。

针对2013.OK-3292号招标结果，内部市场保护司指出，根据招标文件，中石油阿克纠宾油气股份公司需要带有螺纹连接（保密内容）的钢管。内部市场保护司不愿意对该需求进行评论，但同时指出，TMK公司参加了2013.OK-3292号招标并提出供应自产的装有专用螺纹连接TMK PF的钢管。根据TMK公司提供的材料，该螺纹连接的技术特性与招标文件中的要求相似。由此，内部市场保护司认为，TMK公司产品不符合招标文件对闭锁连接件的要求不能证明联盟内不生产能与中国产品相比的钢管。

对于钻杆，根据中国钢铁工业协会的数据，此类钢管与套管和泵压管在用途、使用方法、加工工艺、技术要求、物理特性上具有本质的区别。钻杆可以重复使用，钻杆锁不能从总成上拆卸。钻杆进行热处理加工的材料和要求与套管和泵压管具有本质区别，钻杆的生产工艺非常复杂，带有焊接闭锁的钻杆与套管和泵压管之间没有互换性，钻杆的价格也是套管和泵压管的3倍。因此，中国钢铁工业协会认为，钻杆是不同于套管和泵压管的产品，不应将其作为被调查商品。

附件3　针对中国生产的油气井钻探和开采用无缝钢管的反倾销调查最终报告　209

对此，内部市场保护司在参考企业申请人提出的论据基础上认为，钻杆、套管和泵压管的技术一致性体现在下列方面：
- 在相同的生产过程中制造；
- 相同的钢材冶炼和浇铸过程；
- 相同的卷管机及轧制技术；
- 使用相同的各种强度的钢材；
- 使用相同的管材热处理加工生产线和无损检测；
- 相同的试验方法和合格评定；
- 相同的管材及连接件生产计量体系；
- 使用相同的端面变形生产线；
- 使用相同的连接件、接头、联轴器和锁的生产线；
- 使用相同的连接钢管与联轴器、锁和接头的生产线。

内部市场保护司指出，钻杆、套管和泵压管的技术一致性还体现在下列方面：
- 统一的公制和英制尺寸和重量；
- 相同的机械性能；
- 相同的性能：高强度、耐冷性、耐酸性、耐腐蚀性；
- 通过连接器、联轴器和锁及接头连接到钻柱；
- 螺纹连接系统：联轴器式、一体式、闭锁式、接头式；
- 有内涂层以防止在操作期间的磨损和腐蚀。

企业申请人还提交了数据，以证明钻杆、套管和泵压管之间的互换性：
- 钻井的实践，包括斜柱型套管；
- 使用带有焊接锁或旋拧接头的泵压管作为作业管道，包括在油气井地下维修和大修时钻水泥或砂桥；
- 使用直径达219.1mm或更大的套管作为天然气开采用的泵压管；
- 使用直径为114.3mm的钢管作为套管、钻杆或泵压管。

根据上述材料，内部市场保护司认为，钻杆属于被调查商品。

根据对利害关系人在调查过程中的陈述的审议结果，内部市场保护司指出，按照API Spec 7.1标准制造的加重钻杆，以及独立的联轴器和联轴器接头（螺纹保险器）不属于被调查商品。

此外，内部市场保护司确定，中国钢铁工业协会陈述中所述的在联盟境内生产和销售的各种钢管,属于调查对象。因此,没有理由从被调查商品中排除这些产品。

根据在调查过程中获取的材料,内部市场保护司作出结论,自中国进口的商品和在欧亚经济联盟内生产的商品的技术特性具有可比性。

据此,内部市场保护司作出结论,根据《议定书》第2条的规定,欧亚经济联盟生产的油气井生产和开采用无缝钢管是中国生产的油气井生产和开采用无缝钢管的同类商品。

第三节 存在商品倾销性进口的判定

3.1 联盟关税区商品进口制度

被调查商品的海关编码为:《欧亚经济联盟对外经济活动商品名录》中的 7304 22 000 1,7304 22 000 2,7304 22 000 9,7304 23 000 1,7304 23 000 2,7304 23 000 9,7304 24 000 1,7304 24 000 2,7304 24 000 3,7304 24 000 4,7304 24 000 5,7304 24 000 6,7304 24 000 9,7304 29 100 1,7304 29 100 2,7304 29 100 3,7304 29 100 9,7304 29 300 1,7304 29 300 2,7304 29 300 3,7304 29 300 4,7304 29 300 9,7304 29 900 1,7304 29 900 9(见表3—1)。

表3—1

《欧亚经济联盟对外经济活动商品名录》编码	商品说明
7304	无缝的、用黑色金属(铸铁件除外)制成的管材、管件及空心异型材
7304 22 000	用耐腐蚀钢材制成的钻杆
7304 22 000 1	用最小屈服强度为724Mpa及以上的钢材制成
7304 22 000 2	用于在含硫化氢(H2S)介质中的工作,用最小屈服强度为655Mpa及以上的钢材制成,带有螺纹闭锁连接件
7304 22 000 9	其他
7304 23 000	其他普通钻杆
7304 23 000 1	用最小屈服强度为724Mpa及以上的钢材制成

续表

《欧亚经济联盟对外经济活动商品名录》编码	商品说明
7304 23 000 2	用于在含硫化氢（H2S）介质中的工作，用最小屈服强度为655Mpa及以上的钢材制成，带有螺纹闭锁连接件
7304 23 000 9	其他
7304 24 000	用耐腐蚀钢材制成的其他钻杆 外径小于（含）406.4mm
7304 24 000 1	用最小屈服强度为758Mpa及以上的钢材制成的套管和泵压管
7304 23 000 2	用于在含硫化氢（H2S）介质中工作的套管和泵压管，用最小屈服强度为715Mpa及以上的钢材制成，带有高密封性螺纹连接件
7304 23 000 9	其他
7304 24 000	用耐腐蚀钢材制成的其他产品 外径小于（含）406.4mm
7304 24 000 1	用最小屈服强度为758Mpa及以上的钢材制成的套管和泵压管
7304 24 000 2	用于在含硫化氢（H2S）介质中工作的套管和泵压管，用最小屈服强度为715Mpa及以上的钢材制成，带有高密封性螺纹连接件
7304 24 000 3	带有独立连接件的套管
7304 24 000 4	外径为339.7mm的套管
7304 24 000 5	其他
	外径大于406.4mm
7304 24 000 6	外径为508mm及以上的套管
7304 24 000 9	其他
7304 29	其他
7304 29 100	外径小于（含）168.3mm
7304 29 100 1	用最小屈服强度为758Mpa及以上的钢材制成的套管和泵压管
7304 29 100 2	用于在含硫化氢（H2S）介质中工作的套管和泵压管，用最小屈服强度为715Mpa及以上的钢材制成，带有高密封性螺纹连接件
7304 29 100 3	带有独立连接件的套管
7304 29 100 9	其他
7304 29 300	外径大于168.3mm，但小于（含）406.4mm
7304 29 300 1	用最小屈服强度为758Mpa及以上的钢材制成的套管和泵压管

续表

《欧亚经济联盟对外经济活动商品名录》编码	商品说明
7304 29 300 2	用于在含硫化氢（H2S）介质中工作的套管和泵压管，用最小屈服强度为715Mpa及以上的钢材制成，带有高密封性螺纹连接件
7304 29 300 3	带有独立连接件的套管
7304 29 300 4	外径为339.7mm的套管
7304 29 300 9	其他
7304 29 900	外径大于406.4mm
7304 29 900 1	外径为508mm及以上的套管
7304 29 900 9	其他

联盟内的商品进口关税税率为：

2010年1月1日~2012年8月22日：根据商品海关编码为海关价值的15%~20%[①]；

2012年8月23日~2013年8月31日：根据商品海关编码为海关价值的5%~15%[②]；

2013年9月1日~2014年8月31日：根据商品海关编码为海关价值的5%~12.5%[③]；

2014年9月1日至今：根据商品海关编码为海关价值的5%~10%[④]。

3.2 进口至欧亚经济联盟关税区的商品数量

分析期内进口至联盟关税区内的商品数量的数据见表3—2。

---

① 关税同盟委员会2009年11月27日第130号《关于白俄罗斯共和国、哈萨克斯坦共和国和俄罗斯联邦关税同盟统一调节关税的决议》（2010年1月1日生效）；关税同盟委员会2011年11月18日第850号《关于新版〈关税同盟对外经济活动统一商品名录〉和〈关税同盟统一关税税率〉的决议》（2012年1月1日生效）。

② 欧亚经济委员会理事会2012年7月16日第54号《关于批准关税同盟对外经济活动统一商品名录和关税同盟统一关税税率的决议》（2012年8月23日生效）。

③ 欧亚经济委员会理事会2013年7月2日第45号《关于修改〈关税同盟对外经济活动统一商品名录〉和〈关税同盟统一关税税率〉的决议》（2013年9月1日生效）。

④ 欧亚经济委员会理事会2014年6月23日第47号《根据WTO框架内义务针对某些商品修改〈关税同盟对外经济活动统一商品名录〉和〈关税同盟统一关税税率〉的决议》（2014年9月1日生效）。

附件3 针对中国生产的油气井钻探和开采用无缝钢管的反倾销调查最终报告

表 3—2

指　　标	单位	2010	2011	2012	2013
欧亚经济联盟关税区商品进口总量	千吨	351.9	354.7	347.5	562.0
与上年相比	%	—	0.8	-2.0	61.7
与2010年相比	%	—	0.8	-1.3	59.7
自中国进口至欧亚经济联盟关税区的商品总量	千吨	106.2	100.5	131.3	327.8
与上年相比	%	—	-5.4	30.6	149.7
与2010年相比	%	—	-5.4	23.6	208.6
自中国商品进口量在欧亚经济联盟关税区商品进口总量中的占比	%	30.2	28.3	37.8	58.3
自第三国进口至欧亚经济联盟关税区的商品总量	千吨	245.7	254.2	216.2	234.2
与上年相比	%	—	3.5	-14.9	8.3
与2010年相比	%	—	3.5	-12.0	-4.7

表3—2的数据证明，2010~2013年欧亚经济联盟关税区商品进口总量增长了59.7%；2013年与上年相比增长了61.7%。但与此同时，2011年和2012年商品供应量相对变化不大。

2010~2013年，自中国进口至欧亚经济联盟关税区的商品数量增加了2倍多，其中2013年与上年相比增长了大约1.5倍，2012年与上年相比增长了30.6%。

分析期内自中国进口商品在联盟商品进口总量中的占比增加了约一倍，从30.2%增至58.3%。自中国进口商品在联盟商品进口总量中的占比增长最快的是2013年，与2012年相比增长了20.5%。2012年与2010年相比，该指标增长了7.6%，与2011年相比，增长了9.5%。

3.3 商品进口价格

分析期内商品进口的加权平均价格（不计进口关税、反倾销税、海关费用和增值税）数据见表3—3。

表 3—3

指标	单位	2010	2011	2012	2013
自所有国家进口至欧亚经济联盟关税区的商品的加权平均价格	美元/吨	1695.7	1899.9	2207.1	2128.4
与上年相比	%	—	12.0	16.2	-3.6
与2010年相比	%	—	12.0	30.2	25.5
自中国进口至欧亚经济联盟关税区的商品的加权平均价格	美元/吨	1750.4	1940.7	2009.2	1657.2
与上年相比	%	—	10.9	3.5	-17.5
与2010年相比	%	—	10.9	14.8	-5.3
自第三国进口至欧亚经济联盟关税区的商品的加权平均价格	美元/吨	1672.0	1883.8	2327.2	2787.9
与上年相比	%	—	12.7	23.5	19.8
与2010年相比	%	—	12.7	39.2	66.7
自中国进口商品价格与自第三国进口商品价格之比	%	104.7	103.0	86.3	59.4

分析期内的进口商品价格数据（计进口关税、海关费用、反倾销税[1]，不计增值税）见表3—4。

表 3—4

指标	单位	2010	2011	2012	2013
自所有国家进口至欧亚经济联盟关税区的商品的加权平均价格	美元/吨	1860.1	2085.3	2425.3	2277.6
与上年相比	%	—	12.1	16.3	-6.1
与2010年相比	%	—	12.1	30.4	22.4
自中国进口至欧亚经济联盟关税区的商品的加权平均价格	美元/吨	2013.3	2254.9	2264.8	1792.4
与上年相比	%	—	12.0	0.4	-20.9

---

[1] 依据关税同盟委员会2011年6月22日第702号《自2011年6月22日~2015年11月18日在关税同盟境内对自乌克兰进口的几种钢管按照其种类征收19.4%~37.8%的反倾销税的决议》。

续表

指　标	单位	2010	2011	2012	2013
与2010年相比	%	—	12.0	12.5	-11.0
自第三国进口至欧亚经济联盟关税区的商品的加权平均价格	美元/吨	1793.9	2018.2	2522.8	2956.8
与上年相比	%	—	12.5	25.0	17.2
与2010年相比	%	—	12.5	40.6	64.8

表3—1和表3—2表明，2011年和2012年，自所有国家进口的商品价格都呈增长趋势。2012年与2010年相比，价格增长了30.4%；2013年与2012年相比，价格下降了6.1%。

但是，自第三国进口的商品价格在2013年大幅下降，与2012年相比下降了20.9%，与2010年相比下降了11%。

而自中国进口的商品的价格在2010年和2011年高于自第三国进口的商品价格，但是在2012年和2013年却明显低于自第三国进口的商品价格。2013年自中国进口的商品价格下降了20.9%，仅相当于自第三国进口商品价格的60.6%。

3.4　倾销幅度

3.4.1　天津钢管制造有限公司的单独倾销幅度

天津钢管制造有限公司的单独倾销幅度由内部市场保护司根据调查过程中下列公司提交的反倾销调查表的答复函确定：天津钢管集团股份有限公司（以下简称"TPCO"公司）、天津钢管制造有限公司（以下简称"TPM"公司）、天津钢管国际经济贸易有限公司（以下简称"TPINTL"公司）、圆通贸易有限公司（以下简称圆通公司）。对内部市场保护司的补充调查表的答复函中还有其他公司，以下统称为"TPCO集团公司"。

为确定TPM公司的单独倾销幅度，内部市场保护司计算了在调查期间用于油气井钻探和开采的中国的TPCO集团公司生产的无缝钢管的倾销幅度，具体到各变形产品（根据PTCN产品分类）。对商品[①]变形产品倾销幅

[①] 译者注：文中的"商品"特指用于油气井钻探和开采的无缝钢管及其变形产品。

度的计算以对商品的加权平均正常价值与相应变形产品的加权平均出口价格进行比较为基础。计算出商品各变形产品倾销幅度的加权平均值即为TPM 公司的总单独倾销幅度。

根据对上述公司的反倾销调查表答复函审议结果，可确定以下商品销售方案：

TPM 公司生产商品在中国国内市场的销售由 TPCO 和 TPINTL 的利害关系企业参与；

TPM 公司生产商品的销售由 TPM 公司在中国国内市场出售给无利害关系的买方；

TPM 公司所产商品在欧亚经济联盟关税区内的销售由包括圆通公司在内的利害关系公司参与。

考虑上述商品销售方案，商品的正常价值和出口价格可由 TPCO 公司和 TPINTL 公司的 EXW 价格确定。在此情况下，圆通公司的出口价格经过适当的调整达到 TPCO 公司和 TPINTL 公司的 EXW 价格水平。

在计算 EXW 条件下的正常价值和出口价格时，TPCO 公司和 TPINTL 公司对影响正常价值与出口价格的对比的因素进行修正。有关必要调整项的信息见 TPM 公司、TPCO 公司、TPINTL 公司和圆通公司的反倾销调查表答复函。

计算在以人民币为单位的商品正常价值和出口价格基础上进行。

还应当指出，除了被调查商品，TPCO 的几家公司还提供了一些属于或不属于调查范围的商品数据。其中部分商品被内部市场保护司划分到截短管（pup joints）范畴。根据 API 5CT 和 ГОСТ Р 53366 – 2009 标准给出的定义，截短管（pup joints）是指长度小于相关标准规定的套管和泵压管。在这种情况下，调查机关考虑将截短管作为调查对象。

3.4.1.1 正常价值

根据在《议定书》第 56 款的规定，同类商品以低于其单位生产成本（考虑了管理、贸易和一般费用）的价格在第三国出口国国内市场销售或者从第三国出口国销售至其他第三国，如果调查机关确认，该销售行为发生在调查期间，销售量大且价格不能弥补该期间的所有费用，则在确定商品的正常价值时可不予考虑。

如果同类商品在交易（该交易在确定商品正常价值时被考虑在内）中

的加权平均价格低于单位同类商品加权平均生产成本（考虑管理、贸易和一般费用），且按照低于成本的价格所销售的数量不少于用于确定商品正常价值的所有交易的销售量的 20%。此种情况即为同类商品按照低于其单位生产成本（考虑管理、贸易和一般费用）的价格大量销售。

为了确定中国国内同类商品的市场上是否存在以低于同类商品单位生产成本的价格（考虑管理、贸易和一般费用）进行销售，内部市场保护司对被输入计算机文件 DMSALUP 的 1 吨商品价格（考虑管理、贸易和一般费用）与计算机 DOMCOSTS 文件中所列的 1 吨相关变形产品的生产成本（考虑管理、贸易和一般费用）进行比较。

在计 TPCO 公司和 TPINTL 公司的费用时，TPM 公司的计算机 DOM-COSTS 文件中所列费用增加了 TPCO 公司和 TPINTL 公司承担的 1 吨商品的一般、贸易和管理费用的加权平均值。

由于调查机关缺乏 TPCO 公司和 TPINTL 公司的 PTCN 类产品在国内市场销售和向欧亚经济联盟出口的一般、贸易和管理费用数据，每家公司上述费用计算就按照 TPCO 和 TPINTL 公司在反倾销调查表中，表 9 给出的总值（针对 TPCO 公司有以下栏目：销售费用、管理费用、财务费用，针对 TPINTL 公司有以下栏目：所有销售费用、所有管理费用、所有财务费用）与表 10 和表 11 给出的 2013 年该商品销售总量之比。对 TPCO 公司的计算得到（保密内容）元/吨商品，对 TPINTL 公司的计算得到（保密内容）元/吨商品。然后，我们找到这两家公司的一般、贸易和管理费用的加权平均值，并将国内市场面向非利害关系买方的盈利性销售量作为权重。TPCO 公司面向非利害关系买方的盈利性销售量为（保密内容）吨，TPINTL 为（保密内容）吨。TPCO 和 TPINTL 公司的一般、贸易和管理费用的加权平均值为（保密内容）元/吨商品。

这样，在 TPCO 和 TPINTL 公司在对国内商品市场进行盈利能力测试时，TPM 公司的 DOMCOSTS 计算程序软件中所列出的费用就加上了该公司的一般、贸易和管理费用：TPCO 公司为（保密内容）元/吨，TPINTL 公司为（保密内容）元/吨。

如果以低于平均生产成本（考虑管理、贸易和一般费用）的价格所完成的销售份额大于国内市场销售量的 20%，则在计算正常价值时该销量不计算在内。

应该指出，TPM公司在填写计算机DOMCOSTS文件资料时，不仅包括2013年商品生产费用数据，还有2012年商品生产以及2013年商品销售的数据。

将TPCO集团下属公司的计算机DMSALUP文件中列出的1吨商品价格（已经过修正）与1吨PTCN相关分类商品的生产成本（包括TPM公司的计算机DOMCOSTS文件中所列出的费用生产成本在内）相比较可见，在中国国内市场上，以低于同类商品单位生产成本的价格（考虑管理费用、贸易费用和一般费用）向非利害关系买方销售同类商品的销售量为（保密内容）。

根据《议定书》第54条规定，在外国出口市场的正常贸易过程中同类商品的销售量可用来确定商品的正常价值，前提是，该销售量不低于出口国向欧亚经济联盟关税区商品出口总量的5%。

为了测试《议定书》第54条规定的销售量是否充足，对于TPCO集团公司所生产并销售至欧亚经济联盟关税区的商品的每一个变形产品，内部市场保护司都将销售至欧亚经济联盟关税区的该变形产品的出口量与其在中国国内市场的销售量进行对比。

根据《议定书》第45条规定，如果在出口国市场上正常贸易过程没有同类商品的买卖交易，或者由于正常贸易过程中同类商品的销售量低，或由于出口国市场情况特殊，无法对商品出口价格与同类商品在出口国市场上的销售价格进行应有的比较，则应将商品进口价格与该出口国向其他国家出口同类商品的可比价格进行比较，条件是：同类商品的价格具有代表性；或者与原产国的商品生产成本（应考虑必要的管理费用、贸易费用、一般费用和利润等该产业具有代表性的指标）相比较。

综上所述，如果商品某一变形产品在国内市场的销售量被认为不足以用来确定正常价值，则内部市场保护司确定下列数据为上述变形产品的正常价值：

（1）TPM公司相应变形产品EXW价格的总加权平均成本。每个变形产品的成本计算都以TPM公司在DOMCOSTS和CUCOSTS计算程序文件内输入的、在中国国内市场和欧亚经济联盟关税区内的总销售费用数据为基础。以商品销量作为权重（"销售数量"栏）。必须指出，TPM公司反倾销调查表的回复函中CUCOSTS文件内的每吨被销售产品的一般、贸易和管理费用按照商品销量进行分配（"销售数量"栏），而与此同时，在 DOMCOSTS 文件中它们被作为生产费用的一部分（"PTCN 价值"栏）。TPCO 集团公司 2014 年 10 月 3 日的№TS/VA – VI – OCTG – 031014 信函指出，国内市场销售产品与出口至欧亚经济联盟产品之间的生产费用的计算方法没有区别，但实际上采用了不同的方法计算管理费用、贸易费用和一般费用。为消除上述差别并采用同一种方法计算管理费用、贸易费用和一般费用，内部市场保护司根据 TPM 公司在 DOMCOSTS 文件中提供的方法，在 TPM 公司在 CUCOSTS 文件中重新计算了管理费用、贸易费用和一般费用，作为"PTCN 价值"栏中值的一部分。

（2）中国国内市场通过 TPCO 和 TPINTL 公司销售的商品的具有代表性的一般、贸易和管理费用的总加权平均值。如前所述，TPCO 和 TPINTL 公司的一般、贸易和管理费用的加权平均值依次为（保密内容）元/吨和（保密内容）元/吨商品。随后内部市场保护司计算了 TPCO 集团公司每吨商品的一般、贸易和管理费用的加权平均值，每家公司（TPCO 和 TPINTL）对国内市场非利害关系买方的盈利性交易量（TPCO 和 TPINTL 公司的 DMSALUP 文件中盈利性销售总额）作为权重；

（3）总加权平均收益率。每家公司以百分比表示的加权平均收益率的计算公式为：交易净值（考虑 TPM、TPCO 和 TPINTL 公司在 DMSALUP 文件中列出的商品在国内市场所有销售的修正值）与根据 TPM 公司在 DOMCOSTS 计算程序文件中所提供数据确定的被销售商品总生产成本（考虑管理费用、贸易费用和一般费用）之间的差额，除以被销售商品的总生产成本（考虑 TPM 公司的管理费用、贸易费用和一般费用）（对于 TPCO 公司和 TPINTL 公司还应考虑这两家公司具有代表性的管理费用、贸易费用和一般费用的加权平均值）。TPM 公司的加权平均收益率为（保密内容）、TPCO 公司为（保密内容）、TPINTL 公司为（保密内容）。内部市场保护司计算了 TPCO 集团公司的加权平均收益率，将与中国国内市场非利害关系买方的总交易额作为权重，亏损交易除外。TOCO 集团公司的加权平均收益率为（保密内容）。

3.4.1.2 出口价格及其与正常价值的比较

根据《议定书》第 2 条，出口价格是指商品进口至欧亚经济联盟关税区时，非外国生产商或出口商利害关系人的买方应支付的价格。根据 TPM

公司、TPCO公司、TPINTL公司和圆通公司的反倾销调查表答复函，商品以下列方式销售到欧亚经济联盟：（保密内容）。

根据《议定书》第44条规定，在比较商品出口价格与其正常价格时，在考虑可能对价格可比性产生影响的差异基础上，对这两个数值进行修正，包括供货条件和特点、税收、贸易阶段、数量、物理特性以及任何其他差异，并提交这些因素对价格可比性产生影响的证据。

据此，内部市场保护司对圆通公司的出口价格中的一般费用、贸易费用、管理费用和收益率进行了修正。每吨商品的一般、贸易和管理费用为：圆通公司反倾销调查表答复函表9中"贸易费用"栏和"财务费用"栏中的数值与表10和表11中所列出的商品总销售金额的比值，为（保密内容）元/吨。收益率根据反倾销调查表表9中的数据确定："净利润"一栏中的数值与"营业成本"一栏的数值之比，为（保密内容）。

此外，内部市场保护司对公司在出口商品至欧亚经济联盟关税区时的增值税的不予返还部分进行了修正。在TPINTL公司反倾销调查表的答复函中，调查期间的增值税税率为17%，出口商品的增值税税率为0%。与此同时，商品出口时的增值税返还税率为商品FOB价值的13%[①]。因为正常价值是在不包括增值税的交易净值基础上确定，因此，内部市场保护司得出结论，必须对CUSALUP计算程序文件中提交的价格进行修正。根据国内市场增值税税率与出口时增值税返还税率之间的差额得出4%的修正值。

内部市场保护司对TPCO集团旗下公司所提交的修正值进行了核查，以便计算其对价格可比性的影响。对于所有出口商品至欧亚经济联盟关税区的公司所提交的修正值，内部市场保护司都进行审核。

3.4.1.3 单独倾销幅度

根据商品在调查期间的正常价值和出口价格指标，可按照下列公式为每种商品计算单独倾销幅度：

$$DM = \frac{(NV - EP)}{EP} \times 100\%$$

其中，

DM——倾销幅度；

[①] TPCO公司在反倾销调查表中提交的、关于商品出口增值税税率和增值税返还税率符合《中华人民共和国增值税暂行条例》和内部市场保护司了解的其他增值税支付及返还法规。

附件3　针对中国生产的油气井钻探和开采用无缝钢管的反倾销调查最终报告

NV——正常价值；

EP——EXW 出口价格（考虑列出的修正值）

EP——关税同盟边境 CIP/CIF 出口价格（考虑列出的修正值）

TPM 公司向欧亚经济联盟出口油气井钻探和开采用无缝钢管的单独倾销幅度的计算结果见表3—5。

用上述方法计算出的 TPM 公司的总单独倾销幅度为31%。

表3—5

PTCN产品种类	正常价值（人民币）	向欧亚经济联盟销售的价格（CIF）	工厂供货条件下向欧亚经济联盟销售的价格（人民币）	向欧亚经济联盟销售量（吨）	CIF条件单位出口价格（人民币）	工厂供货条件下每吨出口价格（人民币）	商品变形产品的权重	商品变形产品的倾销幅度	商品变形产品的单独倾销幅度
保密									
单独倾销幅度									31%

3.4.1.4　对单独倾销幅度计算陈述的分析

为使 TPCO 集团公司在调查期间行使维护自己利益的权利，内部市场保护司向 TPCO 集团公司发送了保密的单独倾销幅度计算结果（内部市场保护司2014年11月26日№ ДЗВР/АД/026-72K 号公函）。

针对收到的单独倾销幅度计算结果（2014年11月26日№ ДЗВР/АД/026-72K 号公函），TPCO 集团公司向内部市场保护司提交了陈述。对此，内部市场保护司认为必须指出：

1. 关于需要为 TPCO 公司重新计算一般、贸易和管理费用的陈述，内部市场保护司指出以下几点。

针对 TPCO 公司提出的关于内部市场保护司采用的一般、贸易和管理费用计算方法的意见，经审议决定，将 TPCO 公司的贸易费用和管理费用分配至 TPCO 集团公司下属企业全部商品销售量。此种方法的依据是，TPCO 公司负责整个集团公司的管理活动。因此，内部市场保护司采用修改的表9并将其作为2014年11月17日№ VA-VI-OCTG-171214发送 TPCO 公司的公函附件，用于计算单独倾销幅度。

2. TPCO 公司和 TPINTL 公司分别提出，在对每家公司的盈利能力进行测试时必须使用一般、贸易和管理费用。对此，内部市场保护司认为，内部市场保护司根据对 TPCO 公司意见的审议结果通过决议，采用该销售渠道具有代表性的费用（见本报告的第 3.4.1.1 条）。

3. 对于在确定正常贸易过程所完成的销售量时，存在一般、贸易和管理费用重复计算的意见，内部市场保护司指出，根据对该意见的审议结果，内部市场保护司以在确定正常价值过程中，不存在以重复计算修正值而作出决议，在计算一般、贸易和管理费用时不考虑以下费用：

－在 TPCO 公司的反倾销调查表答复函中表 9 的下列栏目，包括"运输费"、"贷款利息"、"存款利息"、"回购协议交易利息"、"债券利息"、"金融租赁收入"；

－TPINTL 公司的反倾销调查表答复函中表 9 中"运输费"和"装卸费"两栏内的数值。

这样，TPCO 和 TPINTL 公司的一般、贸易和管理费用的加权平均值及公司的收益率都已经改变（详见本报告第 3.4.1.1 条）。

4. 至于将 TPCO 集团公司作为一个统一经济实体的意见，内部市场保护司指出，在计算个别倾销幅度时，TPCO 集团公司不作为一个统一经济实体。TPCO 集团公司设在中国的所有企业都具有链式结构，包括从事销售的结构性部门。所有向欧亚经济联盟出口商品的公司，包括借助无利害关系的中介机构的服务，都在平等地开展出口业务。此外，作为利害关系人的公司之间相互供货都以合同为基础。因此，内部市场保护司的结论是，位于中国的 TPM 公司、TPCO 公司、TPINTL 公司，以及设在香港圆通公司，均为独立的经济单位。

采用 TPCO 公司和 TPINTL 公司的商品销售作为对出口价格与正常价值进行比较的同一贸易阶段，这也是内部市场保护司在本报告第 3.4.1.1 条中所说明的内容。内部市场保护司对于 TPCO 公司、TPINTL 公司、TPM 公司和圆通公司采取绝对相同的态度，这四家公司是相互协作的不同经济实体。

5. 关于对圆通公司的一般、贸易和管理费用以及利润的陈述，内部市场保护司指出，在市场活动过程中任何企业都须承担各种费用，对于任何企业来说，其市场活动的目的就是获得利润。据内部市场保护司的计算，圆通公司在调查期间所承担的费用为（保密内容）元/吨商品，自商品销售价值中获得的利润为（保密内容）（见本报告第3.4.1.3条）。在此，内部市场保护司采用圆通公司在将销售价格修正至 TPCO 和 TPINTL 公司 EXW 水平时的一般、贸易和管理费用，以及利润。

6. 至于对不允许从 CIF 供货价格中减去一般、贸易和管理费用的意见，内部市场保护司指出，根据《议定书》第43条规定，出口价格与正常价值的比较应在同一贸易阶段实施，修正圆通公司 CIF 供货价格的目的是将商品销售价格置于同一贸易阶段。

7. 至于错误确定正常价值的意见，内部市场保护司指出，从正常价值计算中排除亏损交易完全符合欧亚经济联盟的法律规定，即《议定书》第56~58条。因此，内部市场保护司认为改变这一部分的个别倾销幅度计算是合理的。

8. 至于对内部市场保护司在测试用于确定正常价值的销售量是否充足时，存在实际操作不符合世界贸易组织（以下简称 WTO）规则的意见，内部市场保护司指出，根据 TPCO 集团公司引自 WTO 仲裁委员会关于"欧盟鲑鱼"的报告（挪威），在盈利性交易量低于10%情况下，欧盟的正常价值计算排除了所有单独 PTCN 分类商品的销售量。

内部市场保护司指出，没有采用过类似的计算方法，商品销售的所有盈利性交易在计算正常价值时都考虑在内。因此，意见中引用了 WTO 仲裁委员会关于该做法的结论并认为此做法不可容忍，不能成为要求内部市场保护司改变单独倾销幅度计算方法的理由。

内部市场保护司还指出，根据《议定书》第54条，出口国（第三国）国内市场正常贸易过程中同类商品的销售量足够用来确定商品的正常价值，前提是，该贸易量不低于从出口国（第三国）出口至欧亚经济联盟关税区的商品出口总量的5%。根据《议定书》第58条，内部市场保护司作出结论，认为公司以低于成本的价格完成的销售量（保密内容）属于大量销售。然后根据《议定书》第54条，将中国国内市场上正常贸易过程中的商品各变形产品的销售量与出口至欧亚经济联盟的产品销售量进行对比。作为对上述观点的补充，内部市场保护司指出，《适用1994年〈关贸总协定〉第6条的协议》第2.2条，以及《议定书》第45条都有关于正常贸易过程中完成的销售量的相关规定。因此，内部市场保护司认为，在这一部分修改单独倾销幅度的计算是不合理的。

9. 对于在组构正常价值时所采用的收益率"不合理"的意见，内部市场保护司指出，根据WTO仲裁委员会对WT/DS141R EC床单（印度）案件结论第6.9节的论述，可直接说明不需要进行补充测试：第2.2.2条指出，"第2.2.2条所述方法的目的是根据第2.2条计算合理的收益率，里面并没有说明要对合理性进行单独的测试，也没有指出应该怎样进行测试。在此条件下，我们认为，第2.2.2条中缺乏该要求的依据。第2.2.2条直接说明，如果第2.2.2条所述方法之一被正确采用，则结果是合理的，符合第2.2条规定"。

因此，内部市场保护司作出结论，在组构商品正常价值时，所采用的收益率根据《适用1994年〈关贸总协定〉第6条的协议》第2.2条规定的做法是合理的，因此按照第2.2.2条的方法进行计算。

10. 关于中国国内市场销售商品名录与出口至欧亚经济联盟的商品名录相比要更宽泛，以及收益率计算不科学的意见，内部市场保护司指出，《议定书》中没有说明必须对出口至欧亚经济联盟的商品变形产品以及与其非常相似的商品确定收益率，也没有说明对被确定为调查对象的商品所有变形产品确定收益率。在内部市场保护司的工作实践中，收益率的计算以TPCO集团公司在所有商品变形产品的生产和销售过程中所实际获得的和花费的金额为基础。由此，内部市场保护司认为，改变这一部分的个别倾销幅度计算是合理的。

11. 对于提交经过修改的CUSALUP计算程序文件，内部市场保护司通知，已经根据修改的数据进行了单独倾销幅度的计算。但是，内部市场保护司注意到，在新文件的"НЕТТ. СТ. ЭКС"一列填写了所有的栏目，在"CIF关税同盟边境"、"运输"、"单位产品海运价格（美元）"、"运费"、"保险"和"装运"列却是空白。由此内部市场保护司又完全按照计算公式重新计算了上述各列的数值，但是供货量采用了圆通公司卖给独立买方的销售量。所得到的数值随后用于计算单独倾销幅度。

TPCO集团公司针对内部市场保护司发来的单独倾销幅度计算（2015年3月17日公函），向内部市场保护司提交了陈述。对该陈述，内部市场保护司认为必须作出以下说明：

1. 针对意见中提出的在组构正常价值时采用的收益率缺乏依据的问题，内部市场保护司指出，《议定书》中没有说明只对调查期间出口至欧亚经济联盟的商品各变形产品确定收益率。收益率的确定针对整个 TPCO 集团公司的被调查商品。内部市场保护司认为，根据《适用 1994 年〈关贸总协定〉第 6 条的协议》，将出口价格与正常价值进行比较是正确的。

关于应该去掉泵压管和截短管的收益率，以及收益率的计算应以作为调查对象的商品在生产时使用的钢材型号为基础的意见，内部市场保护司指出，泵压管和截短管与其它用各种钢材制成的产品一样，都属于被调查对象，没有任何理由不将其计入 TPCO 集团公司的收益率计算。在 PTCN 分类上为泵压管、套管和截短管使用不同符号并不能成为对上述产品采用不同方法的理由。

2. 对于从单独倾销幅度计算中减去几种产品的意见，内部市场保护司指出，根据 API 5CT，ГОСТ Р 53366－2009 标准中的定义和数据，截短管（pup–joints）可理解为长度小于相关标准规定的套管和泵压管。同样，该定义范围内产品的销售量也应在计算时计入在内。

根据内部市场保护司的调查结果可以确定，联轴节不属于被调查商品（详见本报告第 2 条），在计算时其销售量不予考虑。

3. 对于不允许从圆通公司的 CIF 供货价格里减去一般费用、贸易费用、管理费用和利润而提出的意见，内部市场保护司提出，《议定书》第 43 条明确指出，必须将同一贸易阶段的出口价格与正常价值相比较。计算是在同一贸易阶段内进行的，收录了包括商品 CIF 供货价格在内的所有数值。

3.4.2 衡阳华菱钢管有限公司和华菱衡阳连轧管有限公司的单独倾销幅度

衡阳华菱钢管有限公司（以下简称衡钢）和衡阳华菱连轧管有限公司（以下简称衡阳 MPM）所生产商品在出口至关税同盟时的单独倾销幅度的确定以华菱集团公司下属企业提交的反倾销调查表回复函及其对内部市场保护司的补充征询函的答复为基础。

为计算倾销幅度，先计算商品每个变形产品（TPCN 分类）的正常价值和出口价格。

商品的正常价值和出口价格的计算以华菱集团公司在针对外国生产商和/或出口商的反倾销调查表及其对内部市场保护司的补充征询函的答复为

基础。

根据《议定书》第2条规定，倾销幅度是商品的正常价值减去该商品的出口价格后与出口价格之比，用百分数表示。

对华菱集团公司下属企业答复函的审议结果证明，在调查期间商品销售使用了以下方案（保密内容）。

在确定正常价值和出口价格时，须考虑上述销售方案。此时，在计算生产商 EXW 条件下正常价值和出口价格时，应使用出口价格与正常价值比较时的影响因素的调整项。有关必要调整项的信息（保密内容）见公司的反倾销调查表答复函。

由于中国国内市场上商品销售交易使用人民币，而华菱集团公司的反倾销调查表答复函包含了人民币对美元的汇率，因此所有计算都使用人民币作为单位。

与此同时必须指出，衡钢生产商品的供货和衡阳 MPM 生产商品的供货均被视为单独销售渠道。采用该方法确定华菱集团公司下属企业供应商品的正常价值必须以下列情况为条件：

（A）在审计是否符合《议定书》规定的正常贸易过程时，必须精确证明该商品的每一个变形产品（PTCN 各个分类）的生产费用；

（B）必须正确确定该商品各变形产品（PTCN 分类）的正常价值，并考虑商品的技术经济指标与生产能力之间的差别。

采用该方法确定商品供应的正常价值能够更精确地计算将华菱集团公司商品生产特点考虑在内的正常价值。

3.4.2.1 正常价值

根据《议定书》第53条，商品的正常价值是：调查期间在出口国国内市场上正常贸易过程的竞争条件下销售给非利害关系人买方的、在出口国关税区内使用的同类商品。

据此，根据《议定书》第2条，正常贸易过程可理解为被调查商品以不低于其加权平均价值的价格在出口国市场上的买卖，加权平均价值根据生产、贸易、管理和一般费用的加权平均值来确定。

根据《议定书》第55条，正常价值可以是：

－调查期间，被调查商品出售给独立买方的加权平均价；

－调查期间，被调查商品出售给每一位独立买方的价格。

由于华菱集团公司的 DMSALUP 计算程序文件（《向国内市场独立买方的销售》）包含中国市场上商品各变形产品与独立买方的每一次单独交易的价格信息，根据《议定书》第 55 条规定，正常价值以中国市场上与独立买方的每一次单独交易的价格为基础确定。

正如倾销幅度的计算描述中指出，为正确确定正常价值，中国市场上向独立买方的商品销售应分为两个销售渠道：

（A）衡钢所产商品的供货（以下称方案1）；

（B）衡阳 MPM 所产商品的供货（以下称方案2）。

调查期间，在中国国内市场上的大部分销售量（保密内容）都是公司生产的产品。

同时，为完成《议定书》规定的对同一贸易阶段的商品出口价格与正常价值进行比较，商品的正常价值应考虑出口价格与正常价值比较时的影响因素的调整项。这些调整项在华菱集团公司的 DMSALUP 计算程序文件（《向国内市场独立买方的销售》）中，已经按照反倾销调查表的要求得到说明。

同时，根据《议定书》第 56 条、57 条和 58 条规定，在确定正常价值时，必须审核华菱集团公司的商品销售是否符合正常贸易过程。

审核华菱集团公司商品在国内市场的销售是否符合正常贸易过程以下列方式进行：将衡钢和衡阳 MPM 所生产商品的、以生产商 EXW 供货条件销售给中国独立买方的每一笔已修正过的商品交易价格与商品各变形产品（PTCN 分类）的平均生产费用【该费用应将 DMSALUP 计算程序文件（《向国内市场独立买方的销售》）中的管理、贸易和一般费用考虑在内】进行比较。

这里必须指出，对华菱集团公司的商品销售是否符合正常贸易过程的审核，针对衡钢所产的钢管和衡阳 MPM 所产的钢管是分别进行的。

如果以低于平均生产费用（即包括管理、贸易和一般费用在内）的价格销售商品的销售份额超过国内市场销售量的 20%，则在计算正常价值时该销售量不计在内。

华菱集团公司对反倾销调查表第 7.2.1.7 条的答复中，列出了贷款费用差异调整项，经过审议，调查机关作出结论，必须修改计算贷款费用的公式。根据衡钢对反倾销调查表第 7.2.1.7 条的答复，贷款费用根据下列公式计算：（保密内容）。

同时应注意，为正确计算贷款费用应使用下列公式：（保密内容）。

鉴于上述情况，华菱集团公司的 DMSALUP 计算程序文件（《向国内市场独立买方的销售》）按照修正过的公式重新计算了贷款费用。

由于华菱集团公司的 DMSALUP 计算程序文件（《向国内市场独立买方的销售》）列出了 2013 年 1 月 1 日至 2013 年 12 月 13 日之间的商品销售信息，在确定商品正常价值时，没有考虑分析期以外数据的修正。

3.4.2.1.1　衡钢的产品销售

华菱集团公司的 DMSALUP 计算程序文件（《向国内市场独立买方的销售》）反映了向中国国内市场独立买方的商品销售信息，成为确定衡钢所生产商品正常价值的基础。由于华菱集团公司的 DMSALUP 计算程序文件（《向国内市场独立买方的销售》）既包含衡阳 MPM 公司所产钢管的供货情况，又包含衡钢所产钢管的供货情况，因此在按照方案 1 确定正常价值时，衡阳 MPM 的商品销售没有考虑在内。

衡阳 MPM 所产商品的供货情况根据下列信息得到证实：（保密内容）

除此之外，华菱集团公司的 DMSALUP 计算程序文件（《向国内市场独立买方的销售》）列出了影响商品正常价值与其出口价格对比的差异的调整项。方案 1 列出了下列商品正常价值与其出口价格对比时的调整项：

－佣金；

－贷款；

－向中国市场上独立买方供货的运输费用。

在确定衡阳 MPM 产品供应的正常价值时，上述调整项均被考虑在内。

根据对按照方案 2 在中国国内市场的商品销售是否符合正常贸易过程的审核结果，用于计算正常价值的、按照该方案实施的商品销售量为（保密内容）吨。

衡阳 MPM 公司产品供货的收益率的计算以用于计算正常价值的销售量为基础，并须考虑前面所述商品销售是否符合正常贸易过程的审核结果。在此情况下，这些销售收益率的计算需要将每笔交易的收益率在每次供货价值上进行加权计算。每次供货的收益率确定方法为：首先计算经过修正的商品变形产品的净价值与商品变形产品的加权平均生产成本（考虑管理、贸易和一般费用）之间的差额，再除以该变形产品的加权平均生产成本

(考虑管理、贸易和一般费用)。

用上述方法确定的调查期间衡钢产品销售的收益率为+(保密内容)%。

3.4.2.1.2 对中国国内市场的商品销售规模的核查

在确定商品的正常价值时,应对商品销售量是否足够进行核查:中国国内市场上的销量不低于出口至关税同盟商品总量的5%(《议定书》第54条)。

如果根据对商品销售量的核查结果,内部市场保护司认为,在中国国内市场的销售量不足以用来确定商品的正常价值,按照《议定书》第45条规定,使用以下数据来计算正常价值:

— 每个商品变形产品(每个PTCN分类)的加权生产成本;

— 每个商品变形产品(每个PTCN分类)在中国国内市场销售时,具有代表性的加权平均贸易、一般和管理费用;

— 衡钢、衡阳MPM公司产品供货加权平均收益率。

每个商品变形产品(每个PTCN分类)的生产成本计算以"生产"栏的数据为基础,并考虑衡钢、衡阳MPM公司的实际费用与DMCOSTS计算程序文件(《国内销售商品的生产费用》)、CUCOSTS文件(《出口至关税同盟的商品的生产费用》)和OTHCOSTS文件(《向第三国出口的商品的生产费用》)中标准费用之间的差异。

这样,每个商品变形产品(每个PTCN分类)生产成本的加权平均值的计算就需要考虑商品在调查期间生产过程中承担的所有生产费用。在此情况下,每个商品变形产品(每个PTCN分类)的产量就可用作权重。

中国国内市场商品销售中具有代表性的加权平均贸易、一般和管理费用,以衡钢和衡阳MPM公司DMCOSTS计算程序文件(《国内销售商品的生产费用》)中"SG&A"栏的数据为基础而确定。

调查期间,华菱集团公司在中国国内市场商品销售中具有代表性的加权平均贸易、一般和管理费用为:(保密内容)元/吨。

华菱集团公司下属企业商品销售的加权平均收益率的计算基础是:用来确定正常价值的商品盈利性销售的数量。加权平均收益率以衡钢产品供货收益率和衡阳MPM产品供货收益率的加权计算来确定。

华菱集团公司商品销售的加强平均收益率为 +（保密内容）%。

调查期间 EXW 价格销售的商品各变形产品的正常价值计算结果（以元为单位）见表 3—6。

表 3—6

项目	出口至关税同盟的商品变形产品（PTCN 分类）	中国国内市场销售价格（元）	中国国内市场销售量（吨）	EXW 正常价值（元/吨）
保密内容			

3.4.2.2 出口价格

根据《议定书》第 2 条，商品的出口价格是：商品进口至欧亚经济联盟关税区时，非利害关系人买方支付的或应支付的价格。

华菱集团公司的反倾销调查表答复函表述，在调查期间使用了以下销售方案：（保密内容）。

根据所叙述的销售方案，调查机关作出结论，在确定出口价格时可能使用华菱集团公司在 CUSALUP 文件（《向关税同盟独立买方的销售》）中出售给无利害关系的贸易中间商的出口价格。

在此情况下，为了遵守《议定书》第 43、44 条的规定将同一贸易阶段的商品出口价格与其正常价值进行对比，商品的出口价格计算应对影响出口价格与正常价值对比的差异性进行修正。华菱集团公司根据反倾销调查表的要求在 CUSALUP 文件（《向关税同盟独立买方的销售》）中列出了这些调整项。

同时，为了保证能够正确将同一贸易阶段的商品出口价格与其正常价值进行对比，调查机关通过决议，必须对中国国内市场销售的商品与出口关税同盟的商品之间的税收差异进行补充修正。

必须采用该调整项的条件是：公司在购买商品生产原料时所支付的增值税额为 17%，同时在商品出口销售时增值税返还税率为 13%。由此，商品出口价格应修正 4%（应付增值税税率与增值税返还税率 13%）。

调查期间销往关税同盟的大部分商品的都是（保密内容）公司的产品。在计算出口价格时采用了出售给关税同盟市场独立买方的商品的变形产品（保密内容）的销售数据，该数据来自华菱集团公司提供的 CUSALUP 文件（《向关税同盟独立买方的销售》）。

3.4.2.2.1 衡钢产品的销售

衡钢公司的商品出口价格根据调查期间商品销售的信息确定。该信息来自华菱集团公司提供的 CUSALUP 文件（《向关税同盟独立买方的销售》）。

华菱集团公司在计算机 CUSALUP 文件（《向关税同盟独立买方的销售》）中列出同一贸易阶段商品出口价格与正常价值对比时的调整项。商品正常价值与其出口价格对比的调整项如下：

－商品运输至中国边境的运输费用；

－出口信用保险。

在确定衡钢公司产品出口价格时考虑了上述调整项。

根据 CUSALUP 文件（《向关税同盟独立买方的销售》），华菱集团公司在调查期间销售了（保密内容）吨衡钢的产品。

3.4.2.2.2 衡阳 MPM 的产品销售

调查期间的商品销售信息成为确定衡阳 MPM 公司产品出口价格的基础。该信息来自华菱集团公司的 CUSALUP 计算程序文件（《向关税同盟独立买方的销售》）。

华菱集团公司的 CUSALUP 计算程序文件（《向关税同盟独立买方的销售》）列出了商品正常价值与出口价格对比的调整项。商品正常价值与其出口价格对比的调整项如下：

－商品运输至中国边境的运输费用；

佣金，

－出口信用保险。

在确定衡阳 MPM 公司产品出口价格时考虑了上述调整项。

根据 CUSALUP 计算程序文件（《向关税同盟独立买方的销售》），华菱集团公司在调查期间销售了（保密内容）吨衡阳 MPM 公司的产品。

华菱集团公司调查期间商品出口价格的计算结果考虑了所有列出的 EXW 和 CIF 价格的调整项，详见表 3—7。

表 3—7

商品的变形产品	对关税同盟的CIF出口价格（元）	对关税同盟的EXW出口价格（元）	对关税同盟的销售量（吨）	CIF出口价格（元/吨）	EXW出口价格（元/吨）
保密内容					

3.4.2.3 单独倾销幅度

根据《议定书》第 43 条规定，出口价格与正常价值的对比应在同一贸易阶段。

在衡钢和衡阳 MPM 公司商品在中国国内市场的正常价值指标以及商品销售给关税同盟用户的价格指标基础上，根据下列公式计算每个商品的变形产品的倾销幅度：

$$DM = \frac{(NV - EP)}{EP} \times 100\%$$

其中：

DM——倾销幅度；

NV——EXW 正常价值（考虑所有列出的调整项）；

EP——EXW 出口价格（考虑所有列出的修正值）；

EP——关税同盟边境 CIF 出口价格。

调查期间衡钢和衡阳 MPM 公司产品的加权平均单独倾销幅度计算结果表明，单独倾销幅度为 25.21%。

3.4.2.4 对单独倾销幅度计算陈述的分析

为了给华菱集团公司提供维护自己利益的机会，内部市场保护司在调查过程中向上述公司发送了保密版本的单独倾销幅度计算结果（内部市场保护司 2014 年 11 月 17 日 № ДЗВР/АД/026-70К 公函）。

华菱集团公司在 2014 年 11 月 27 日的 № VALIN/RL/MK/VW/Discl.com 回复函中，提交了对保密版本单独倾销幅度计算的陈述。

针对该陈述，内部市场保护司认为：

1. 在确定正常价值时，对于中国国内市场商品运输至独立买方的运输费用的调整项，必须消除双重计算问题，内部市场保护司指出：

根据对以上陈述的审议结果，内部市场保护司通过决议，必须从用于确定正常价值的商品的管理、贸易和一般费用中减去运输费用，以便消除调整项的双重计算问题。

经过修正的中国国内市场出售给独立买方的商品的正常价值计算结果见本报告第 3.4.2.1.1 和 3.4.2.1.2。

经过修正的华菱集团公司下属企业商品的单独倾销幅度见本报告第 3.4.2.3 条。

2. 对于不在调查期间生产的，但该期间在中国国内市场上销售的各类产品必须使用加权平均成本的陈述，内部市场保护司指出，根据对陈述数据的审议，内部市场保护司通过决议，对于那些不在调查期间生产的，但该期间在中国国内市场上销售的各类产品，在确定其正常价值时使用加权平均生产成本。

经过修正的中国国内市场出售给独立买方的商品的正常价值计算结果见本报告第 3.4.2.1.1 和 3.4.2.1.2。

经过修正的华菱集团公司下属企业商品的单独倾销幅度见本报告第 3.4.2.3 条。

3. 针对华菱集团公司下属企业收益率计算方法的陈述，内部市场保护司作出如下解释：

在计算华菱集团公司下属企业收益率时，采用了确定被调查商品的单独倾销幅度时采用的计算方法。

该计算方法能够确定企业获得的交易利润在被调查商品销售量（用来确定正常价值的全部销售量）中的比重，该方法可以评价企业利润与被调查商品销售收益之间的关系。

这样，收益率的加权平均值就为正确确定商品的正常价值提供了可能（如果被调查商品的各类产品在中国国内市场的正常贸易过程中销售，就形成其正常价值）。

综上所述，内部市场保护司认为，所采用的收益率计算方法是正确的。

4. 关于在确定倾销幅度时没有必要修正 CIF 出口价格的陈述，内部市场保护司认为有必要作出以下解释：

根据本报告第 3.4.2.3 条所述，倾销幅度即商品的正常价值减去其出口价格后，与其出口价格之比（以百分数表示）。

根据《议定书》第 44 条规定，在对比商品的出口价格与其正常价值时，需要对影响出口价格与正常价值对比的差异进行修正。内部市场保护司在确定商品的正常价值和出口价格时，考虑了华菱集团公司在 CUSALUP 计算程序文件（《向关税同盟独立买方的销售》）和 DMSALUP 计算程序文件（《向国内市场独立买方的销售》）中列出的调整项。

因此，倾销幅度即商品的 EXW 正常价值减去其 EXW 出口价格后，与其 CIF 出口价格之比（以百分数表示）。为满足《议定书》第 44 条规定，针对被调查商品正常价值与出口价格对比产生影响的差异，CIF 出口价格经过修正。

3.4.3 汉廷能源科技（无锡）有限公司的单独倾销幅度

内部市场保护司对出口至欧亚经济联盟的汉廷能源科技（无锡）有限公司（以下简称汉廷公司）所产商品的单独倾销幅度的计算，以调查过程中汉廷公司的反倾销调查表答复函、Bestlink Tube Pte Ltd.（以下简称 Bestlink 公司，该公司参与汉廷公司的商品生产和/或销售）的反倾销调查表答复函等所提交的信息为基础，并考虑上述公司在答复函中的陈述。

为确定汉廷公司的单独倾销幅度，内部市场保护司计算了调查期间出口至欧亚经济联盟的汉廷公司所生产商品的倾销幅度，计算根据 PTCN 分类具体到不同变形产品。对商品不同变形产品的倾销幅度的计算以商品的加权平均正常价值与其相应变形产品的加权平均出口价格的对比为基础。汉廷公司的总单独倾销幅度即商品各变形产品的倾销幅度的加权平均值。商品正常价值和出口价格的计算以元为单位。

3.4.3.1 正常价值

根据《议定书》第 56 条规定，对于出口国市场上以低于其单位生产成本（考虑其管理、贸易和一般费用）的价格销售的同类商品的销售量，调查机关如果能够确认，该同类商品在调查期间的销售量和价格均不能补偿其在该期间内的所有费用，则在确定商品正常价值时可以不予考虑。

在此情况下，同类商品以低于其单位生产成本（考虑其管理、贸易和一般费用）的价格销售时，如果同类商品在用于确定商品正常价值的交易中的加权平均价格低于其单位生产加权平均成本（考虑其管理、贸易和一般费用），且以低于该成本的价格成交的销售量大于用于确定商品正常价值的销售量的 20%，则该销售量被视为大量出售。

为确定同类商品在中国国内市场以低于其单位生产成本（考虑其管理、

贸易和一般费用）的价格销售（以下称亏损性销售），内部市场保护司将汉廷公司生产商品在中国国内市场每吨的销售价格与汉廷公司在反倾销调查表答复函所提交的相关变形产品的每吨生产成本（考虑其管理、贸易和一般费用）相对比。

内部市场保护司在计算中国国内市场上每吨商品的价格时，考虑了汉廷公司列出的调整项以及对（保密内容）的修正。

汉廷公司对内部市场保护司发出的补充征询函的答复函指出，（保密内容）修正值包括在反倾销调查表答复函列出的管理、贸易和一般费用的总金额内。但与此同时，汉廷公司对内部市场保护司的反倾销调查表答复函列出的费用不包括（保密内容）修正值。

由此，为正确对比每吨商品的价格（已考虑列出的调整项）与其生产成本（已考虑管理、贸易和一般费用），内部市场保护司预先从管理、贸易和一般费用总额中减去了与调整项相对应的费用，这些费用已包括在汉廷公司对内部市场保护司的反倾销调查表答复函中列出的管理、贸易和一般费用总额内。

根据《议定书》第56条规定，如果盈利性的测试结果表明，商品亏损性交易的销售量大于包括变形产品在内的商品总销售量的20%，则在确定商品的正常价值时，此亏损性销售量不予考虑。

根据《议定书》第54条规定，如果在出口国市场的正常贸易过程中，同类商品的销售量不低于自该国出口至欧亚经济联盟关税区商品总出口量的5%，则该销售量足够用来确定商品的正常价值。

为测试是否符合《议定书》第54条规定的销售量，针对汉廷公司生产且由Bestlink公司销往欧亚经济联盟的（保密内容）的每一个变形产品，内部市场保护司将Bestlink公司该变形产品的出口销量与在中国国内市场该变形产品的销量相比较。

如果相应变形产品在中国国内市场的销量低于Bestlink公司向欧亚经济联盟出口的该变形产品数量的5%，则内部市场保护司认为，其在国内市场的销量足够用来确定商品的正常价值。

根据《议定书》第45条规定，如果在第三国（出口国）市场的正常贸易过程中，没有同类商品的买卖交易或正常贸易过程中同类商品的销售量低，或者由于第三国（出口国）市场上的特殊情况而导致不能对商品的出口价格与第三国（出口国）市场上同类商品的出售价格进行应有比较，则商品的出口价格将或者与从第三国（出口国）进口至其他第三国（条件是：同类商品的价格具有代表性）的同类商品的可比价格相比，或者与该商品在原产国的生产成本相比（考虑必要的管理、贸易、一般费用和利润）。

综上所述，如果内部市场保护司根据对销量的测试结果认为，商品各变形产品在中国国内市场的销量不足以用来确定商品的正常价值，则内部市场保护司将下列数值作为这些变形产品的商品正常价值：

1. 相应变形产品的加权平均生产成本减去副产品的收益。每个变形产品（每个 PTCN 分类）加权平均生产成本减去副产品收益的计算以汉廷公司在反倾销调查表答复函中所提交的总生产费用，以及在中国国内市场销售和出口至欧亚经济联盟及第三国的副产品的收益为基础。商品产量作为权重；

2. 中国国内市场商品销售的、具有代表性的加权平均管理、贸易、一般费用。该指标以反倾销调查表中，针对中国国内市场商品销售的答复函中列出的管理、贸易、一般费用总额数据来确定。考虑到影响价格对比的差异性（详见第 3.4.3.3 条），计算加权平均管理、贸易、一般费用时，不考虑作为调整项列出的费用，以及在相关计算程序文件中计入管理、贸易和一般费用总额的费用。商品销售量用作权重。对于所有变形产品来说，中国国内市场商品销售具有代表性的加权平均管理、贸易、一般费用均相同，为（保密内容）元/吨商品；

3. 加权平均收益率。加权平均收益率的计算方式是：在中国国内市场商品全部销量的净价值（考虑调整项）与被销售商品的生产成本总额（考虑管理、贸易和一般费用，不包括相关费用）之间的差额，再除以被销售商品的生产成本总额（考虑管理、贸易和一般费用，不包括相关费用）。加权平均收益率为（保密内容)%。

正常价值的计算结果见表 3—8。

表 3—8

PICN	加权平均生产成本减去副产品收益（元/吨）	加权平均管理、贸易、一般费用（元/吨）	加权平均收益率（%）	结构性正常价值（元/吨）
保密内容			

3.4.3.2 出口价格

根据《议定书》第2条，出口价格是商品进口至欧亚经济联盟关税区时支付的或应支付的价格。

根据汉廷公司和 Bestlink 公司对反倾销调查表的答复函，在调查期间，汉廷公司商品销售到欧亚经济联盟是通过其利害关系人（根据《议定书》第2条的理解）Bestlink 公司实施。

根据以上所述，商品的出口价格由内部市场保护司根据 Bestlink 公司销往欧亚经济联盟（保密内容）的货物净价值数据为基础而确定。

3.4.3.3 出口价格与正常价值之间的对比

根据《议定书》第44条，在对比商品的出口价格与正常价值时，应考虑影响价格对比在下列方面的差异而进行修正：供货条件与特点、征税、贸易阶段、数量指标、物理特性和其他任何能够得到证实的、可能对价格对比产生影响的因素。

因此，在对比商品的进口价格与正常价值时，考虑到对价格对比产生影响的差异性，Bestlink 公司所销售商品的净价值就需要利用列出的调整项进行修正。

由于调查期间在中国国内市场销售和出口至欧亚经济联盟的商品销售方案不同，出口价格还应用加权平均利润率（保密内容）进行修正。

用上述方法修正的商品销售净价值也适用于汉廷公司对 Bestlink 公司商品销售的修正。在采用该调整项之前，内部市场保护司先计算各变形产品上述各项费用的加权平均值。对 Bestlink 公司商品销售的净价值由相应变形产品的上述费用的加权平均值与相关交易销量的乘积进行修正。

除此之外，经过对汉廷公司反倾销调查表答复函以及补充调查表答复函中的陈述进行分析后，内部市场保护司确定，在调查期间，按照中国法律规定，汉廷公司在购买生产商品的原材料时支付的增值税在商品出口时已按照13%的税率得到部分补偿。这样，没有得到补偿的增值税的计算方式是：商品 FOB 价格出售的价值乘以所使用增值税率（17%）与应补偿增值税率之间的差额。

由于征税差异，出口价格应用增值税的非补偿部分金额进行修正。因此，反倾销调查表答复函中列出的数据就不能够用来确定商品以 FOB 条件供货时的价值，每次向关税同盟出口的交易的修正值由内部市场保护司根据汉廷公司在反倾销调查表答复函中列出的增值税非补偿部分的总额确定。为了将该金额在汉廷公司所有的出口交易中进行分配，内部市场保护司又用商品的运输费用对商品所有出口交易的净价值进行修正，以使这些交易都具有统一的工厂 EXW 供货条件。增值税非补偿部分的总金额按照工厂 EXW 供货条件的净价值所占份额有比例地分配至汉廷公司的所有出口交易上。

根据用上述方法计算出的汉廷公司对 Bestlink 公司每笔销售额的增值税非补偿部分，内部市场保护司计算出各变形产品的增值税非补偿部分的加权平均值。Bestlink 公司商品销售的净价值由相应变形产品增值税的非补偿部分金额乘以相关交易的商品销售量来进行修正。

考虑到补充调查表答复函中提交的关于汉廷公司在向欧亚经济联盟出口商品时还承担了用于（保密内容）的费用（与在中国国内市场销售有所区别），商品的出口价格还应用上述费用进行修正。该调整项用于修正商品出口价格时，使用对增值税非补偿部分进行修正所采用的方法（见前面描述）。

应当指出，在根据商品在原产国的生产费用（考虑在该产业具有代表性的必要的管理、贸易和一般费用）来计算商品的正常价值时，确定管理、贸易和一般费用的总额时须减去相关计算机文件中作为调整项列出的已经包含在管理、贸易和一般费用总额中的那些费用。

3.4.3.4 单独倾销幅度

根据商品在调查期间的正常价值和出口价格指标，可采用以下公式计算每个变形产品的倾销幅度：

$$DM = \frac{(NV - EP)}{EP} \times 100\%$$

其中：

DM——倾销幅度；

NV——结构性正常价值；

EP——EXW 出口价格（考虑修正值）；

EP——关税同盟边境 CIP/CIF 出口价格[①]。

[①] 内部市场保护司根据依照第 3 条规定修正过的商品出口价格加上至关税同盟边境的商品运输费用及相关保险费用确定关税同盟边境 CIP/CIF 出口价格。

汉廷公司的总单独倾销幅度为 12.23%。

计算结果见表3—9。

表 3—9

PTCN	向关税同盟供货数量（吨）	经过修正的向关税同盟供货净价值（元）	CIP/CIF价格向关税同盟供货的价值（考虑包装费用作为调整项）（元）	EWX出口价格（考虑列出的调整项）（元）	CIP/CIF关税同盟边境出口价格（考虑包装费用作为调整项）（元）	结构性正常价值（元）	倾销幅度（%）
A	B	C	D	E = C/B	F = D/B	G	H = (G − E)/F
保密内容							
总值							12.23%

3.4.3.5 对单独倾销幅度计算陈述的分析

为了给汉廷公司提供维护自己利益的机会，内部市场保护司在调查过程中，向该公司发送了保密版本的单独倾销幅度计算结果（内部市场保护司2014年11月17日№ДЗВР-14конф/AD16公函）。

汉廷公司针对向其发送的单独倾销幅度提交了陈述。

对于以上陈述，内部市场保护司认为必须指出以下几点：

关于正常价值计算不正确的提议，内部市场保护司指出，通过对该意见的分析，没有发现修改单独倾销幅度相关部分计算的理由。

关于采用加权平均收益率（保密内容）来修正出口价格的做法不正确的提议，内部市场保护司指出：

对于公司加权平均收益率（保密内容）计算公式错误的意见，内部市场保护司认为，错误并不存在于计算本身，而存在于发给汉廷公司的为其计算单独倾销幅度的描述行文中。在本报告的计算描述中，上述错误已经消除。

陈述中提出，内部市场保护司没有任何证据证明将（保密内容）列入向关税同盟销售的过程是一项影响价格对比的差异。对此，内部市场保护司指出，在发给汉廷公司的单独倾销幅度计算描述中已经说明，采用加权平均收益率（保密内容）进行修正的依据是：调查期间中国国内市场销售和关税同盟的商品销售方案存在差异。内部市场保护司认为，在市场经营过程中，任何企业都不可避免地承担与经营相关的费用，而任何一个企业的市场经营目的都是获得利润。（保密内容）公司承担了与商品销售有关的管理、贸易和一般费用，并获得了相应的利润。内部市场保护司认为，上述差异不应在对比出口价格与正常价值时考虑在内。商品出口价格使用加权平均收益率（保密内容）作为调整项正是由于考虑到上述差异。

关于没有正确对比出口价格与正常价值的说法，内部市场保护司确认，在计算单独倾销幅度时必须考虑该差异。为此，内部市场保护司重新计算了汉廷公司的相关部分的单独倾销幅度，以便消除本司计算出的商品正常价值与出口价格之间的不对称。其中，用于组构正常价值并将其与出口价格进行比较的汉廷公司的加权平均管理、贸易和一般费用，在确定金额时无须考虑相关费用。加权平均收益率的计算方法是：先计算出中国国内市场全部商品销售的净价值（考虑包括上述费用在内的调整项）与被销售商品的生产成本（考虑了管理、贸易和一般费用，但不包括净价值的调整项费用）之间的差额，再除以被销售商品的生产成本（考虑了管理、贸易和一般费用，但不包括净价值的调整项费用）（详见第 3.4.3.1 条）。

这样，内部市场保护司完成了对汉廷公司单独倾销幅度的重新计算，包括被描述的（保密内容）差额。在其他部分，内部市场保护司找到了适用于修正出口价格的加权平均收益率（保密内容）%。

关于 CIF 价格计算不正确的说法，内部市场指出，根据本报告第 3.4.3.4 条所述信息，倾销幅度为商品的正常价值减去商品的出口价格后与出口价格之比，以百分数表示。

关于不合理使用修正的商品 CIF 价值的问题，鉴于修正的 CIF 价值与海关价值（根据 2008 年 1 月 25 日签署的《确定过境关税同盟的商品的海关价值的协议》而确定）不符，内部市场保护司指出，该协议不能用来确定单独倾销幅度的计算规则。

根据《议定书》第 44 条规定，在对比商品的出口价格与其正常价值时要对影响出口价格与正常价值对比的差异进行修正。倾销幅度是商品 EXW

正常价值减去该商品 EXW 出口价格后与其 CIF 出口价格之比，以百分数表示。为了满足第 44 条的规定，CIF 出口价格需要用影响出口价格与正常价值对比的差异进行修正。

3.4.4　上海海隆钻杆有限公司、南通海隆钢管有限公司、上海图博可特石油管道涂层有限公司的单独倾销幅度

上海海隆钻具有限公司（以下称上海海隆）向关税同盟供货的单独倾销幅度由内部市场保护司根据调查过程中上海海隆公司以及与其有利害关系的、且参与商品生产和销售的其他公司提交的反倾销调查表答复函中的信息为基础而确定，并考虑了补充调查表答复函中的陈述。

为确定上海海隆公司、南通海隆公司和上海图博可特公司①的单独倾销幅度，内部市场保护司首先计算了在调查期间出口至联盟的上海海隆公司所产商品及其变形产品（按照 PTCN 分类）的倾销幅度。各变形产品倾销幅度的计算以商品加权平均正常价值与相关变形产品的加权平均出口价格的比较为基础。上海海隆公司、南通海隆公司和上海图博可特公司的总单独倾销幅度为各变形产品的倾销幅度的加权平均值。

内部市场保护司还指出，由于按照 APISpec.7.1 标准制造的钻杆不属于调查对象，在计算倾销幅度时，无须计算此类钢管的销售及其成本。

计算以商品的正常价值和出口价格为基础，以元为单位。

3.4.4.1　正常价值

3.4.4.1.1　根据中国国内市场同类商品的销售价格确定正常价值

根据《议定书》第 53 条规定，商品的正常价值由调查机关根据同类商品在第三国（出口国）国内市场的正常贸易过程中销售给与生产商和出口商无利害关系的、身为第三国侨民的买方（在第三国关税区内使用）时的价格来确定。

利润率的测算

根据《议定书》第 56 条，在确定商品的正常价值时，调查机关可不考

---

① 根据《议定书》第 2 条，虽然在调查期间南通海隆公司和上海图博可特公司生产的商品没有向联盟出口，但上海海隆公司的产品在调查期间出口至联盟，其单独倾销幅度也扩展至作为其利害关系人的南通海隆公司和上海图博可特公司等商品生产商。应该指出，南通海隆公司在调查期间生产的"管体"属于被调查商品，因为按照其最终用途和特性属于油气井钻探和开采用无缝钢管。申请书中对应接受调查的商品的定义是通过开始调查的决议的依据，该定义中包含对"绿色钢管"的直接描述。

虑在出口国（第三国）以低于单位生产成本（考虑管理、贸易和一般费用）销售的同类商品，条件是：应确认发生在调查期间的同类产品的销售数量和价格均不足以弥补在该期间发生的所有费用。

在此情况下，同类商品以低于其单位生产成本（考虑管理、贸易和一般费用）的价格销售就被视为大量销售，条件是：如果同类商品在用于确定商品正常价值的交易中的加权平均价格低于同类商品的单位生产成本（考虑管理、贸易和一般费用），且低于该成本的价格的销售量不少于用于确定商品正常价值的交易的销售量的20%。

内部市场保护司根据以下销售渠道可确认在中国国内市场同类商品以低于其单位生产成本（考虑管理、贸易和一般费用）的价格进行销售（以下称亏损性销售）：

1. 上海海隆公司生产的产品直接销往独立买方：

为了确认中国国内市场该销售渠道下的商品销售为亏损性销售，内部市场保护司将中国国内市场销售的 1 吨商品价格（考虑列出的调整项）与相关变形产品的 1 吨生产成本（考虑管理、贸易和一般费用，扣除列出的调整项费用）进行比较。

根据《议定书》第 59 条，同类商品的单位生产成本（考虑管理、贸易和一般费用）以商品出口商或生产商提供的数据为基础进行计算，条件是：该数据符合第三国（出口国）通用的会计统计和报表规则，并完全反映与商品生产和销售相关的费用。

据此，调查期间，上海海隆公司在生产中使用了从独立供货人和有利害关系的南通海隆公司处购买的南通海隆公司生产的"管体"（绿色管）。内部市场保护司对上海海隆公司在反倾销调查表答复函中提交的原材料费用是否完整以及修正方法进行了核查。经分析后，内部市场保护司确认，南通海隆公司出售给上海海隆公司的亏损性销售量为南通海隆公司对上海海隆公司销售总量的（保密内容）%。同时，南通海隆公司对独立买方的亏损性销售量为该公司对独立买方的销售总量的（保密内容）%。总体来说，南通海隆公司向上海海隆公司销售"管体"的收益率为（保密内容）%，与此同时，南通海隆公司向独立买方销售"管体"的收益率为（保密内容）%。根据南通海隆公司提供的 DMSALUP 和 DMSALRP 计算程序文件数据，内部市场保护司还将南通海隆公司向上海海隆公司与独立买方销售的

"管体"的各变形产品的加权平均价格进行了对比①。对比结果表明，南通海隆公司向独立买方销售的"管体"的加权平均价格比其向上海海隆公司销售的"管体"的加权平均价格高（保密内容）%。

发现上述价格差别后，内部市场保护司作出结论认为，上海海隆公司在反倾销调查表答复函中提交的原材料费用不完整，必须对上述费用的价格差额进行修正。上海海隆公司在反倾销调查表答复函中购买"管体"的费用反映在原材料的直接费用构成中，根据上海海隆公司反倾销调查表答复函中表25和表26提交的数据，内部市场保护司确定，购买"管体"的费用在购买原材料费用总额的加权平均份额为（保密内容）%。

据此，内部市场保护司用反映南通海隆公司分别向上海海隆公司和独立买方销售"管体"的价格差额的系数（考虑购买"管体"费用在购买原材料费用总额中的加权平均份额）修正了上海海隆公司 DMCOSTS 计算程序文件中的原材料直接费用数值。该调整项适用于上海海隆公司使用从南通海隆公司购买的"管体"而生产的各商品变形产品（PTCN 分类）。对于南通海隆公司向上海海隆公司出售的"管体"，依据其外径和壁厚进行 PTCN 分类。

对 PTCN 分类产品的原材料直接费用进行修正，导致对上述 PTCN 分类产品的总生产费用的修正。

上海海隆公司确定了各个 PTCN 分类产品的管理、贸易和一般费用，由于商品的管理、贸易和一般费用与销售量相关（而非产量），内部市场保护司将管理、贸易和一般费用的总额按销售量占比分配到各个 PTCN 类产品上。

在计算每吨相关变形产品的生产成本（考虑管理、贸易和一般费用）时，内部市场保护司使用下面公式：

$$1 \text{ 吨商品成本} = \frac{\text{生产费用}}{\text{商品产量（吨）}} + \frac{\text{管理、贸易和一般费用}}{\text{商品销售量}}$$

根据《议定书》第56条对利润率的检测结果，商品亏损性销售量超过各变形产品总销售量的20%。在确定商品的正常价值时，这些亏损性销售不计在内。

---

① 只对销售给上海海隆公司与销售给独立买方的各变形产品的价格进行了对比。

对数量的测算

根据《议定书》第54条规定，在第三国（出口国）市场正常贸易过程中，如果同类商品的销售量不少于商品自该国向欧亚经济联盟关税区出口总量的5%，则该销售量足够用于确定商品的正常价值。

为了测算销售量是否满足《议定书》第54条规定，内部市场保护司针对调查期间销往欧亚经济联盟的上海海隆公司生产的每种商品的变形产品，将其销售量与在中国国内市场的销售量进行对比[①]。

如果某变形产品在中国国内市场的销售量为 Bestlink 公司销往欧亚经济联盟的该变形产品销售量的5%以下，则该商品在国内市场的销售量不足以用来确定商品的正常价值。

对利润率及销售量进行测算以及对影响价格对比的差异进行修正之后，以同类商品在中国国内市场出售的价格为基础确定正常价值的结果见表3—10。

表3—10

PTCN	经过修正的中国国内市场销售的净价值（元）	商品在中国国内市场的销售量（吨）	经过修正的商品净价值（元/吨）
保密内容			

3.4.4.1.2 正常价值的组构

根据《议定书》第45条规定，如果在第三国（出口国）市场的正常贸易过程中，没有同类商品的买卖交易，或正常贸易过程中同类商品的销售量低，或者由于第三国（出口国）市场上的特殊情况而导致不能对商品的出口价格与第三国（出口国）市场上同类商品的出售价格进行应有的比较，则商品的出口价格或者与从第三国（出口国）进口至其他第三国（条件是：同类商品的价格具有代表性）的同类商品的可比价格相比，或者与该商品在原产国的生产成本相比（考虑必要的管理、贸易、一般费用和利润）。

根据上面所述，如果内部市场保护司根据对销售量是否足够的测算结

[①] 调查期间，上海海隆公司所产的商品销往欧亚经济联盟，南通海隆公司所产的商品只供应国内市场。

果认为，商品的各变形产品在中国国内市场的销售量不足以用来确定商品的正常价值，则内部市场保护司将商品各变形产品的下列金额确定为正常价值：

1. 相应变形产品的加权平均生产成本

计算每个变形产品（按照 PTCN 分类）的加权平均生产成本，以其在中国国内市场销售、出口关税同盟和第三国的总生产费用数据为基础（该数据见上海海隆公司、上海图博可特公司、南通海隆公司的反倾销调查表答复函）。确定总生产费用时，应以原材料的（通过上述方法对价格差额修正过的）直接费用为基础（见"利润率的测算"）。应当指出，如果在反倾销调查表答复函中加入了副产品销售收入的数据，则确定生产成本时，应减去该收入。商品生产量可作为权重。

2. 商品在中国国内市场销售的加权平均管理、贸易和一般费用

在计算该指标时，内部市场保护司首先分别计算了商品每种销售方案的加权平均管理、贸易和一般费用。

对于上海海隆公司生产的、直接销售给独立买方的商品，其加权平均管理、贸易和一般费用根据上海海隆公司在反倾销调查表答复函中所提交的管理、贸易和一般费用总额来确定。上海海隆公司的商品销售量作为权重。

对于通过海隆集团公司销售给独立买家的商品，以下列方法确定其加权平均管理、贸易和一般费用：

－对于海隆集团公司单独从上海海隆公司采购的商品：上海海隆公司或上海图博可特公司相应承担的加权平均管理、贸易和一般费用与海隆集团公司承担的加权平均管理、贸易、一般费用（根据海隆集团公司反倾销调查表答复函的数据计算）的总额；

－对于海隆集团公司从上海图博可特公司购买的商品：上海图博可特公司承担的加权平均管理、贸易和一般费用（根据上海图博可特公司反倾销调查表答复函列出的管理、贸易和一般费用总和为基础计算，上海图博可特公司的商品销售量为权重）与海隆集团公司承担的加权平均管理、贸易和一般费用（以海隆集团公司反倾销调查表答复函上的数据为基础而计算）的总额。

针对南通海隆公司所生产、直接销售给独立买家的商品，其加权平均

管理、贸易和一般费用的计算以该公司在反倾销调查表答复函中提交的管理、贸易和一般费用总额为基础。南通海隆公司的商品销售额作为权重。

如果考虑影响价格对比的差异（详见第 3.4.4.3），则在确定商品每个销售方案的加权平均管理、贸易和一般费用时，作为调整项列出的相关费用不计入在内。

在组构正常价值时，商品在中国国内市场销售的单个销售方案的加权平均管理、贸易和一般费用为其具有代表性的加权平均管理、贸易和一般费用总值。商品在中国国内市场每个销售方案的销售量作为权重。

根据以上计算结果，商品在中国国内市场销售的具有代表性的加权平均管理、贸易和一般费用为（保密内容）元/吨。

3. 加权平均收益率

为了计算该指标，内部市场保护司首先计算了商品每个销售方案的加权平均收益率。

每个销售方案的加权平均收益率（以百分比表示）的计算方法是：净价值（考虑列出的中国国内市场所有商品销售的调整项）与商品实际生产成本（考虑管理、贸易和一般费用，不计作为调整项列出的费用）之间的差额再除以商品实际生产成本（考虑管理、贸易和一般费用，不计作为调整项列出的费用）。

用于组构正常价值的总加权平均收益率为商品每个销售方案的加权平均收益率的加权平均值。商品在中国国内市场每个销售方案的销售量作为权重。

根据上述计算方法计算出的加权平均收益率为（保密内容）%。

应当指出，由于缺乏调查期间销往关税同盟的 PTCN 分类系列商品的生产成本数据，因此无法组构 PTCN 分类商品的正常价值。

正常价值的组构结果见表 3—11。

表 3—11

PTCN	加权平均生产成本减去副产品收益（元/吨）	加权平均管理、贸易和一般费用（元/吨）	加权平均收益率（%）	正常价值（元/吨）
保密内容			

3.4.4.2 出口价格

《议定书》第 2 条规定，出口价格是商品进口至欧亚经济联盟关税区时，与外国生产商没有利害关系的买方支付的或应支付的价格。

《议定书》第 65 条规定，如果缺乏倾销进口商品的出口价格，或者调查机关出于以下原因怀疑该商品出口价格资料的真实性：商品的出口商和进口商为利害关系人（包括各方都与第三方有利害关系），或针对该商品的出口价格存在共谋的限制性贸易事实，则该商品的出口价格可根据进口商品第一次被转售给独立购买人的价格计算。如果进口商品没有被转售给独立购买人，或者不是以进口至欧亚经济联盟关税区的方式被转售，则按照调查机关确定的方法计算。在此情况下，为了对比商品的进口价格与其正常价值，还应考虑从商品进口到转售期间的费用（包括关税和其他税）以及利润。

根据上海海隆公司和海隆罗斯贸易有限责任公司（以下简称海隆罗斯）在反倾销调查表答复函中提供的信息，在调查期间，上海海隆公司生产的产品向关税同盟市场独立买方的销售由上海海隆公司直接销售或通过海隆罗斯公司销售。这样，上海海隆公司的商品销售包括直接向关税同盟境内独立买方的销售，以及先向中国境内独立买方销售再间接销往关税同盟。

综上所述，内部市场保护司根据海隆公司在反倾销调查表答复函所列出的交易的商品净价值为依据，确定商品的出口价格。根据《议定书》第 65 条，海隆罗斯公司所销售商品的净价值应进行修正（详见第 3.4.4.3 条）。

3.4.4.3 出口价格与正常价值的比较

根据《议定书》第 44 条，在比较商品出口价格与其正常价值时，应考虑使用下列对价格比较产生影响的因素进行修正：在供货条件和特点、征税、贸易阶段、量化指标、物理特性方面的差别，以及其他任何有证据证明能够影响价格比较的差别。

由此，在比较商品出口价格与其正常价值时，为了计算对价格比较产生影响的差别，根据商品的销售方案采用相应的调整项：

（1）上海海隆公司所产商品直接销往独立买方的销售

上海海隆公司销往关税同盟独立买方的商品的净价值须由该公司在反倾销调查表答复函中列出的作为调整项的费用进行修正。

除此以外，根据对上海海隆公司反倾销调查表答复函的分析结果，并结合补充调查表答复函中的说明，内部市场保护司认定，根据中国法律，在调查期间，上海海隆公司在购买商品生产用原材料时所付的增值税在该商品出口过程中已按照13%的税率得到了部分补偿。这样，没有补偿的增值税的计算方法是：商品FOB销售价值乘以适用增值税率（17%）与应补偿增值税率之间的差额。

考虑到税收的差异，商品出口价格在必要情况下应使用增值税非补偿部分的金额进行修正。

由于根据反倾销调查表答复函所提交的数据不能确定所有FOB条款销售的商品价值，内部市场保护司根据上海海隆公司反倾销调查表答复函中增值税未补偿部分的总金额确定销往关税同盟的每笔交易的该调整项金额。为了将上述金额分配到上海海隆公司所有出口销售上，内部市场保护司使用相关费用修正了上海海隆公司所有出口商品的净价值，以使其与EXW工厂交货基础相同。增值税未补偿部分的总金额按照净价值（与EXW工厂交货具有相同的基础）所占份额按比例分配到上海海隆公司的所有出口销售上。

（2）通过海隆罗斯公司向独立买方销售商品

海隆罗斯公司对关税同盟独立买方的商品销售的净价值应使用海隆罗斯公司反倾销调查表答复函中列出的直接作为调整项的费用进行修正。

为了确定销往关税同盟的该销售方案框架内的商品出口价格，内部市场保护司使用了利害关系人海隆罗斯公司（俄联邦注册的法人）对首个独立买方的商品销售净价值数据，根据《议定书》第65条，此净价值还应使用海隆罗斯公司的加权平均收益率进行修正。

该修正值的金额是：海隆罗斯公司对关税同盟独立买方商品销售的净价值（考虑前面所述调整项）与上海海隆公司对海隆罗斯公司销售的相关变形产品的加权平均净价值乘以相应交易量的数值之间的差额。上述金额之差在上海海隆公司对海隆罗斯公司商品销售净价值（考虑调整项）中的占比为（保密内容）%。

由于影响商品出口价格与正常价值比较的差别因素不同，用上述方法修正的商品销售净价值还适用列出的上海海隆公司对海隆罗斯公司商品销售的调整项，以及增值税的未补偿部分（计算方法见前述）。

在采用修正数据之前,内部市场保护司首先计算了每个变形产品的修正值的加权平均数。海隆罗斯公司商品销售的净价值由相应变形产品修正值的加权平均数与相应交易数量的乘积进行修正。

针对商品的正常价值,内部市场保护司指出,在根据同类商品在中国国内市场的出售价格确定商品的正常价值时,为了考虑影响价格对比的差别因素,对净价值使用了列出的调整项(见本报告第3.4.4.1.1)。在根据商品在原产国的生产费用(该生产费用考虑了产业具有代表性的必要的管理、贸易和一般费用及利润,见本报告第3.4.4.1.2)确定其正常价值时,加权平均管理、贸易和一般费用的计算应减去作为调整项列出的费用。

还应当指出,内部市场保护司根据从反倾销调查表答复函所获得的数据,以同类商品在中国国内市场的销售价格和商品在原产国的生产费用(考虑产业具有代表性的必要的管理、贸易和一般费用及利润)为基础来确定 PTCN 各类产品的正常价值是不可能的。由此,在计算单独倾销幅度时,不考虑上述 PTCN 分类商品的销售。

3.4.4.4 单独倾销幅度

根据商品在调查期间的正常价值和出口价格,可按照下面公式计算每个变形产品的倾销幅度:

$$DM = \frac{(NV - EP)}{EP} \times 100\%$$

其中:

DM——倾销幅度;

NV_{EXW}——正常价值;

EP_{EXW}——EXW 出口价格(考虑修正值)

$EP_{CIP/CIF}$——关税同盟边境 CIP/CIF 出口价格[①]

上海海隆公司、南通海隆公司、上海图博可特公司的总单独倾销幅度为 12.3%。

计算结果见表 3—12。

---

① 内部市场保护司根据依照第 3 条规定修正过的商品出口价格加上至关税同盟边境的商品运输费用及相关保险费用确定关税同盟边境 CIP/CIF 出口价格。

表 3—12

PTCN	向关税同盟的销售量（吨）	向关税同盟销售的净价值（考虑调整项）（元）	关税同盟边境 CIP/CIF 供货价值（考虑包装费用作为调整项）（元）	EXW 出口价格（考虑列出的调整项）（元/吨）	关税同盟边境 CIP/CIF 出口价格（考虑包装费用作为调整项）（元/吨）	正常价值（元/吨）	倾销幅度
A	B	C	D	E = C/B	F = D/B	G	H = (G − E)/F
保密内容							
总值							

3.4.4.5 对单独倾销幅度计算说明的分析

为了给上海海隆公司、南通海隆公司、上海图博可特公司提供维护自己利益的机会，内部市场保护司在调查期间向上述公司发送了保密版本的单独倾销幅度计算（2015 年 2 月 20 日 № Д3ВР‑17конф/AD16 信函）。

上海海隆公司就收到的单独倾销幅度的计算提交了说明（2015 年 3 月 10 日信函）。

针对上述说明，内部市场保护司认为必须指出：

关于对上海海隆公司购买"管体"的费用成本的修正，内部市场保护司指出，该修正的依据是《议定书》第 59 条。上海海隆公司引用的《议定书》第 53 条规定，在确定正常价值时可以参考在第三国（出口国）国内市场销售给与生产商和出口商无利害关系的买方的同类商品的价格，且不属于使用生产、管理、贸易和一般费用数据来测算和组构利润率的问题。进而，内部市场保护司补充分析了上海海隆公司向南通海隆公司购买"管体"的费用是否全面和准确。分析过程中，内部市场保护司对比了上海海隆公司从南通海隆公司购买其所产"管体"的销售价格与相关变形产品的生产成本（考虑管理、贸易和一般费用）。

对比结果显示，南通海隆公司对上海海隆公司的亏损性销售量为南通海隆公司对上海海隆公司总销售量的（保密内容）%。与此同时，南通海公司对独立买方的亏损性销售量为该公司对独立买方总销售量的（保密内容）%。总体来说，南通海隆公司从对上海海隆公司销售的"管体"中获得的利润率为（保密内容）%，从对独立买方销售的"管体"中获得的利润率为（保密内容）%。此外，对上海海隆公司与对独立买方销售"管体"的价格差额（需要同时考虑销售给上海海隆公司和独立买方的"管体"数据）的加权平均值为（保密内容）%。这样，内部市场保护司的补充分析证明，必须修正上海海隆公司购买"管体"的费用成本。

关于在确定商品出口价格时不正确使用增值税未补偿部分作为调整项的陈述，内部市场保护司指出，上海海隆公司存在由于出口增值税非完全补偿产生的费用，上海海隆公司购买原材料所付的增值税在商品出售时已经得到部分补偿。与此同时，商品在中国国内市场上销售时，应付增值税（出产型增值税）项目下已经计算了购买原材料的增值税（收入型增值税）。根据以上所述，与非完全补偿增值税相关的费用属于商品出口销售。在此情况下，内部市场保护司在确定商品的正常价值时，使用了商品的净价值指标（不考虑增值税的价值）。由此，内部市场保护司对商品出口价格进行修正时，使用增值税非补偿部分是有理由的。

对于海隆罗斯公司认为不正确使用管理、贸易、一般费用和利润修正出口价格的说法，内部市场保护司指出，该修正的依据是《议定书》第65条。《议定书》第65条规定，如果根据进口商品第一次被转售给关税同盟独立买方的价格计算商品的出口价格，应考虑从商品进口到转售期间内的支出（包括关税和其他税）和利润。

在这种情况下，内部市场保护司根据海隆罗斯公司将商品出售给独立买方的价格，确定商品的出口价格。其依据是，海隆罗斯公司承担了所有与在关税同盟销售商品有关的管理、贸易和一般费用，获得了从商品进口到转售期间内的利润。

根据上述分析，内部市场保护司没有找到重新计算单独倾销幅度的理由。

3.4.5 未被选中确定单独倾销幅度、但同意参加挑选并在调查过程中按时提交了所需材料的商品生产商的倾销幅度

根据《议定书》第50条，如果调查机关根据《议定书》第49条的规定采取了限额确定倾销幅度，对于某些外国出口商和（或）外国生产商，

其倾销进口商品未被选中确定单独倾销幅度，但是同意参加挑选并在调查过程中按时提交了所需材料，针对其计算的倾销幅度不应高于针对被选中的倾销进口商品的外国出口商和（或）外国生产商所确定的加权平均倾销幅度。

由此，内部市场保护司对天津钢管制造有限公司、衡钢公司、衡阳MPM公司、汉廷公司等中国商品生产商[①]规定了相当于加权平均倾销幅度的倾销幅度——23.18%。

胜利油田孚瑞特石油装备有限责任公司，胜利油田孚瑞特石油钢管有限公司；

江苏常宝钢管有限公司有限公司，江苏常宝精密钢管有限公司；

山东墨龙石油机械有限公司；

东营市威玛石油钻具有限公司；

天津天钢专用石油管制造有限公司，天津滨海天成石油钻采器材有限公司；

河北沧州达力普石油专用管有限公司；

安徽天大石油管材股份有限公司；

攀钢集团成都钢钒有限公司；

宝鸡石油钢管有限责任公司[②]。

3.4.6 其他中国商品生产商的倾销幅度

根据《议定书》第52条，除了为每一位提交了用于确定单独倾销幅度的资料的已知商品出口商和（或）生产商确定单独倾销幅度，调查机关还可以根据在调查过程中确定的最高倾销幅度，为被调查商品的所有其他出口商和（或）生产商确定统一的倾销幅度。

所有其他该商品出口商（其中包括被选中确定单独倾销幅度、但却未提交确定单独倾销幅度所需资料的宝山钢铁股份有限公司）的倾销幅度

---

① 这些公司为中国商品生产商，且按时向内部市场保护司提交了填写好的材料，但却未被内部市场保护司选中为其确定单独倾销幅度。清单中还包括与上述公司有利害关系的且被上述公司在所填写材料中列出的公司。

② 内部市场保护司指出，除上述公司，中国石油技术开发公司也按时向内部市场保护司提交填写好的材料。中国石油技术开发公司提交的数据证明，该公司向欧亚经济联盟销售了其他公司的产品。由此，内部市场保护司认为，倾销幅度不适用于中国石油技术开发公司，而在本次调查中对其计算了单独倾销幅度。

为31%。

第四节 产业受损与倾销进口的因果关系

4.1 联盟关税区商品市场现状分析

4.1.1 联盟关税区内商品的可见消费和生产

2010~2013年,欧亚经济联盟统一关税区内的油气井钻探和开采用无缝钢管的可见消费和生产见下面数据。

表4—1

指 标	单位	2010	2011	2012	2013
联盟关税区商品可见消费量①	千吨	1388.1	1491.1	1576.9	1903.1
与上年相比	%	—	7.4	5.8	20.7
与2010年相比	%	—	7.4	13.6	37.1
欧亚经济联盟成员国商品产量	千吨	1185.9	1316.3	1435.9	1490.9
与上年相比	%	—	11.0	9.1	3.8
与2010年相比	%	—	11.0	21.1	25.7

正如表4—1显示,分析期内,联盟统一关税区的商品可见消费量有扩大趋势。2010~2013年间,市场容量扩大了37.1%。2011年和2012年消费增长率分别为7.4%和5.8%,2013年与2012年相比,市场容量明显扩大,达20.7%。

2010~1013年,欧亚经济联盟成员国内油气井钻探和开采用无缝钢管产量增长了25.7%;2011年产量比上年增长了11%;2012年增长了9.1%;2013年,虽然消费量大大增长,但产量却缩减了3.8%。

4.1.2 欧亚经济联盟市场商品销售量

---

① 联盟关税区商品可见消费量的计算依据是:联盟关税区内的联盟同类产业商品产量;白俄罗斯国家海关委员会、俄罗斯联邦海关总署、哈萨克斯坦共和国财政部国家收入委员会提交的海关申报统计数据列出的进出口数据。

表 4—2

指标	单位	2010	2011	2012	2013
欧亚经济联盟市场商品销售量	千吨	保密内容			
与上年相比	%	—	9.7	8.2	9.1
与2010年相比	%	—	9.7	18.6	29.4
欧亚经济联盟所产商品在消费中的占比变化（与上年相比）	%	—	+1.6	+1.8	-7.5

2010~2013 年，欧亚经济联盟市场上生产商用于油气井钻探和开采的无缝钢管的销售量增长了 29.4%，该期间的销售量增长是稳定的：2011 年与上年相比增长 9.7%，2012 年与上年相比增长 8.2%，2013 年增长 9.1%。

虽然油气井钻探和开采用无缝钢管销量扩大，但 2010~2013 年欧亚经济联盟成员国商品生产商在消费总量中的份额却缩减了 4.1%。

应该指出，2011 和 2012 年该份额增长不大，分别为 1.6% 和 1.8%。调查期间，欧亚经济联盟生产商的商品占比明显降低了 7.5%，而 2013 年的商品消费量增加基本上是来自中国商品的进口增长（见表 4—3）。

表 4—3

指标	单位	2010	2011	2012	2013
欧亚经济联盟关税区的商品进口总量	千吨	351.9	354.7	347.5	562.0
与上年相比	%	—	0.8	-2.0	61.7
与2010年相比	%	—	0.8	-1.3	58.4
欧亚经济联盟关税区自中国商品进口量	千吨	106.2	100.5	131.3	327.8
与上年相比	%	—	-5.4	30.7	149.7
与2010年相比	%	—	-5.4	23.6	208.7
欧亚经济联盟境内商品总进口量在可见消费量中的占比变化（与上年相比）	%	—	-1.6	-1.8	+7.5

附件3 针对中国生产的油气井钻探和开采用无缝钢管的反倾销调查最终报告

续表

指 标	单位	2010	2011	2012	2013
其中：自中国进口商品在可见消费量中的占比变化（与上年相比）	%	—	-1.0	+1.6	+8.9

2010~2013年间，进口商品在总消费量中的占比增加了4.1%，2010~2012年在欧亚经济联盟关税区进口小幅缩减1.3%的背景下，进口商品在总消费量中的占比降低了3.4%。2013年与2012年相比，进口增长了61.7%，商品进口在总消费量中的占比增加了7.5%。

2010~2013年，自中国进口商品在总消费量中的占比增长了9.5%，与其在总进口量中占比的增长速度相比，超过了5.4%。2011年与2010年相比，商品自中国进口数量的占比小幅缩减了1%。2012年与2011年相比，中国商品进口量在总消费量中的占比增长了1.6%。调查期间，来自中国的进口商品占比增加了8.9%，是2012年的2.1倍。

4.1.3 欧亚经济联盟成员国商品产量与联盟关税区商品进口量之比

表 4—4

指 标	单位	2010	2011	2012	2013
总产量与总进口量之比	指数	100	108	145	79
总产量与自中国进口量之比	指数	100	119	97	40
消费量与总进口量之比	指数	100	107	115	87
消费量与自中国进口量之比	指数	100	112	91	44

正如表4—4所示，2010~2013年，在欧亚经济联盟关税区商品进口增长背景下，欧亚经济联盟成员国内的油气井钻探和开采用无缝钢管的总产量与联盟关税区的商品进口量之比，总体上向数量减少的方向变化了20.5%。必须指出，如果在2010~2012年间该指标出现了积极态势，即产量超过进口量，则2013年商品总产量与总进口量之比就明显减小。

欧亚经济联盟成员国内商品总产量与来自中国的进口数量之比变化较大，而且是向产量缩小的方向变化。

由此，上述动态变化证明了调查期间商品自中国的倾销性进口具有根本性的增长,超过了联盟内商品生产的增长速度。从消费量与进口量之比也可看到类似情况。

4.1.4 联盟关税区的出口数量

表 4—5

指 标	单位	2010	2011	2012	2013
自联盟关税区的出口数量	千吨	143.9	170.4	205.6	138.0
与上年相比	%	—	18.4	20.7	-32.9
与2010年相比	%	—	18.4	42.9	-4.1

2010~2013年,油气井钻探和开采用无缝钢管自联盟关税区的出口量减少了4.1%。2010~2012年,该出口量为增长。2011年与2010年相比,自联盟关税区的出口量增加了18.4%,2012年与2011年相比也增加了20.7%。但是,2013年与上一年相比,自联盟关税区的商品出口量减少了32.9%。

4.2 欧亚经济联盟成员国产业现状分析①

对欧亚经济联盟的产业现状分析针对以下企业进行:车里雅宾斯克轧管厂、第一乌拉尔斯克新钢管厂股份公司、伏尔加钢管厂股份公司、北方钢管厂股份公司、西纳尔钢管厂股份公司、塔甘罗格冶金厂股份公司、TMK钢管工业公司。上述企业在2010~2013年占欧亚经济联盟商品产量的90%以上。

根据2014年5月29日签署的《欧亚经济联盟条约》第49条,上述生产商申请人构成欧亚经济联盟成员国同类产业的主要部分(以下称产业)。

4.2.1 欧亚经济联盟产业的商品产量

欧亚经济联盟产业的油气井钻探和开采用无缝钢管产量数据见表4—6。

---

① 为了确定欧亚经济联盟成员国产业受到损害,内部市场保护司使用了所有在调查期间掌握的资料,其中包括车里雅宾斯克轧管厂、第一乌拉尔斯克新钢管厂股份公司、伏尔加钢管厂股份公司、北方钢管厂股份公司、西纳尔钢管厂股份公司、塔甘罗格冶金厂股份公司、TMK钢管工业公司提交的调查表答复函,以及参与商品销售的有利害关系的公司的调查表答复函。

附件3 针对中国生产的油气井钻探和开采用无缝钢管的反倾销调查最终报告

表4—6

指　　标	单位	2010	2011	2012	2013
欧亚经济联盟产业产量	千吨	保密内容			
与上年相比	%	—	10.2	14.0	2.2
与2010年相比	%	—	10.2	25.7	28.4
联盟产业产量与总进口量之比	指数	100	110	126	80
联盟产业产量与自中国的进口量之比	指数	100	116	102	42

如表4—6所示，2010~2013年，欧亚经济联盟产业内油气井钻探和开采用无缝钢管的生产呈扩大趋势。该期间内，产量增加了28.4%。2011年与2010年相比产量增加了10.2%，2012年与2011年相比产量增加了14%。2013年与2012年相比增速放缓，增长2.2%。

根据内部市场保护司掌握的资料，欧亚经济联盟产业内企业的商品都是在有用户订单的情况下生产。由此，国内及国外市场的产品需求对产量影响较大。订货数量是与订货人直接协商达成或根据投标结果形成。

调查期间，联盟产业内企业生产增长缓慢与来自中国的商品供应增加有直接关系。同类商品产量与进口商品数量之比的变化也证明了这一点。

4.2.2　欧亚经济联盟关税区商品销售量

表4—7

指　　标	单位	2010	2011	2012	2013
欧亚经济联盟产业销售量	千吨	保密内容			
与上年相比	%	—	8.1	15.9	6.2
与2010年相比	%	—	8.1	25.2	33.0
欧亚经济联盟产业生产和销售的商品在消费量中的占比变化（与上年相比）	%		+0.4	+6.5	-9.0

如表4—7显示，2010~2013年，欧亚经济联盟产业内油气井钻探和开采用无缝钢管在联盟内部市场的销售量增加了33%。2011年和2012年销

售量（与上年相比）分别增长了 8.1% 和 15.9%。2013 年销售量增速放缓：为 6.2%。

在此背景下，联盟产业销售的商品在消费量中的占比呈下列变化态势：2010~2011 年商品销量占比较平稳，2012 年增加 6.5%。2013 年，由于来自中国的倾销性进口增加，联盟产业销售的商品数量在消费量中的占比相比 2012 年缩减了 9%。

4.2.3 商品库存

表 4—8

指标	单位	2010	2011	2012	2013
欧亚经济联盟产业年底商品库存	千吨	保密内容			
与上年相比	%	—	29.5	2.2	27.7
与 2010 年相比	%	—	29.5	32.4	69.0
商品储备量在商品产量中的占比变化（与上年相比）	%	—	+0.5	-0.4	+0.8

2010~2013 年，欧亚经济联盟产业内企业年底商品库存增加了 69%。2011 年与 2010 年相比，商品库存增加了 29.5%；2012 年与 2011 年相比，商品库存增加不大，为 2.2%；2013 年与 2012 年相比商品库存增加了 27.7%。

2010~2013 年，商品库存量在商品产量中的占比出现 0.4%~0.8% 的小幅波动。

4.2.4 欧亚经济联盟产业自联盟关税区的出口量

表 4—9

指标	单位	2010	2011	2012	2013
欧亚经济联盟产业年底商品储备	千吨	保密内容			
与上年相比	%	—	25.3	11.5	-35.6
与 2010 年相比	%	—	25.3	39.7	-10.1
出口量在欧亚经济联盟产业总产量中的占比	指数	100	113	111	70

附件3　针对中国生产的油气井钻探和开采用无缝钢管的反倾销调查最终报告

2010~2013年，欧亚经济联盟同类产业出口的油气井钻探和开采用无缝钢管数量减少了10.1%。2011年与2010年相比，该指标增长了25.3%；2012年与2011年相比，出口量继续增长，为11.5%；2013年与2012年相比，出口量急剧下降了35.6%。

2010~2013年，欧亚经济联盟产业的商品出口在企业商品产量中的占比降低。2011年和2012年出口占比小幅波动；2013年与上年相比，出口量在联盟产业产量中的占比进一步降低。

4.2.5　产能利用率

表4—10

指　　标	单位	2010	2011	2012	2013
与上年相比产能利用率变化	%	—	+7.7	+5.3	-1.9
欧亚经济联盟产业产能	千吨	保密内容			
与上年相比	%	—	-1.6	7.0	2.5
与2010年相比	%	—	-1.6	5.3	7.9
欧亚经济联盟产业商品产量	千吨	100	110	125	128

2010~2013年，欧亚经济联盟产业内企业的产能扩大了7.9%。2011年与2010年相比，产能小幅缩减了1.6%，2012年与2011年相比，增长了7%，2013年与2012年相比，增长了2.5%。

根据内部市场保护司在调查过程中获取的资料，通常，轧管车间的产能计算以主要设备（轧管机）连续运行为条件，采用每台轧管机在过去一年或一年内效能最佳季度的每小时平均生产率，具体方法是：过去一年（一年或一季度）中达到的单位最高生产率乘以有效运行时间，将其确定为当年1月1日的产能。

确定产能需要考虑产品型号，清楚轧管设备的小时平均生产率和该设备对产品型号的依赖程度。

影响产能利用率的主要因素是对产品的需求和设备的维修工作。

2010~2013年，在商品产量增长的情况下，产能利用率增加了11.1%。必须指出，2011年和2012年产能利用率分别增加7.7%和5.3%之后，2013年下降了1.9%。

4.2.6 商品成本和价格

表 4—11

指 标	单位	2010	2011	2012	2013
欧亚经济联盟关税区内销售的商品的加权平均单位成本	卢布/吨		保密内容		
与上年相比	%	—	14.3	2.0	7.3
与2010年相比	%	—	14.3	16.6	25.1

如表4—11所示，2010~2013年，欧亚经济联盟产业生产和销售的单位商品的加权平均成本增加了25.1%。2011年与2010年相比，该指标增加了14.3%，2012年与2011年相比，成本增速放缓，为2.0%，2013年与2012年相比，成本增加了7.3%。

欧亚经济联盟产业内企业的商品成本结构参见表4—12。

表 4—12[①]

指 标	单位	2010	2011	2012	2013
商品生产费用，包括：	%	—	+2.2	-1.2	-0.4
原材料	%	—	+2.6	-1.7	+1.6
生产用途的燃料和能源	%	—	-0.5	+0.3	+0.4
生产工人的工资+保险费	%	—	0	+0.2	-2.3
一般生产费用	%	—	-1.9	+0.4	0
总经营费用	%	—	-0.2	+0.3	+0.1
商业费用	%	—	-0.1	+0.6	+0.2
全部成本	%	100	100	100	100

2010~2013年，欧亚经济联盟产业的油气井钻探和开采用无缝钢管的成本构成中，"商品生产费用"成为全部成本的主要组成部分。总的来说，在该期间内"商品生产费用"波动幅度不大，增加了0.6%。2012年与上

[①] 表中列出了与上年相比各项费用在商品加权平均成本中的占比的变化（用百分点表示）。

年相比,商品生产费用在成本构成中的占比小幅缩减了1.2%,2013年该指标基本没有变化。

"原材料"项在生产费用中占主要部分。2010~2013年,"原材料"项在联盟产业的整个商品成本构成中有下列变化:2011年与2010年相比占比小幅减少了1.7%,调查期间增加了1.6%。

2010~2013年,"生产用途的燃料和能源"项占比小幅增加。

2010~2013年,"工资"项在商品成本构成中的占比呈减少趋势,减少了2.1%。

根据调查过程中获得的资料,影响商品成本增长的主要因素是主要原材料的价格增长,包括金属废料和铁合金。

4.2.7 欧亚经济联盟产业生产并在内部市场销售的商品的价格

表4—13

指 标	单位	2010	2011	2012	2013
欧亚经济联盟市场销售的商品的加权平均价格	卢布/吨	保密内容			
与上年相比	%	—	16.8	5.6	-2.2
与2010年相比	%	—	16.8	23.3	20.5
欧亚经济联盟市场销售的商品的加权平均单位成本	卢布/吨	保密内容			
与上年相比	%	—	14.3	2.0	7.3
与2010年相比	%	—	14.3	16.6	25.1

表4—13的数据分析表明,2011~2013年,欧亚经济联盟产业内企业生产且在联盟内部市场销售的商品的加权平均价格上涨了20.5%。

2011年和2012年(与上年相比)商品价格分别上涨了16.8%和5.6%。商品价格上涨幅度超过了加权平均成本的增长。

调查期间,虽然成本增加了7.3%,商品的加权平均价格却降低了2.2%,这说明,联盟产业生产商的商品价格得到控制。

4.2.8 欧亚经济联盟产业金融状况,利润和利润率

表 4—14

指　标	单位	2010	2011	2012	2013
欧亚经济联盟产业内企业在联盟关税区内商品销售的利润/亏损	卢布	保密内容			
与上年相比	%	—	74.1	71.4	-80.0
与 2010 年相比	%	—	74.1	198.4	-40.4
向欧亚经济联盟市场独立买家销售商品的利润率变化（与上年相比）	%		+2.0	+3.2	-9.0

正如表 4—14 所示，2010~2013 年，欧亚经济联盟产业内企业在联盟市场销售商品的利润减少了 40.4%。在 2011 年和 2012 年利润分别增加了 74.1% 和 71.4%，但在调查期间（即 2013 年），尽管商品销售量有所增加，利润仍减少了 80%。

销售利润率的变化与利润的变化相同。2011 年和 2012 年，销售利润率分别增加了 2% 和 3.2%，2013 年销售利润率急剧减少 9%。

4.2.9　固定资产使用收益率

表 4—15

指　标	单位	2010	2011	2012	2013
与商品生产相关的固定资产收益率	指数	100	155	276	53

2010~2013 年，与商品生产相关的固定资产使用收益率与利润的变化趋势相同。

调查期间与上年相比，在联盟市场销售利润降低的背景下，与商品生产相关的固定资产使用收益率与 2012 年相比急剧下降了约 80%。

4.2.10　现金流

表 4—16

指　标	单位	2010	2011	2012	2013
主要经营活动的现金流	卢布	保密内容			
与上年相比	%	—	128.9	-65.4	205.1
与 2010 年相比	%	—	128.9	-20.9	141.5

附件3 针对中国生产的油气井钻探和开采用无缝钢管的反倾销调查最终报告 263

分析期内,欧亚经济联盟内部市场商品销售的现金流呈多向动态。

根据内部市场保护司现有的资料,业务活动的现金流在很大程度上取决于钢管制品的销售收入额。分析期内,企业有来自基本业务活动的正现金流、流向企业的投资拨款以及股东利润分配。2012年现金流出,以及随后在2013年的现金流差额增加,可以解释为产品销售收入的变化(取决于产品销售量)。分析期内的波动主要是由于作为非调查对象的钢管销售量变化。2013年的正现金流是由于:虽然对供应商和承包商的应付账款相对于上一年增加,但原材料和服务的支付总额却减少。

4.2.11 吸引投资

根据内部市场保护司掌握的材料,2010~2013年,欧亚经济联盟产业内的几家企业使用借款,进行与商品生产有关的业务活动,该期间内的主要资金来源包括:

- 银行贷款;
- 债券;
- 延期付款信用证。

2010~2013年,产业内企业在吸引投资方面总体上没有困难。

同时应该指出,分析期内这些企业没有发生股本的变化。

4.2.12 投资额

表4—17

指 标	单位	2010	2011	2012	2013
商品生产和销售的投资额	卢布	保密内容			
与上年相比	%	—	-28.3	26.1%	38.1
与2010年相比	%	—	-28.3	-9.7	24.8

2010~2013年间,欧亚经济联盟产业内企业用于商品生产和销售的投资增加了24.8%。2011年与2010年相比,减少了28.3%,2012年与2011年相比,增加了26.1%,2013年与2012年相比,增加了38.1%。

根据欧亚经济联盟产业内企业的资料,投资来源为自有资金和借款,用于设备更新和改造。

2010~2013年,依靠吸引资金实施了下列大型项目:

极北地区油气管道建设用隔热升降管工段的施工；

制定了提高油管质量的设备引进和改造计划；

技术改造（钢管端部校准和变形设备），以获取符合高质量切螺纹（包括高等级螺纹）国际标准的钢管端部几何参数；

超声波探伤设备的改造，以提高检测精度、缺陷定位精度、发现新型缺陷等。

4.2.13 人员数量和劳动生产率

表 4—18

指　　标	单位	2010	2011	2012	2013
从事商品生产的人员数量	人	保密内容			
与上年相比	%	—	-0.4	4.1	-0.8
与2010年相比	%	—	-0.4	3.7	3.3
从事商品生产的人员工资	卢布/人-月	保密内容			
与上年相比	%	—	15.2	11.7	8.2
与2010年相比	%	—	15.2	28.7	39.2
劳动生产率	指数	100	110	121	124

2010~2013年，欧亚经济联盟产业的企业内从事商品生产的人员人数增加了3.3%。2011年与2010年相比，减少了0.4%。2012年与2011年相比，增加了4.1%。调查期间，从事商品生产的人员人数减少了0.8%。

2010~2013年，从事商品生产的人员工资增加了39.2%。2011年与2010年相比，工资增加了15.2%。2012年与2011年相比，增加了11.7%。2013年与2012年相比，增速稍缓，为8.2%。

必须指出，调查期间"工资"项在成本构成中的占比降低了2.3%。

4.3 结论

根据对内部市场保护司掌握资料的分析可确定：

2010~2013年，欧亚经济联盟关税区内油气井钻探和开采用无缝钢管市场非常稳定，可见消费量增加了37.1%。在此情况下，联盟成员国生产商的商品产量和销售量分别增长了25.7%和29.4%。联盟成员国生产商在联盟内部市场所占的份额减少了4.1%。

2010~2013年，联盟关税区内商品自中国的倾销性进口大幅增加了208.7%。与此同时，来自中国的进口商品占比也增加了9.5%。

2010~2013年，欧亚经济联盟产业的生产指标变化如下：企业产量增加了28.4%，销售量增加了33%，产能利用率增加了11.1%。从事商品生产的员工人数增加了3.3%，劳动生产率增加了24.8%，投资额增加了24.8%。

但是必须指出，在生产指标增长的背景下，分析期内欧亚经济联盟产业的财政经济状况却明显恶化：产业内企业的利润降低了40.4%，销售利润率减少了3.8%，主要资产的使用收益降低了4.4%。

内部市场保护司确定为调查期所在的2013年情况如下：

2013年可见消费量（与2012年相比）增加了20.7%，欧亚经济联盟生产商的商品生产和销售增长速度落后于消费量增长，依次为3.8%和9.1%。联盟成员国商品在联盟内部市场所占的份额减少了7.5%。

来自中国的商品进口量增长了149.7%，是消费量增速的6倍。由此，来自中国的进口商品在可见消费量中的占比增加了8.9%。

调查期间，欧亚经济联盟产业内商品生产和销售量的增速依次为2.2%和6.2%，大大落后于消费量增速和倾销性进口的增速。

在中国商品以倾销性价格供应增长的影响下，为了保护自己商品在联盟市场的竞争能力，欧亚经济联盟产业内企业被迫实行降价政策。这样，在同类商品成本增加7.3%的条件下，商品的加权平均价格降低了2.2%，导致联盟产业财政状况急剧恶化。

调查期间，财政指标降低至整个分析期最低值：联盟产业内企业的利润降低了80%，销售利润率减少了9%，固定资产收益率降低了21%。

调查期间，联盟产业内企业产能利用率降低了1.9%。在从事商品生产的人员数量减少0.8%的情况下，劳动生产率小幅增加了3%。

对欧亚经济联盟产业状况的分析表明，调查期间联盟产业的生产和销售增速均根本落后于小幅增速和来自中国的倾销性进口增速。

在这种条件下，欧亚经济联盟产业的同类商品在消费中的占比大大降低，被来自中国的商品挤占。由于生产成本增加而价格降低，财政指标（利润、生产和销售利润率、固定资产收益率）急剧恶化。指标数据降低至整个分析期最低值。

综上所述，内部市场保护司作出结论，欧亚经济联盟产业受到损害。

第五节 中国商品倾销进口与联盟产业损害因果关系确定

为了确定来自中国的油气井钻探和开采用无缝钢管的倾销性进口与联盟产业损害之间存在因果关系，内部市场保护司对下列因素进行了分析。

5.1 欧亚经济联盟产业所生产和销售的商品在联盟关税区消费量中的占比

表 5—1

指 标	单位	2010	2011	2012	2013
联盟关税区内商品可见消费量	千吨	1388.1	1491.1	1576.9	1903.1
与上年相比	%	—	7.4	5.7	20.7
进口至欧亚经济联盟关税区内的中国商品数量	千吨	106.2	100.5	131.3	327.8
与上年相比	%	—	-5.4	30.7	149.7
与2010年相比	%	—	-5.4	23.6	208.7
中国进口商品在可见消费量中的占比变化（与上年相比）	%	—	-1.0	+1.6	+8.9
欧亚经济联盟所产商品在消费量中的占比（与上年相比）	%	—	+1.6	+1.8	-7.5
总产量与自中国进口量之比	指数	100	119	97	40

2010~2013年，可见消费量增加了37.1%，在此基础上进口至欧亚经济联盟的中国商品数量增加了208.7%。同时，随着自中国进口商品的数量增加，其在联盟可见商品消费量中的占比也有所增长。2010~2013年，中国商品在消费量中的占比增加了9.5%。应该指出，2011年和2012年中国商品在联盟市场中的占比波动不大，2011年减少了1%，2012年增加了1.6%；2013年与2012年相比，来自中国的倾销性商品进口大幅增加，其在联盟市场的占比增加了8.9%。

分析期内，欧亚经济联盟市场生产和销售的商品占比变化如下：2010~2011年，欧亚经济联盟成员国生产商的份额小幅增加，依次为1.6%和1.8%。但是在调查期间，虽然消费量大大增长，欧亚经济联盟成员国生产商的份额却明显降低了 7.5%。调查期间,来自中国的进口商品在消费量中的占比增加了 8.9%。

由此,调查期间欧亚经济联盟生产商的商品份额大大减少,而与此同时,中国商品的份额却增长,这证明,欧亚经济联盟成员国生产商的市场份额被挤占。

5.2 倾销性进口对联盟市场同类商品价格的影响

表 5—2

指 标	单位	2010	2011	2012	2013
欧亚经济联盟产业生产并在联盟关税区内销售的商品的加权平均价格(不含增值税)	美元/吨	保密内容			
与上年相比	%	—	20.8	-0.3	-4.5
与 2010 年相比	%	—	20.8	20.4	15.0
进口至联盟关税区的中国商品的加权平均价格	美元/吨	2013	2254	2265	1792
与上年相比	%	—	11.9	0.4	-20.9
与 2010 年相比	%	—	11.9	12.5	-11.0
中国商品与欧亚经济联盟产业生产商品之间的价格差	指数	100	94	96	37

表 5—2 中的数据显示,欧亚经济联盟产业内企业生产商品的加权平均价格(以美元计)在 2010～2013 年间增长了 15%。2011 年与 2010 年相比,价格增长 20.8%,之后价格变化呈下降趋势(与上年相比):2012 年商品的加权平均价格小幅下降 0.3%,2013 年继续下降 4.5%。

与此同时,2010～2013 年,中国生产商品的加权平均价格降低了 11%。2011 年与 2010 年相比价格增长了 11.9%,2012 年与 2010 年相比增长了 0.4%。调查期间,与 2012 年相比加权平均价格继续降低,达到 20.9%。

整个 2010～2013 年期间,来自中国的油气井钻探和开采用无缝钢管的加权平均价格低于欧亚经济联盟产业内企业生产商品的加权平均价格。

被调查商品包括一系列变形产品,调查过程中,为了正确比较欧亚经济联盟产业生产商同类商品价格与自中国进口商品价格,对商品各变形产品(PTCN 分类)的扩展编码都进行了分析。《商品各变形产品监督码扩展编码形成办法》见报告附件。

价格分析的基础是商品出口商和/或外国生产商提交的调查表答复函内的数据[1],以及关税同盟成员国生产商和参加商品销售的利害关系人提交的调查表答复函内的数据[2]。

按照具有可比性的 PTCN 分类进行价格比较显示,以倾销性价格从中国进口的商品价格明显降低。这样,在调查期间,来自中国出口商(占提交反倾销调查表答复函的公司数量的 73.4%)的商品各 PTCN 分类加权平均价格降低了 23.4%。

在商品各变形产品内,最小的价格降幅为 4.9%(PTCN……),最大的价格降幅为 55.7%(PTCN……)。

中国出口商品的价格下降对联盟商品市场行情和联盟同类产业生产商的价格政策产生影响。

内部市场保护司掌握了油气井钻探和开采用无缝钢管用户向欧亚经济联盟产业内企业提供的资料,这些用户拒绝按照原来签署的合同购买商品,因为来自中国的商品价格更低。

调查期间,中国商品的价格水平抑制了欧亚经济联盟产业内企业的价格(虽然成本增加了 7.3%,但是商品的加权平均价格却降低了 2.2%),导致其财政指标急剧恶化:利润和销售利润率降低,固定资产收益率减少。应该指出,调查期间财政指标水平跌至整个分析期的最低值。

上述分析证明,调查期间,来自中国的油气井钻探和开采用无缝钢管倾销性进口大大增加,对联盟市场上同类商品的价格产生极大的影响,并导致联盟产业的损害。

5.3 其他因素

调查过程中还分析了与进口增长一起影响联盟产业发展的其他因素。

5.3.1 自第三国进口对联盟关税区的影响

---

[1] 在进行分析时,内部市场保护司对中国生产的产品使用了欧亚经济联盟边境 CIF 供货商品价值(该价值增加了根据 2013 年海关统计数据计算的已支付进口关税和海关费用)。

[2] 在进行分析时,内部市场保护司对欧亚经济联盟产业内企业生产的商品使用了考虑运输费用的合同条款下的商品价值指标。

附件3 针对中国生产的油气井钻探和开采用无缝钢管的反倾销调查最终报告 / 269

调查过程中分析了自第三国（中国除外）进口至联盟关税区的商品所产生的影响。自第三国进口商品数量及其加权平均价格数据（考虑进口关税和海关费用，不计增值税）见表5—3。

表5—3

指标	单位	2010	2011	2012	2013
联盟关税区商品总进口量	千吨	351.9	354.7	347.5	562.0
自第三国进口至联盟关税区的商品数量	千吨	245.7	254.2	216.2	234.2
与上年相比	%	—	3.5	-14.9	8.3
与2010年相比	%	—	3.5	-12.0	-4.7
其中：					
乌克兰	千吨	136.37	140.23	138.55	121.70
与上年相比	%	—	2.8	-1.2	-12.2
乌克兰商品在可见消费量中的占比（与上年相比）	%	—	-0.4	-0.6	-2.4
乌克兰生产并进口至联盟关税区的商品的加权平均价格	美元/吨	987	1192	1296	1290
与上年相比	%	—	20.7	8.7	-0.4
日本	千吨	27.63	15.20	14.39	32.34
与上年相比	%	—	-45.0	-5.3	124.8
日本商品在可见消费量中的占比（与上年相比）	%	—	-1.0	-0.1	+0.8
日本生产并进口至联盟关税区的商品的加权平均价格	美元/吨	2306	5410	7495	6778
与上年相比	%	—	134.6	38.5	-9.6
奥地利	千吨	14.16	8.44	19.92	22.82
与上年相比	%	—	-40.5	136.2	14.6
奥地利商品在可见消费量中的占比（与上年相比）	%	—	-0.4	+0.7	-0.1

续表

指　标	单位	2010	2011	2012	2013
奥地利生产并进口至联盟关税区的商品的加权平均价格	美元/吨	1980	3378	2800	2748
与上年相比	%	—	70.6	-17.1	-1
墨西哥	千吨	13.80	10.69	15.79	16.17
与上年相比	%	—	-22.5	47.7	2.4
墨西哥商品在可见消费量中的占比（与上年相比）	%		-0.3	+0.3	-0.1
墨西哥生产并进口至联盟关税区的商品的加权平均价格	美元/吨	4484	4827	3819	4520
与上年相比	%	—	7.7	-20.9	18.4
阿塞拜疆	千吨	15.54	54.45	5.18	12.25
与上年相比	%	—	250.4	-90.5	136.5
阿塞拜疆商品在可见消费量中的占比（与上年相比）	%		+2.6	-3.4	+0.3
阿塞拜疆生产并进口至联盟关税区的商品的加权平均价格	美元/吨	852	1109	1010	1067
与上年相比	%	—	30.1	-9.0	5.7
自第三国商品进口量在总进口量中的占比	%	69.8	71.7	62.2	41.6
自第三国商品进口量在可见消费量中的占比（与上年相比）	%		-0.7	-3.3	-1.4
欧亚经济联盟生产商品在消费量中的占比（与上年相比）	%		+1.6	+1.8	-7.5
来自中国商品在可见消费量中的占比（与上年相比）	%		-1.0	+1.6	+8.9

表5—3显示，2010~2013年自第三国商品进口量减少了4.7%。

同时，在该期间内，自第三国进口的数量变化并不平稳。2011年进口量增长3.5%，2012年比上年减少了14.9%，2013年增加了8.3%。在此情况下，2011~2013年自第三国进口的商品在商品总进口量中的占比减少了 28.2%。自第三国商品进口主要有：乌克兰、日本、奥地利、墨西哥和阿塞拜疆。

虽然自第三国进口的数量变化不平稳，但 2010~2013 年，其在欧亚经济联盟关税区商品可见消费量中的占比呈下降趋势。总的来说，自第三国进口商品在可见消费量中的占比保持在一定的水平上，2012 年减少 3.3%，2013 年继续减少 1.4%。

2010~2013 年，联盟关税区内生产的商品在可见消费量中的占比减少了 4.1%，2011 年和 2012 年小幅增加 1.6% 和 1.8%。2013 年与上年相比明显减少，为 7.5%。

第三国进口商品的加权平均价格与欧亚经济联盟产业同类商品价格之比见表 5—4。

表 5—4

指　　标	单位	2010	2011	2012	2013
欧亚经济联盟产业生产并在联盟关税区内销售的商品的加权平均价格（不含增值税）	美元/吨	保密内容			
从第三国进口至联盟关税区的商品的加权平均价格，考虑关税	美元/吨	1794	2018	2523	2957
从中国进口至联盟关税区的商品的加权平均价格，考虑关税	美元/吨	2013	2255	2265	1792
自第三国进口商品的加权平均价格与自中国进口商品的加权平均价格之比	%	0.89	0.89	1.11	1.65
自第三国进口商品价格与联盟产业生产商品的价格之比（与上年相比）①	%	—	-10.1	+25.5	+30.3

---

① 为保密起见数值在 ±7.5% 范围内浮动。

续表

指标	单位	2010	2011	2012	2013
自中国进口商品的价格与联盟产业生产商品的价格之比（与上年相比）①	%	—	-10.9	+2.1	-20.0

对 5—4 表中数据的分析表明，2010~2013 年，自第三国进口至联盟关税区的商品的加权平均价格大大高于欧亚经济联盟产业生产商品的价格。

2010 年，来自第三国的商品的价格高于欧亚经济联盟产业生产商品的价格。2012 年，上述价格的差额缩小了 10.1%；2012 和 2013 年，价格差额依次扩大了 25.5% 和 30.3%。

2010~2013 年，自第三国进口的最低价格（低于来自中国的商品价格和欧亚经济联盟产业的商品价格）的商品来自乌克兰和阿塞拜疆。自上述国家进口商品的加权平均价格为 1010 美元/吨~1191 美元/吨。

自乌克兰商品进口量在可见消费量中的占比呈现减少趋势。2010~2012 年减少了 1%，调查期间减少了 2.4%。

2010~2013 年，自阿塞拜疆商品进口量在消费量中的占比呈现减少趋势：2011 年与上年相比增加了 2.6%，2012 年和 2013 年均有所减少。

谈到自第三国的进口，除了乌克兰和阿塞拜疆，2010~2013 年从这些国家（奥地利、日本和墨西哥）的商品进口量在消费量中的比重没有变化。2010~2013 年，来自上述国家的商品的加权平均价格高于同类商品的价格。

必须指出，2010~2011 年，来自第三国的商品的加权平均价格低于来自中国商品的价格（大约 10%）；而 2012~2013 年，来自第三国的商品价格则高于来自中国的商品价格（11%~65%）。

以上分析表明，分析期内，来自第三国的商品进口量在欧亚经济联盟市场商品消费量中的占比有所减少。

来自第三国的进口商品的加权平均价格总体上高于欧亚经济联盟产业的商品价格。从几个国家低价进口的商品对欧亚经济联盟产业所生产商品

---

① 联盟关税区商品可见消费量的计算依据是：联盟关税区内联盟产业商品产量；白俄罗斯国家海关委员会、俄罗斯联邦海关总署、哈萨克斯坦共和国财政部国家收入委员会提交的海关申报统计数据列出的进出口数据。

的价格竞争力产生影响,但是在来自中国的倾销性进口量大大增加的情况下,已经不足以作为对欧亚经济联盟产业造成损害的决定性因素。

5.3.2 欧亚经济联盟产业商品出口指标产生的影响

调查参与者曾经表示,相比2012年,欧亚经济联盟产业内企业的出口量在2013年减少了一半多,这成为欧亚经济联盟产业财政经济状况恶化的原因。

表5—5

指标	单位	2010	2011	2012	2013
欧亚经济联盟产业自联盟关税区的出口量	美元/吨	保密内容			
与上年相比	%	—	25.3	11.5	-35.6
与2010年相比	%	—	25.3	39.7	-10.1
欧亚经济联盟产业内企业的商品产量	美元/吨	保密内容			
与上年相比	%	—	10.2	14.0	2.2
与2010年相比	%	—	10.2	25.7	16.5
欧亚经济联盟产业商品出口量在商品产量中的占比变化(与上年相比)	%	—	+1.4	-0.2	-4.4

如表5—5所示,欧亚经济联盟产业商品出口量在2010~2013年减少了10.1%,在2010~2012年增加了39.7%,2013年与2012年相比减少了35.6%。

分析期内,油气井钻探和开采用无缝钢管的出口在商品生产量中的占比减少了3.2%,2011年与2010年相比增长了1.4%,2012年与2011年相比小幅减少了0.2%,2013年减少了4.4%。

调查期间商品出口量减少,根据内部市场保护司掌握的资料,世界上大部分国家都实行了进口替代政策,给国内生产商提供优惠,并对相互贸易设置各种壁垒,进入出口市场变得相当困难。因此,欧亚经济联盟市场成为联盟产业内OCTG无缝钢管销售的主要市场。

与此同时,由于中国生产的油气井钻探和开采用无缝钢管的倾销性进口数量逐渐增加，欧亚经济联盟产业出口减少，在内部市场销量却不能相应增加。

5.3.3 由于加入WTO进口关税降低

调查参与者表示，欧亚经济联盟自中国的进口增长是由于俄罗斯加入WTO后关税税率自15%大大降低至5%，且自2012年起关税同盟产业的进口保护政策没有发挥作用。

在本报告第3章，内部市场保护司列出对被调查商品修改进口关税的资料。

在用于调查的分析期内，商品关税额根据其编码而发生变化：

-2010年1月1日~2013年9月1日，商品进口关税税率根据其编码为海关价值的5%~15%（2012年7月16日欧亚经济委员会第54号《欧亚经济委员会确定〈关税同盟对外经济活动统一商品名录〉和〈关税同盟统一关税税率〉的决议》）。

-2013年9月1日~2014年9月1日，商品进口关税税率其编码为海关价值的5%~12.5%（2013年7月2日欧亚经济委员会第45号《欧亚经济委员会针对个别种类商品修改〈关税同盟对外经济活动统一商品名录〉和〈关税同盟统一关税税率〉的决议》）。

必须指出，2010~2013年分析期内，商品（按照本报告第3章列出的编码）进口关税税率的加权平均值为：2010年9.7%，2011年9.8%，2012年9.9%，2013年7%。

分析期内商品进口关税税率的变化没有出现大幅降低。调查期间，进口关税税率降至7%（与上年相比降低了2.7%~2.9%），并没有导致自中国进口的大幅增长（增长149.7%）和自中国进口商品的加权平均价格的降低（降低20.9%）。

由此看来，不能将商品进口关税税率降低视为商品自中国倾销性进口大幅增长的主要因素。

5.3.4 季节性需求和计划性维修

调查参与者引证TMK公司2013年第三季度的报告，认为季节性需求减少和计划性维修导致的停工是欧亚经济联盟产业受到损害的原因。

根据该结论，内部市场保护司指出，对欧亚经济联盟产业状况的分析表明，调查期内的生产财政指标急剧恶化（调查期确定在2013年，并将其

附件3 针对中国生产的油气井钻探和开采用无缝钢管的反倾销调查最终报告　275

与上一年相比）。2013年各季度的指标对比是不合理的，因为季节性需求减少实际上是针对每个日历年而言。至于计划性维修，欧亚经济联盟产业的企业每年都会进行，并且在制订生产计划时便已确定。

此外，调查参与者还指出，企业申请人的销售量减少是由于企业申请人"不愿意或者没有能力"参加招标。内部市场保护司没有掌握企业申请人在调查期间因产品不符合用户技术要求而不参加招标的材料。据内部市场保护司掌握的材料，在有俄罗斯和外国供货商参加的招标中，拥有更低价格的中国生产商最终获胜，而且，用户由此取消了原来已与生产商签署的钢管供应合同。

5.3.5　自乌克兰的商品进口

调查参与者曾表示，导致联盟产业受到损害的因素之一是来自乌克兰的比中国价格还低的商品进口。

调查过程中，内部市场保护司分析了自第三国进口对联盟关税区的影响（本报告第5.3.1）。

分析表明，2013年自乌克兰的商品进口量为12.17万吨，在联盟关税区商品进口总量中的占比减少至21.7%（2010年为55.5%）。同时，2010～2013年，自乌克兰进口商品在联盟市场的商品消费量中的占比减少，而自中国进口商品在联盟总进口量中的占比从2010年的30.2%增至2013年的58.3%，自中国进口商品在联盟市场的商品消费量中的占比也有所增加。

应该指出，来自中国和乌克兰的商品的加权平均价格之差在一定程度上是由于供应结构不同，如调查期间从乌克兰进口的最贵的钻杆，其供应量在整个分析期内是最少的，不超过总量的1%。

内部市场保护司作出结论，自乌克兰进口商品在欧亚经济联盟市场上对联盟产业同类商品构成一定的价格竞争。但是在来自中国的倾销性商品进口急剧增长并挤占了联盟产业的同类商品以及来自乌克兰的进口商品市场的情况下，来自乌克兰的商品进口不能视为对欧亚经济联盟产业造成损害的决定性因素。

第六节　对亚美尼亚共和国数据的分析

由于亚美尼亚共和国加入2014年5月29日的《欧亚经济联盟条约》，

内部市场保护司对已有的亚美尼亚共和国内商品生产量以及商品进口量数据进行了分析。

根据亚美尼亚共和国授权机关的数据,亚境内不生产油气井钻探和开采用无缝钢管①。

2011~2013年自中国进口至亚美尼亚共和国的商品数量数据②,以及自中国进口至亚美尼亚共和国、白俄罗斯共和国、哈萨克斯坦共和国和俄罗斯联邦的商品总进口量数据见表6—1。

表6—1

指　　标	单位	2011	2012	2013
自中国进口至亚美尼亚共和国的商品数量	吨	0	0.45	11.83
自中国进口至白、哈、俄的商品数量	吨	100536.02	131262.40	327824.81
自中国进口至亚、白、哈、俄的商品数量	吨	100536.02	131262.85	327836.64

已有的数据证明,将亚美尼亚共和国的上述数据考虑在内后,对内部市场保护司作出的商品倾销进口对联盟产业造成损害的结论没有影响。

第七节　价格承诺

调查过程中,中国商品出口商和(或)生产商根据《议定书》第90条规定同意对商品进行价格承诺。

针对该问题,2015年2月2~3日举行了有内部市场保护司、中国商品出口商和(或)生产商、中国钢铁工业协会、企业申请人代表参加的协商会。

中国钢铁工业协会提出,凡是同意参加确定单独倾销幅度选拔并在调查过程中如期提交了所需材料的公司,都应参加价格承诺。其中,应该向其提供参加机会的公司有:被内部市场保护司认为不合作的宝山钢铁股份有限公司(详见本报告第1.2条),以及向欧亚经济联盟出口中国独立生产商所生产商品的公司。

---

① 亚美尼亚共和国经济部2015年5月19日第02/14.1.2/3669-15号公函。
② 亚美尼亚共和国经济部2015年2月27日第7-1/4376-15号公函。

附件3　针对中国生产的油气井钻探和开采用无缝钢管的反倾销调查最终报告　277

对此，内部市场保护司指出，在此次调查框架内，能够确定商品正常价值的资料包含于反倾销调查表的答复函内，有四家公司，即天津钢管制造有限公司、衡阳华菱钢管有限公司、汉廷能源科技（无锡）有限公司、上海海隆石油钻具有限公司提交了答复函。

因此，在出口商价格承诺框架内向欧亚经济联盟关税区出口商品的价格，只能针对上述四家公司确定。

内部市场保护司现有的材料不足以评价被认为合作的其他中国公司作出的向联盟关税区出口商品的价格承诺的价格水平是否与这些其他中国公司的商品的正常价值相符。该评价不适用于向欧亚经济联盟关税区出口商品的独立经纪人作出的价格承诺。因此，在本次调查框架内不能接受中国独立经纪人的价格承诺。

根据上述观点，中国钢铁工业协会提出的建议，即接受因没有提交本次调查的反倾销调查表答复函而没有确定商品正常价格的公司作出的价格承诺，不符合《议定书》第90条规定。

此外，由于中国公司不提交反倾销调查表的答复函而缺乏钢管销售方案，制定这些公司能接受的有效的行政价格承诺机制也是不可能的。

内部市场保护司还指出，中国钢铁工业协会提出的钢管最低出口价格水平不符合欧亚经济联盟的法律规定，即采取价格承诺应能消除欧亚经济联盟成员国产业由于倾销进口而受到的损害。因此，根据《议定书》第90条，中国钢铁工业协会的建议中陈述的承诺不能作为价格承诺来审议。

根据以上所述、与内部市场保护司的协商（2015年5月6~8日）结果以及内部市场保护司对中国公司（内部市场保护司在调查期间为其确定了单独倾销幅度的公司，包括天津钢管制造有限公司、衡阳华菱钢管有限公司、华菱衡阳连轧管有限公司、汉廷能源科技（无锡）有限公司、上海海隆石油钻具有限公司）提交的价格承诺方案的意见，上述公司提交了更新后的价格承诺。上述公司更新后的价格承诺（以下简称价格承诺）结构相同。

根据价格承诺可确定欧亚经济联盟关税区内在不缴纳反倾销税的价格承诺框架内商品供应数量的极值。每家公司的商品供应量根据该公司在2011~2013年向欧亚经济联盟关税区供应商品的年平均数量确定，为79689.9吨。

表 7—1

公司名称	2011 年对联盟关税区的商品供应量（吨）	2012 年对联盟关税区的商品供应量（吨）	2013 年对联盟关税区的商品供应量（吨）	2011～2013 年对联盟关税区的年平均商品供应量（吨）
天津钢管制造有限公司				
衡阳华菱钢管有限公司、华菱衡阳连轧管有限公司		保密内容		
汉廷能源科技（无锡）有限公司				
上海海隆石油钻具有限公司				
总计				79689.9

表 7—1 中所显示的欧亚经济联盟关税区年平均商品供应数量，是根据 2016 年、2017 年、2018 年、2019 年价格承诺框架内对联盟关税区供应商品数量的极值确定。

2015 年和 2020 年对联盟关税区供应商品数量的极值，是根据与相应年份反倾销措施实施天数成比例的对欧亚经济联盟关税区年平均商品供应数量来确定。

价格承诺框架内的商品供应的价格不应低于价格承诺中的最低价格。价格数据根据内部市场保护司在调查过程中确定的 PTCN 各分类的正常价值计算，而这些产品类别根据《商品各变形产品监督码扩展编码形成办法》（内部市场保护司《关于对中国产油气井钻探和开采用无缝钢管的反倾销调查结果的报告》的附件，见欧亚经济委员会网站，发布号为 2015/6/AD16）并参考价格承诺的规定而确定。

根据价格承诺，最低价格应在该价格承诺生效之日起一个月内，即 2015 年 12 月，调整到位，之后每 6 个月根据生产 1 吨商品的原材料价格变化进行调整。用于确定最低价格的公式应能反映生产 1 吨商品所需原材料的数量（相关信息由相关公司在价格承诺方案中提交），并能反映原材料费用在相应公司所产商品的加权平均价格中的占比（根据调查过程中相关公司提交的反倾销调查表答复函确定）。

在价格承诺框架内对欧亚经济联盟关税区的商品供应须按照该价格承诺规定的方案实施。方案的数据由中国公司提交，内部市场保护司批准。

在价格承诺框架内对欧亚经济联盟关税区的商品供应须一同提交价格承诺书规定的证书，该证书应在商品进口至联盟关税区时随报关单提交。

价格承诺还规定，中国公司可在价格承诺框架外供货，但须缴纳欧亚经济委员会针对该公司规定的反倾销税。根据已有的材料，内部市场保护司认为，采取价格承诺能够消除欧亚经济联盟关税区商品倾销性进口造成的联盟产业损害。

第八节 结论与建议

8.1 结论

根据对 2010 年 1 月 1 日～2013 年 12 月 31 日期间调查材料的分析，作出存在以下事实的结论：

1. 中国产油气井钻探和开采用无缝钢管存在倾销性进口；
2. 联盟产业受到损害；
3. 中国产油气井钻探和开采用无缝钢管的倾销性进口与联盟产业受到损害之间存在因果关系。

附件：

商品各变形产品监督码扩展编码形成办法

为了对中国生产商品和欧亚经济联盟产业内企业生产商品进行价格对比，根据商品的技术特性及其在商品各变形产品监督码分类表（随相关调查表发放）中的描述，并参考系列特性的分类用下列方式形成商品的各类变形产品：

1. 管材类别（完全符合随相关调查表发放的商品各变形产品监督码分类表：A. 套管，B. 钻杆，C. 泵压管）；
2. 管材外径：内部市场保护司规定了下列范围：

套管：1.114 mm，2.114~194 mm，3.194~219mm，4.219~340 mm，5.340 mm 及以上；

泵压管：1.60mm，2.60~73 mm，3.73~89 mm，4.89~102 mm，5.102~114mm，6.114mm 及以上；

钻杆：1.60mm，2.60~73mm，3.73~89mm，4.89~102mm，5.102~114mm，6.114~127mm，7.127~140mm，8.140mm 及以上；

3. 管壁厚度：对比时不考虑该特性；

4. 钢材强度/型号：为了确定商品变形产品的编码，内部市场保护司规定了按照下列标准生产的相同的钢管强度符号（见表1、表2、表3）：ГОСТ 632 – 80 和 API 5CT/ГОСТ Р 53366 – 2009（套管），ГОСТ Р 50278 – 92 и API 5DP/ГОСТ Р 54383 – 2011（钻杆），ГОСТ Р 52203 – 2004 и API 5CT/ГОСТ Р 53366 – 2009（泵压管）；

5. 联轴器式连接/连接类型的标志（套管）：内部市场保护司制定了下列变形产品分类：（1）普通用途的联轴器式螺纹连接（带有梯形螺纹的钢管及其联轴器，带有高密封性连接件的钢管及其联轴器，三角形、BC、LS、LC、STC、SC）；（2）普通用途的无联轴器式螺纹连接（ОГ1М）；（3）特殊螺纹连接（ВГРС）（用于联盟产业内企业生产和销售的商品，在 PTCN 分类中此类产品的连接类型用"I"表示；对于中国生产商生产的商品，PTCN 分类中用从"L"开始表示所有特殊连接类型。）

6. 连接类型（包括泵压管）：内部市场保护司对该特性规定了下列分类：（1）无螺纹；（2）通用螺纹连接（三角形、梯形）；（3）特殊螺纹连接（用于联盟产业内企业生产和销售的商品，在 PTCN 分类中此类产品的连接类型用"B"表示（ВГРС）（对于中国生产商生产的商品，PTCN 分类中用从"E"开始表示所有特殊连接类型。）；

7. 加厚的类型（钻杆）：为了对商品各变形产品进行分类，内部市场保护司规定了外加厚 EU（API 5DP/ГОСТ Р 54383 – 2011）、外加厚 ПН（ГОСТ Р 50278 – 92（D））、混合加厚 IEU（API 5DP/ГОСТ Р 54383 – 2011）、混合加厚 ПК（ГОСТ Р 50278 – 92（F））的统一标记；

8. 是否加锁（钻杆）（完全符合相关调查表中的商品各变形产品监督码表：A. 加锁；B. 无锁）；

9. 钢管涂层（泵压管）：为了对商品各变形产品进行分类，内部市场保护司规定了有涂层和无涂层的统一标记（分别为相关调查表中的商品各变形产品监督码表中的 F 和 E）。

参考企业申请人在本次调查中的建议和市场价格形成的复杂情况，为进行对比而规定了 PTCN 增加码。

附件4 针对来自中华人民共和国、中国台北、中华人民共和国香港和澳门特别行政区的聚合物涂层金属轧材的反倾销复审调查结果报告

(非保密版本)

引 言

本报告根据以重新审核鞍钢股份有限公司生产并进口至关税同盟统一关税区的聚合物涂层金属轧材的反倾销税单独税率为目的而进行的反倾销二次调查（以下称复审）结果编制。复审由欧亚经济委员会内部市场保护司依据2008年1月25日通过的《针对第三国使用特别保障、反倾销和反补贴措施协定》（以下简称《协定》）以及俄罗斯联邦加入WTO工作组报告第620条的规定进行。

报告根据内部市场保护司在编制报告阶段所掌握的材料编制。

第一节 有关现行反倾销措施的信息

据俄联邦工业和贸易部2011～2012年针对自中华人民共和国、中国台北、中国香港和澳门特别行政区进口至关税同盟统一关税区的的聚合物涂层金属轧材的反倾销调查（以下称首次反倾销调查）结果，欧亚经济委员会执委会于2012年5月24日通过第49号《关于在海关同盟内保护聚合物涂层金属轧材生产商经济利益的措施的决议》。

根据该决议，在 2017 年 6 月 30 日（包括）之前，对原产于中华人民共和国、中国台北、中国香港和澳门特别行政区而进口至关税同盟统一关税区的、海关编码为 7210、7212、7225 的以下产品以征收反倾销税的方式采取反倾销措施：厚度大于 0.2 毫米但不超过 2 毫米、宽 50 毫米的聚合物涂层冷轧板材，厚度超过 0.2 毫米但不超过 2 毫米、宽度超过 50 毫米的冷轧镀锌板。其反倾销税额为（以海关价值的百分比计）：

- 对鞍钢股份有限公司为 12.9%；
- 对大连浦项钢板有限公司为 11.4%；
- 对山东冠洲股份有限公司为 8.1%；
- 对其他制造商为 22.6%。

第二节 关于程序问题的材料

2.1 调查开始

按照 2011 年 5 月 19 日的《多边贸易体制框架内海关同盟运行条约》（以下称 2011 年 5 月 19 日条约）第 1 条规定，自关税同盟任一成员国加入世界贸易组织之日起，世界贸易组织协定的规定以及《加入世贸组织议定书》（该议定书中作为"入世"条件并属于法律关系的义务，其在关税同盟框架内的调节权力由关税同盟成员国移交给关税同盟的主管部门）的规定，均成为关税同盟法律体系的一部分。

俄联邦作为世贸组织成员的义务，包括采取措施保护关税同盟统一关税区内部市场，见《俄联邦加入世界贸易组织工作组报告书》（以下称工作组报告书）。

上述义务之一见工作组报告书第 620 条，根据该规定，自"入世"之日起应保证全面遵守《关于适用 1994 年〈关贸总协定〉第六章的协议》条例所采取的反倾销措施，关税同盟授权机关将根据该协议适用相关法律和法规。在这种情况下，任何利害关系人可以请求重新审核该利害关系人认为不符合世贸组织相关规定和规则的、在俄罗斯联邦加入世界贸易组织之日起有效的国内市场保护措施。

根据上述内部市场保护措施义务，鞍钢股份有限公司向内部市场保护司提出申请，重新审核对中国、中国台北、中国香港和澳门行政特区生产并进口至海关同盟统一关税区的聚合物涂层金属轧材所采取的反倾销措施。

在接到对反倾销措施的重新审核请求之后，内部市场保护司对该请求进行审议，认为，所提供的关于鞍钢股份有限公司个别倾销幅度计算公式的信息足够用于对鞍钢股份有限公司生产并进口至关税同盟统一关税区的聚合物涂层金属轧材的反倾销税税额进行重新审核。

在收到鞍钢股份有限公司的申请书之后，依据内部市场保护司司长2014年4月25日第6号《对中国、中国台北、中国香港和澳门行政特区生产的聚合物涂层金属轧材开始反倾销复审的命令》启动复审调查。

根据《协定》第30条第3-1款，调查开始日期为欧亚经济委员会官方网站公布开始复审通知的日期，即2014年4月29日。

根据《欧亚经济委员会就特别保护、反倾销和反补贴措施问题通过决议和编制决议草案规则》（该文件由欧亚经济委员会执委会于2012年3月7日通过的《关于在关税同盟统一关税区内实施特别保护、反倾销和反补贴措施的几个问题的决议》批准）第2.2条，开始复审的通知和鞍钢股份有限公司调查书的非保密版本由关税同盟成员国授权机关寄发（内部市场保护司2014年4月29日第14-208号信函）。

根据《协定》第30条和第39条规定，开始调查通知书：

- 于2014年4月29日在欧亚经济委员会官方网站上发布；
- 由关税同盟成员国授权机关寄发：白俄罗斯共和国经济部、白俄罗斯共和国外交部、哈萨克斯坦共和国经济和预算规划部、俄罗斯联邦经济发展部（2014年4月29日第14-208号信函）；
- 发送至外国授权机关：中华人民共和国驻俄罗斯联邦大使馆（内部市场保护司2014年4月29日第14-210号信函），中华人民共和国商务部（内部市场保护司2014年4月29日第14-209号信函）；
- 发送至聚合物涂层金属轧材外国生产商和（或）出口商：鞍钢股份有限公司（内部市场保护司2014年4月29日第14-207号信函）。

2.2 利害关系人和信息收集

由于鞍钢股份有限公司提出的申请包括对本公司生产的聚合物涂层金属轧材的个别倾销幅度进行重新审核，根据《议定书》第36条第1款，除鞍钢股份有限公司外，利害关系人还包括：

- 关税同盟内的聚合物涂层金属轧材生产商（生产商协会）；
- 鞍钢股份有限公司生产的聚合物涂层金属轧材进口商；

——向外国出口的授权机关（中国商务部）；
——鞍钢股份有限公司生产的聚合物涂层金属轧材用户（用户协会）。

上述利害关系人在复审开始之后的通知书规定的时间内没有提出要参加调查。

复审期间，在复审开始通知书规定的时间内，没有收到上述利害关系人提交的关于调查对象的陈述。

在复审项下收到下列公司提交的利害关系及希望登记为调查参与者的声明：

- 山东冠洲股份有限公司；
- 凯景实业股份有限公司；
- 尚承钢铁工业股份有限公司。

根据《协定》第36条第1款，由于缺乏成为利害关系人的依据，这些聚合物涂层金属轧材外国生产商和（或）出口商被拒绝登记为复审参与者。

考虑到复审是根据工作组报告第620条规定而发起，为了使现有的反倾销措施符合WTO规则，应对在2011~2012年进行反倾销调查的机关所掌握的材料和文件（依据这些材料和文件2012年5月24日欧亚经济委员会执委会通过《保护关税同盟聚合物涂层金属轧材生产商利益的决议》）（详细说明见本报告第3.1节"关于重新计算鞍钢股份有限公司个别倾销幅度的问题汇总信息"）进行审议。

根据2012年5月16日欧亚经济委员会执委会第44号《关于内部市场保护的几个问题的决议》，上述信息已由俄罗斯工业和贸易部提交内部市场保护司。

由此，在2011~2012年俄罗斯工业和贸易部进行的复审项下，应对原产于中华人民共和国、中国台北、中国香港和澳门特别行政区而进口至关税同盟统一关税区的聚合物涂层金属轧材进行反倾销调查的信息和材料进行审议。

在复审项下，依照鞍钢股份有限公司根据工作组报告书第620条提出对个别倾销幅度进行审核的申请，于2014年5月30日与鞍钢股份有限公司代表举行了协商会议。

在上述协商会议上，鞍钢股份有限公司代表在复审项下提出涉及以下事项的问题：倾销幅度计算方法，忽略不计聚合物涂层金属轧材生产成本

(该成本考虑了行政费用、贸易费用和一般费用)的注销原材料减值准备修正项。

针对倾销幅度的计算方法，调查机关解释，在复审过程中将重新计算首次调查确定的倾销幅度。此次倾销幅度的重新计算将以俄罗斯工业和贸易部所掌握的数据为基础，其中包括鞍钢股份有限公司提供的材料。对鞍钢股份有限公司供应的聚合物涂层金属轧件规定的倾销幅度的计算方法为：EXW 条件下商品的正常价值减去 EXW 条件下该商品的出口价格后与其 CIF 出口价格之比的百分数。

至于忽略不计聚合物涂层金属轧材生产成本（该成本考虑了行政费用、贸易费用和一般费用）的注销原材料减值准备修正项的依据，调查机关给出的解释是：俄罗斯工业和贸易部没有考虑该修正项。此外，调查机关还解释，根据《协定》第 11 条第 7 款和《关于适用 1994 年〈关贸总协定〉第 6 章的协议》第 2 条第 2.2.1.1 款，在确定聚合物涂层金属轧材生产商的费用时，不需要考虑该修正项。如果考虑该修正项，将导致外国生产商购买用于生产被调查商品的原材料的实际费用产生偏差。

2.3　被调查商品的描述

下列聚合物涂层金属轧材属于被调查商品：

－厚度超过 0.2 毫米但不超过 2 毫米、宽度为 50 毫米、有聚合物涂层的冷轧钢板；

－厚度超过 0.2 毫米但不超过 2 毫米、宽度为 50 毫米、有聚合物涂层的冷轧镀锌板。

下列商品不属于被调查商品：镀锡冷轧板，钣金制品，有涂层的异形板、波纹板、网纹板，金属瓦，异形板，釉面或漆面（仅涂有清漆）板。

进口至关税同盟并成为被调查商品的聚合物涂层金属轧材为关税同盟《对外经济活动商品名录》中编码为 7210 70 800 0、7210 90 300 0、7210 90 800 0、7212 40 800 0、7212 60 000 0、7225 99 000 0 的商品。在本报告中，《对外经济活动商品名录》编码仅用于提供材料。

聚合物涂层金属轧材为本次调查的对象，报告行文中称作"聚合物涂层金属轧材"或者"商品"。

聚合物涂层金属轧材的组成包括表面处理的金属基体（冷轧钢或镀锌钢）、底漆层和聚合物层。在某些情况下，仅有底漆层。

聚合物涂层金属轧材的用途包括：建筑（结构板、屋面材料、车库门、天花板等的制造），生产家用电器（洗衣机、冰箱等外壳），汽车制造（汽车车门、后备箱、仪表板、刮水器），其它消费类产品的制造（淋浴房、家具、桶等）。

关税同盟生产的聚合物涂层金属轧材与中华人民共和国生产的聚合物涂层金属轧材的相似性，由调查机关根据2011~2012年针对原产于中华人民共和国、中国台北、中国香港和澳门特别行政区而进口至关税同盟统一关税区的聚合物涂层金属轧材进行反倾销调查的结果而确定。

2.4 计算

根据欧亚经济委员会执委会2012年5月16日第44号《关于内部市场保护的几个问题的决议》，本报告中的计算以俄罗斯工业和贸易部提供的数据为基础并利用MS Excel进行。为了直观起见，本报告中的计算结果四舍五入至小数点后两位数。必须指出的是，MS Excel计算使用的数字精确至小数点后10位，由此，本报告中的数据四舍五入转换的结果可能导致小数点后1位、2位数字有差别。

2.5 来自中国台北、中华人民共和国香港和澳门特别行政区的倾销性进口

请注意，在2011-2012年对聚合物涂层金属轧材的首次调查结果报告中，中华人民共和国定义为包括香港特别行政区、澳门特别行政区和台湾省在内的中华人民共和国。考虑到俄联邦作为其加入WTO条件而承担的义务，以及2011年5月29日条约的规定，为了按照WTO规则实施现行反倾销措施，补充分析了来自中国台北、中华人民共和国香港和澳门特别行政区的聚合物涂层金属轧材在首次反倾销调查期间的分析期内（2008年1月1日至2010年6月30日）的进口数量。

上述数据由俄罗斯工业和贸易部根据欧亚经济委员会2012年5月16日第44号决议提供。

根据对2008年1月1日至2010年6月30日期间进口至关税同盟的聚合物涂层金属轧材的数量的海关统计数据进行分析可判定（见表2.5）：

Ⅰ. 在首次调查分析期内没有原产自中华人民共和国香港和澳门特别行政区的聚合物涂层金属轧材；

Ⅱ. 根据《协定》第31条第1款和《关于适用1994年〈关贸总协定〉

第六章的协议》第 5 条第 5.8 款，首次反倾销调查中原产于中国台北的聚合物涂层金属轧材的进口数量不大；

Ⅲ. 在关税同盟的聚合物涂层金属轧材进口总量中，来自中国台北、香港和澳门特别行政区的进口占比不超过 70%。

表 2—1

指标	单位	2008	2009	2010	调查期间 2009 年下半年	调查期间 2010 年上半年
关税同盟商品进口总量	万吨	53.8684	34.8791	72.4491	25.9043	35.1992
自中国台北进口至关税同盟的商品进口量	万吨	0.6591	0.3879	0.6088	0.1477	0.5131
自中国香港特别行政区进口至关税同盟的商品进口量	万吨	0	0	0	0	0
自中国澳门特别行政区进口至关税同盟的商品进口量	万吨	0	0	0	0	0
自台湾进口量在关税同盟商品进口总量中的占比	%	1.22	1.11	0.84	0.57	1.46
自香港特别行政区进口量在关税同盟商品进口总量中的占比	%	0	0	0	0	0
自澳门特别行政区进口量在关税同盟商品进口总量中的占比	%	0	0	0	0	0

由此可见，首次调查项下分析期内，自中国台北、香港和澳门特别行政区的聚合物涂层金属轧材进口量在聚合物涂层金属轧材总进口量中，单个占比不超过 2%，总占比不超过 7%。根据《协定》第 31 条第 1 款和《关于适用 1994 年〈关贸总协定〉第六章的协议》第 5 条第 5.8 款，内部市场保护司得出结论，应将原产自中国台北、中华人民共和国香港和澳门特别行政区并进口至关税同盟统一关税区的聚合物涂层金属轧材排除在特别保护措施使用范围之外。

第三节 倾销幅度的重新计算

3.1 对鞍钢股份有限公司重新计算单独倾销幅度的问题汇总

根据工作组关于按照世贸组织规则对商品实施反倾销措施的报告书（其中关于倾销幅度的确定部分包括在对反倾销调查机关所掌握材料和文件的分析中）第620条，实施反倾销措施重新审核程序。

对首次调查机关所掌握材料的补充材料和文件进行分析不符合工作组报告第620条规定的反倾销措施审议程序。

该结论的依据是：以确定倾销幅度为目的而对事实进行研究和确认，应由调查机关根据在反倾销调查中注册为调查参与者和利害关系人所提交的材料进行。对事实进行研究和确认的结果见调查机关的最终报告，而欧亚经济委员会执委会根据该报告通过决议。

对并非利害关系人在首次反倾销调查项下提交的涉及确定倾销幅度的新信息和新材料进行审议的结果，可能与首次反倾销调查结果报告中的结果不同。

同样，对调查机关不掌握的有关反倾销措施的信息和资料的分析，我们只用于《协定》第17条和《关于适用1994年〈关贸总协定〉第六章的协议》第11条规定的反倾销措施审议程序。

换句话说，按照WTO规则关于确定倾销幅度的规定实施反倾销措施，需要纠正反倾销调查机关违反《关于适用1994年〈关贸总协定〉第六章的协议》规定程序的行为。在此情况下，在纠正此类违反程序的行为的同时，不应对调查机关此前没有掌握的补充材料进行分析，因为使用任何非首次调查项下的新材料都将导致违反《协定》和《关于适用1994年〈关贸总协定〉第六章的协议》基本规则。

一个已经存在的事实是，鞍钢股份有限公司提交的反倾销措施审议报告对修正项"冲销原材料减值准备"的陈述及材料，俄罗斯工业和贸易部并不掌握，这些数据不支持复审项下的审议。

因此，依据工作组报告书第620条发放给鞍钢股份有限公司反倾销措施（该措施由欧亚经济联盟执委会2012年5月24日通过的第49号决议批准实施）重新审核询问函，根据对该询问函的研究审议，内部市场保护司作出结论，对现行反倾销措施中鞍钢股份有限公司的单独倾销幅度计算公式不予重新审核。

在计算单独倾销幅度时，聚合物涂层金属轧材成本不使用"冲销原材料减值准备"修正项的依据：

正如本报告前面所述，在复审项下对鞍钢股份有限公司的单独倾销幅度进行重新计算，必须依据俄罗斯工业和贸易部提交的资料。

根据对俄罗斯工业和贸易部在欧亚经济委员会执委会2012年5月24日通过决议之时所掌握材料的研究结果可以确定，在计算鞍钢股份有限公司的单独倾销幅度时，对聚合物涂层金属轧材成本修正项"冲销原材料减值准备"，俄罗斯工业和贸易部不予考虑。

俄罗斯工业和贸易部不考虑该修正项的原因如下：

违反外国生产商和（或）出口商反倾销调查表回复函填写规则第10条，没有在鞍钢股份有限公司反倾销调查表回复函的计算机文件DMCOSTS（《国内销售商品的生产费用》）、CUCOSTS（《在关税同盟销售商品的生产费用》）和OTHCOSTS（《出口第三国商品的生产费用》）中提交陈述。

违反外国生产商和（或）出口商反倾销调查表回复函填写规则第7条，没有在鞍钢股份有限公司反倾销调查表回复函的计算机文件DMCOSTS（《国内销售商品的生产费用》）、CUCOSTS（《在关税同盟销售商品的生产费用》）和OTHCOSTS（《出口第三国商品的生产费用》）中的《冲销原材料减值准备》栏提交用于计算的实际数据和计算数据的分配方法。

这样，由于违反了反倾销调查表回复函填写规则第7条和第10条，俄罗斯工业和贸易部在对鞍钢股份有限公司的该行为进行审议时视之为没有提交所询问的材料，在确定聚合物涂层金属轧材生产成本时，这成为不考虑"冲销原材料减值准备"修正项的法律依据。

与此同时，必须指出，如果采用聚合物涂层金属轧材成本的修正项"冲销原材料减值准备"，那么，经过修正的成本将不能反映聚合物涂层金属轧材的全部生产和销售费用。这样，在购买用于生产聚合物涂层金属轧材的原材料时实际支付资金的修正项将导致外国生产商生产聚合物涂层金属轧材的实际费用产生偏差。

换句话说，采用"冲销原材料减值准备"修正项将导致外国生产商购买用于生产聚合物涂层金属轧材的原材料的实际费用产生偏差。

另外必须提及的是《协定》第11条第7款、第8款和《关于适用1994

年〈关贸总协定〉第六章的协议》第 2 条第 2.2.1.1. 款关于确定生产成本的规定。上述文件规定，调查机关在计算成本时，必须遵守出口国国内通用的会计核算和财务报表准则，使之能够反映被调查商品的实际生产费用。

在确定被调查商品的成本时，用于计算被调查对象成本的各支出要素，同时应符合出口国通用的会计准则，能够反映被调查商品生产和销售实际发生的费用。上述观点在对中国肉鸡产品案例的仲裁结果中得到确认[①]。

根据以上叙述，由于所提及条件之一没有完成，在计算被调查商品的成本时，这些费用因素不被考虑在内。

因此，重新审核俄罗斯工业和贸易部用来计算鞍钢股份有限公司单独倾销幅度的聚合物涂层金属轧材生产成本（考虑管理、贸易和一般费用）的依据不成立，原因是：成本修正项"冲销原材料减值准备"导致经过修正的聚合物涂层金属轧材成本不能反映公司购买原材料时的实际费用。

根据前面所述，在重新计算鞍钢股份有限公司的倾销幅度时，不应考虑聚合物涂层金属轧材成本的"冲销原材料减值准备"修正项，原因如下：

I. 聚合物涂层金属轧材成本的"冲销原材料减值准备"修正项导致鞍钢股份有限公司购买生产聚合物涂层金属轧材的原材料的实际费用发生偏差；

II. 在计算机文件 DMCOSTS（《国内销售商品的生产费用》）、CUCOSTS（《在关税同盟销售商品的生产费用》）和 OTHCOSTS（《出口第三国商品的生产费用》）中的增加的一栏《冲销原材料减值准备》没有关于该栏中数值和内容的解释；

III. 鞍钢股份有限公司反倾销调查表回复函的计算机文件 DMCOSTS（《国内销售商品的生产费用》）、CUCOSTS（《在关税同盟销售商品的生产费用》）和 OTHCOSTS（《出口第三国商品的生产费用》）中《冲销原材料减值准备》一栏中，所提交的计算数据没有关于"冲销原材料减值准备"修正项对所生产聚合物涂层金属轧材各个变形产品（PTCN 分类）分配方法的描写，也没有说明用于计算该修正项的实际数据。

重新计算鞍钢股份有限公司的单独倾销幅度时所采用的公式：

---

① Panel Report, China-Anti-dumping and countervailing duty measures on broiler products from the United States, § 7.164.

根据俄罗斯工业和贸易部提交的和内部市场保护司所掌握的材料，向鞍钢股份有限公司生产并进口至关税同盟统一关税区的聚合物涂层金属轧材征收的现行反倾销税税额，根据《协定》第16条第2款而确定，其单独的倾销幅度为：聚合物涂层金属轧材的EXW正常价值减去该聚合物涂层金属轧材的EXW出口价格后与其EXW出口价格之比，以百分数表示。

参考国际上以商品的海关价值作为确定反倾销税税额基础的惯例，并考虑到确定聚合物涂层金属轧材的现行反倾销税税率的基础是工厂交货条件。为了重新计算鞍钢股份有限公司的反倾销税税率，内部市场保护司对其单独倾销幅度进行重新审核。

鞍钢股份有限公司的单独倾销幅度为：商品的EXW正常价值减去其EXW出口价格后再除以该商品的CIF出口价格。

考虑到针对韩国浦项制铁集团公司（POSCO）、山东冠洲股份有限公司和其他聚合物涂层金属轧材生产商的现行反倾销税税率所对应的倾销幅度是以商品的EXW正常价值减去其EXW出口价格后再除以该商品的EXW出口价格的百分数，为了保障在确定反倾销税时一视同仁，内部市场保护司重新计算了韩国浦项制铁集团公司（POSCO）、山东冠洲股份有限公司和其他聚合物涂层金属轧材生产商的倾销幅度。

3.2 鞍钢股份有限公司单独倾销幅度的计算

在计算鞍钢股份有限公司销售的聚合物涂层金属轧材的单独倾销幅度时，以俄罗斯工业和贸易部根据欧亚经济委员会2012年5月16日第44号决议提供的材料为基础。

确定鞍钢股份有限公司的单独倾销幅度以下列数据为依据：根据俄罗斯工业和贸易部计算的聚合物涂层金属轧材每个变形产品（每个PTCN分类编码）的EXW工厂交货条件下的正常价值和出口价格，以及内部市场保护司计算的聚合物涂层金属轧材每个变形产品（每个PTCN分类编码）的CIF出口价格。

在此情况下，EXW工厂交货条件下的正常价值和出口价格见：俄联邦工业和贸易部2011~2012年针对原产自中华人民共和国、中国台北、中国香港和澳门特别行政区的聚合物涂层金属轧材的反倾销调查报告（以下称首次反倾销调查报告）保密版本第三章《原产自中华人民共和国的聚合物涂层金属轧材存在倾销性进口的证据》中第3.5.1节的表3.5.1《鞍钢股份有限公司单独倾销幅度的计算》。

计算聚合物涂层金属轧材每个变形产品的 CIF 出口价格时，以鞍钢股份有限公司提供的计算机文件 CUSALUP《向关税同盟独立购买人的销售》中"关税同盟边境 CIF 价格"栏中的数据为基础。聚合物涂层金属轧材 CIF 出口价格的计算结果见表 3.2。

根据《协定》第 2 条确定，鞍钢股份有限公司所销售聚合物涂层金属轧材的倾销幅度为商品的正常价值减去其出口价格后与其出口价格之比，用百分数表示。

在首次调查期间是用人民币来计算鞍钢股份有限公司的单独倾销幅度，本次在重新计算单独倾销幅度时使用出口国的货币。

鞍钢股份有限公司的单独倾销幅度的最终值是聚合物涂层金属轧材每个变形产品倾销幅度的平均值，并根据下列公式按照该聚合物涂层金属轧材变形产品以 CIF 条件销售到关税同盟市场的总价值进行加权计算：

$$DM = \frac{NV_{EXW} - EP_{EXW}}{EP_{CIF}} \times 100\%$$

其中：

DM 为倾销幅度；NV_{EXW} 为 EXW 正常价值（考虑提出的所有修正项）；EP_{EXW} 为关税同盟成员国边境 CIF 出口价格。

鞍钢股份有限公司单独倾销幅度的重新计算结果见表 3—1。

从表 3—1 可以看出，鞍钢股份有限公司销售聚合物涂层金属轧材的单独倾销幅度为 +11.87%。

3.3　韩国浦项制铁集团公司（POSCO）单独倾销幅度的计算

在计算韩国浦项制铁集团公司（POSCO）销售聚合物涂层金属轧材的单独倾销幅度时，以俄罗斯工业和贸易部根据欧亚经济委员会 2012 年 5 月 16 日第 44 号决议提供的材料为基础。

确定韩国浦项制铁集团公司（POSCO）的单独倾销幅度以下列数据为依据：根据俄罗斯工业和贸易部计算的聚合物涂层金属轧材每个变形产品（每个 PTCN 分类编码）的 EXW 工厂交货条件下的正常价值和出口价格，以及内部市场保护司计算的聚合物涂层金属轧材每个变形产品（每个 PTCN 分类编码）的 CIF 出口价格。

表 3—1

编号	商品的变形产品（PTCN 编码）	在中国国内市场的销售价值（元）	在中国国内市场的销售量（吨）	EXW 正常价值（元/吨）	在关税同盟的 CIF 销售价值（元）	在关税同盟的 EXW 销售价值（元）	在关税同盟销售量（吨）	CIF 出口价格（元/吨）	EXW 出口价格（元/吨）	变形产品权重	变形产品的倾销幅度	以在总销售额中的占比为权重计算出的变形产品加权平均倾销幅度
A	Б	В	Г	Д = В/Г	Е	Ж	З	И = Е/З	К = Ж/З	Л = Е/ЕИтог	M = 100 * (Д − Ж)/Е	H = M * Л
1	1											
2	2											
3	3											
	N − 1					保密内容						
	N											
共计：												11.87

计算聚合物涂层金属轧材每个变形产品的 CIF 出口价格时，使用韩国浦项制铁集团公司（POSCO）提供的计算机文件 CUSALUP《向关税同盟独立购买人的销售》中"关税同盟边境 CIF 价格"栏中的数据。聚合物涂层金属轧材 CIF 出口价格的计算结果见表 3.3。

EXW 工厂交货条件下的正常价值和出口价格数据见首次反倾销调查报告保密版本第三章《原产自中华人民共和国的聚合物涂层金属轧材存在倾销性进口的证据》中第 3.5.2 节的表 3.5.2《韩国浦项制铁集团公司（POSCO）单独倾销幅度的计算》。

根据《协定》第 2 条确定，韩国浦项制铁集团公司（POSCO）销售聚合物涂层金属轧材的倾销幅度为商品的正常价值减去其出口价格后与其出口价格之比，用百分数表示。

在首次调查期间是用人民币来计算韩国浦项制铁集团公司（POSCO）的单独倾销幅度，本次在重新计算单独倾销幅度时使用出口国的货币。

韩国浦项制铁集团公司的单独倾销幅度的最终值是聚合物涂层金属轧材每个变形产品倾销幅度的平均值，并按照该聚合物涂层金属轧材变形产品以 CIF 条件销售到关税同盟市场的总价值进行加权计算。聚合物涂层金属轧材每个变形产品的倾销幅度按照下列公式计算：

$$DM = \frac{NV_{EXW} - EP_{EXW}}{EP_{CIF}} \times 100\%$$

其中：

DM 为倾销幅度；NV_{EXW} 为 EXW 正常价值（考虑提出的所有修正项）；EP_{EXW} 为关税同盟成员国边境 CIF 出口价格。

韩国浦项制铁集团公司单独倾销幅度的重新计算结果见表 3.3。

从表 3—2 可以看出，韩国浦项制铁集团公司销售聚合物涂层金属轧材的单独倾销幅度为 +10.34%。

3.4　山东冠洲股份有限公司单独倾销幅度的计算

在计算山东冠洲股份有限公司销售聚合物涂层金属轧材的单独倾销幅度时，以俄罗斯工业和贸易部根据欧亚经济委员会 2012 年 5 月 16 日第 44 号决议提供的材料为基础。

确定山东冠洲股份有限公司的单独倾销幅度以下列数据为依据：根据俄罗斯工业和贸易部计算的聚合物涂层金属轧材每个变形产品（每个 PTCN

表 3-2

编号	商品的变形产品（PTCN编码）	在韩国国内市场的销售价值（韩元）	在韩国国内市场的销量（吨）	EXW 正常价值（韩元/吨）	在关税同盟的 CIF 销售价值（韩元）	在关税同盟的 EXW 销售价值（韩元）	在关税同盟销售量（吨）	CIF 出口价格（韩元/吨）	EXW 出口价格（韩元/吨）	变形产品权重	变形产品的倾销幅度	以在总销售额中的占比为权重计算出的变形产品加权平均倾销幅度
А	Б	В	Г	Д = В/Г	Е	Ж	З	И = Е/З	К = Ж/З	Л = Е/ЕИтог	М = 100 * (Д – Ж)/Е	Н = М * Л
1	1											
2	2				保密内容							
N – 1	N – 1											
N	N											
共计:												10.34

分类编码）的 EXW 工厂交货条件下的正常价值和出口价格，以及内部市场保护司计算的聚合物涂层金属轧材每个变形产品（每个 PTCN 分类编码）的 CIF 出口价格。

EXW 工厂交货条件下的正常价值和出口价格数据见首次反倾销调查报告保密版本第三章《原产自中华人民共和国的聚合物涂层金属轧材存在倾销性进口的证据》中第 3.5.2 节的表 3.5.2《山东冠洲股份有限公司单独倾销幅度的计算》。

计算聚合物涂层金属轧材每个变形产品的 CIF 出口价格时，使用韩国浦项制铁集团公司（POSCO）提供的计算机文件 CUSALUP《向关税同盟独立购买人的销售》中"关税同盟边境 CIF 价格"栏中的数据。聚合物涂层金属轧材 CIF 出口价格的计算结果见表 3.4。

根据《协定》第 2 条确定，山东冠洲股份有限公司销售聚合物涂层金属轧材的倾销幅度为商品的正常价值减去其出口价格后与其出口价格之比，用百分数表示。

在首次调查期间是用人民币来计算山东冠洲股份有限公司的单独倾销幅度，本次在重新计算单独倾销幅度时使用出口国的货币。

山东冠洲股份有限公司的单独倾销幅度的最终值是聚合物涂层金属轧材每个变形产品倾销幅度的平均值，并按照该聚合物涂层金属轧材变形产品以 CIF 条件销售到关税同盟市场的总价值进行加权计算。聚合物涂层金属轧材每个变形产品的倾销幅度按照下列公式计算：

$$DM = \frac{NV_{EXW} - EP_{EXW}}{EP_{CIF}} \times 100\%$$

其中：

DM 为倾销幅度；NV_{EXW} 为 EXW 正常价值（考虑提出的所有修正项）；EP_{EXW} 为关税同盟成员国边境 CIF 出口价格。

山东冠洲股份有限公司单独倾销幅度的重新计算结果见表 3—3。

从表 3—3 可以看出，山东冠洲股份有限公司销售聚合物涂层金属轧材的单独倾销幅度为 +6.98%。

3.5 中国产聚合物涂层金属轧材的总倾销幅度的计算

在计算聚合物涂层金属轧材的总倾销幅度时，以俄罗斯工业和贸易部根据欧亚经济委员会 2012 年 5 月 16 日第 44 号决议提供的材料为基础。

表 3—3

编号	商品的变形产品（PTCN 编码）	在中国国内市场的销售价值（元）	在中国国内市场的销售量（吨）	EXW 正常价值（元/吨）	在关税同盟的 CIF 销售价值（元）	在关税同盟的 EXW 销售价值（元）	在关税同盟销售量（吨）	CIF 出口价格（元/吨）	EXW 出口价格（元/吨）	变形产品权重	变形产品的倾销幅度	以在总销售额中的占比为权重计算出的变形产品加权平均倾销幅度
A	Б	В	Г	Д = В/Г	Е	Ж	З	И = Е/З	К = Ж/З	Л = Е/ЕИтог	М = 100 * (Д − Ж)/Е	Н = М * Л
1	1											
2	2											
N − 1	N − 1	\multicolumn{10}{c	}{保密内容}		
N	N											
共计：												6.98

附件4　针对来自中华人民共和国、中国……结果报告 / 299

计算倾销幅度使用的数据见首次反倾销调查报告保密版本的第3.5.4条（《中华人民共和国聚合物涂层金属轧材总倾销幅度的计算》）中聚合物涂层金属轧材EXW工厂交货条件下的加权平均正常价值和加权平均出口价格以及计算出的CIF出口价格数据。

根据首次反倾销调查报告保密版本第3.5.4条（《中华人民共和国聚合物涂层金属轧材总倾销幅度的计算》）中所述信息，EXW正常价值为（保密内容）美元/吨，EXW出口价格为（保密内容）美元/吨。

在计算CIF出口价格时使用了首次反倾销调查报告保密版本的第3.5.4条（《中华人民共和国聚合物涂层金属轧材总倾销幅度的计算》）中聚合物涂层金属轧材EXW工厂交货的加权平均出口价格以及CFR和CPT条件下至关税同盟边境的运输费用信息。

在将出口价格从CIF条件调整为EXW条件时必须使用CFR和CPT供货条件的依据见首次反倾销调查报告保密版本的第3.5.4条（《中华人民共和国聚合物涂层金属轧材总倾销幅度的计算》）。

CFR和CPT条件下将聚合物涂层金属轧材运输至关税同盟边境的运输费用为（保密内容）美元/吨。

用上述方法确定的CIF出口价格为：（保密内容）+（保密内容）=CIF（保密内容）美元/吨。

根据《协定》第2条，销售聚合物涂层金属轧材的倾销幅度为：商品正常价值减去其出口价格后与其出口价格之比，用百分比表示。

聚合物涂层金属轧材从中华人民共和国销售至关税同盟时的总倾销幅度根据下列公式计算：

$$DM = \frac{NV_{EXW} - EP_{EXW}}{EP_{CIF}} \times 100\%$$

其中：

DM为倾销幅度；NV_{EXW}为EXW正常价值（考虑提出的所有修正项）；EP_{EXW}为关税同盟成员国边境CIF出口价格。

由此，中华人民共和国生产并进口至关税同盟的聚合物涂层金属轧材（鞍钢股份有限公司、山东冠洲股份有限公司和韩国浦项制铁集团公司生产的聚合物涂层金属轧材除外）的倾销幅度为20.2%。

3.6 结论

销售至关税同盟的聚合物涂层金属轧材的倾销幅度分别为：

鞍钢股份有限公司为 11.87%；

韩国浦项制铁集团公司为 10.34%；

山东冠洲股份有限公司为 6.98%；

其他所有中华人民共和国生产商为 20.2%。

所计算出的倾销幅度均超过了《协定》第 31 条第 1 款所指的最大允许倾销幅度。

第四节 建 议

根据复审结果，建议对欧亚经济委员会 2012 年 5 月 24 日通过的第 49 号决议规定的现行反倾销措施进行下列修改：

1. 确定征收下列税额的反倾销税为实施反倾销措施的方式：

鞍钢股份有限公司为 11.87%；

韩国浦项制铁集团公司为 10.34%；

山东冠洲股份有限公司为 6.98%；

其他中华人民共和国生产商为 20.2%。

2. 对中国台北、中华人民共和国香港和澳门行政特区所生产的聚合物涂层金属轧材不采取反倾销措施。

内部市场保护司司长　　　　　　　　　　B. E. 伊里伊切夫

后　记

本书以所参与课题的研究成果为基础而形成，感谢合作者张宁研究员！书稿出版过程中，朋友给予中肯的建议和热忱的帮助，这里不一一细述，但友情铭记在心！

作　者

2017 年 7 月

图书在版编目（CIP）数据

欧亚经济联盟贸易救济体系研究/徐向梅著. —北京：
时事出版社，2017.11
ISBN 978-7-5195-0138-9

Ⅰ.①欧…　Ⅱ.①徐…　Ⅲ.①国际合作—经济联盟—研究—欧洲、亚洲　Ⅳ.①F114.46

中国版本图书馆 CIP 数据核字（2017）第 250873 号

出版发行：时事出版社
地　　址：北京市海淀区万寿寺甲 2 号
邮　　编：100081
发 行 热 线：(010) 88547590　88547591
读者服务部：(010) 88547595
传　　真：(010) 88547592
电 子 邮 箱：shishichubanshe@sina.com
网　　址：www.shishishe.com
印　　刷：北京朝阳印刷厂有限责任公司

开本：787×1092　1/16　印张：19.5　字数：310 千字
2017 年 11 月第 1 版　2017 年 11 月第 1 次印刷
定价：105.00 元
（如有印装质量问题，请与本社发行部联系调换）